Das Einsteigerseminar

Macromedia® Dreamweaver® 4

Achim Beiermann
Volker Hinzen

Das Einsteigerseminar

Macromedia® Dreamweaver® 4

Dieses Buch wurde der Umwelt zuliebe auf chlorfrei gebleichtem Papier gedruckt.

Novesiastraße 60
D – 41564 Kaarst
www.vmi-buch.de

05 04 03 02 01

10 9 8 7 6 5 4 3 2

1. Auflage

ISBN 3-8266-7202-X

Printed in Italy

Inhalt

	Vorwort	**15**
	Einleitung	**17**
1	**Einführung**	**21**
1.1	Das Internet	21
1.2	Das World Wide Web	22
1.3	Browser	24
1.4	Macromedia Dreamweaver	26
	Systemvoraussetzungen	27
	Dreamweaver starten	28
	Oberfläche des Dreamweavers	30
	Das Dokumentfenster einrichten	34
	Wenn Sie mal nicht weiter wissen	38
1.5	Zusammenfassung, Fragen und Übungen	42
2	**Projekt »Kids in Düsseldorf«**	**47**
2.1	Am Anfang steht die Planung	47
	Projektidee	47
	Zielgruppe	48
	Material sammeln und strukturieren	49
	Web-Darstellung ist nicht nur Selbstdarstellung	50
	Empfangen Sie Ihre Web-Besucher an der Tür	51
	Kontaktpflege	52

2.2 Allgemeine Hinweise 52
Web-Seite, Website, Homepage 53
Aktualität 53
Copyright und Individualität 54
Werbung für das Angebot 54
Datei- und Ordnernamen 55
Projektordner 56
Seitentitel 58
Navigation 58
Standards 60
Allgemeine Regeln für das Design 61
Tabelle für das Seiten-Layout 62
Pixel oder Prozent 63
Schriften 65
Grafiken einbinden 66
Lange Leitung – die Geduld der Besucher 69
Dateinamenerweiterung einblenden 70
2.3 Zusammenfassung, Fragen und Übungen 71

3 Lokale Site und Begrüßungsseite 75

3.1 Lokale Infos der neuen Site 75
3.2 Begrüßungsseite 79
Funktion der Begrüßungsseite 79
Ab in die Mitte 81
Speichern 84
Logo und Text einfügen 85
Seitentitel und Hintergrund 87
Texteingabe und -gestaltung 89
Text als Hyperlink 92
Automatische Weiterleitung 93

Im Browser kontrollieren 94
Schluss machen 97
3.3 Zusammenfassung, Fragen und Übungen 97

4 Vorlage 101

4.1 Seitenerstellung 101
Going Home 102
Texteingabe und -formatierung 104
Zellhintergrund 106
Geschützte Leerzeichen 107
Sprung innerhalb einer Web-Seite 111
Breite und Höhe 116
Alternativtext 116
Hintergrund 117
4.2 Als Vorlage speichern 119
4.3 Zusammenfassung, Fragen und Übungen 123

5 Startseite 127

5.1 Seitenerstellung 127
Die Vorlage nutzen 128
Weiter im Text 129
Die Tabelle für das bunte Angebot 130
Zellen können bunt sein 136
5.2 Counter 137
5.3 Endkontrolle 140
Alles richtig geschrieben? 140
Ziel-Browser-Prüfung 142
5.4 Zusammenfassung, Fragen und Übungen 143

6	**Cooltour-Seite**	**147**
6.1	Seitenerstellung	147
	Bären klauen	149
	Hyperlinks	152
	Externe Hyperlinks	153
	Grafik als Hyperlink	156
	Freikarten in der Statuszeile	158
6.2	Zusammenfassung, Fragen und Übungen	167

7	**Feedback-Formular**	**171**
7.1	Formular erstellen	172
	Vorlage benutzen	172
	Formular einfügen	173
7.2	Formularobjekte hinzufügen	174
	Tabelle als Formulargerüst	174
	Einzeiliges Textfeld	176
	Optionsschalter	177
	Mehrzeiliges Textfeld	180
	Auswahlliste	182
	Formular-Schaltflächen	185
	Das fertige Formular	186
7.3	Formulareingaben überprüfen	187
	Was sind Verhalten?	187
	Formular beim Abschicken überprüfen	189
	Verhalten testen	192
	Meldungstexte anpassen	193
	Bei der Eingabe prüfen	194

7.4 Formulareingaben als E-Mail weiterleiten 194
CGI – Common Gateway Interface 194
Aktion eingeben 196
Versteckte Felder 197
7.5 Zusammenfassung, Fragen und Übungen 198

8 Kontaktseite 203

8.1 Seitenerstellung 203
Aufzählungspunkte 204
Text und Aufzählungen einrücken 207
Horizontale Linien 208
Link auf die E-Mail 210
Hyperlink zum Feedback-Formular 212
Hyperlink zum Lageplan 214
8.2 Gästebuch 214
8.3 Zusammenfassung, Fragen und Übungen 222

9 Rahmen für das Angebot 227

9.1 Allgemeines zu Frames 227
9.2 Frame-Gerüst festlegen 229
Frameset erstellen 229
Seiteneigenschaften 232
Breite und Höhe eines Frames 233
Einstellungen für die einzelnen Frames 234
Browser, die keine Frames kennen 238
9.3 Top-Frame 240
Frame speichern 241
Hintergrundbild und Logo 242

9.4 Menü-Frame 244
Frame speichern 244
Bitte Abstand halten 244
Der Trick mit dem Blind-GIF 246
Menüeinträge als Hyperlinks 247
Ziel-Frame angeben 249
9.5 Hinweise zur Verwendung von Frames 252
Nachteile von Frames 252
Vorteile von Frames 253
9.6 Zusammenfassung, Fragen und Übungen 254

10 Site-Verwaltung 259

10.1 Sitemap 259
10.2 Hyperlinks prüfen 261
10.3 Suchen und Ersetzen 262
10.4 Upload 264
Ist Ihr Wunschname noch frei? 264
Vorbereitungen 266
Web-Seiten auf den Server laden 272
Problemlösungen 275
Veränderungen 276
Teamarbeit 279
10.5 Bekanntmachung 281
Suchmaschineneintrag 284
Suchergebnis verbessern 286
10.6 Zusammenfassung, Fragen und Übungen 288

11 Weitere Dreamweaver-Funktionen 293

11.1 Voreinstellungen 293
Allgemeine Voreinstellungen 293
Voreinstellungen für externe Editoren 296
11.2 Layouttabellen erstellen 296
11.3 Ebenen 299
11.4 Word-HTML-Datei importieren 301
11.5 Tabellendaten einfügen 302
11.6 HTML-Stile 303
Alle HTML-Stile anzeigen 304
Stile anwenden 304
Neuen Stil erstellen 305
Weitere Optionen 307
11.7 CSS-Stile 307
11.8 Fotoalbum erstellen 311
11.9 Bild in Fireworks optimieren 314
11.10 Zusammenfassung, Fragen und Übungen 315

12 Grafiken für die Website 319

12.1 Vektorgrafik und Pixelbild 320
Vektorgrafik – Objekt für Objekt 320
Pixelbild – viele Punkte ergeben ein Bild 321
12.2 Logo »Kids in Düsseldorf« 323
Größe des Bildes festlegen 323
Schriftzug »Kids in Düsseldorf« 325
Ebenen 327
Anti-Aliasing 328
Skyline einer Großstadt 329
Auf das notwendige Maß beschneiden 332

	Original der Grafik speichern	334
	Das richtige Web-Format	335
	Exportieren	341
12.3	Grinsende Hintergrundkachel	342
	Neues Bild anlegen	342
	Wer grinst denn da?	343
	Sparsam speichern	344
12.4	Seitenanfang	346
	Bildgröße und Hintergrundfarbe festlegen	346
	Ein blauer Kreis	346
	Ein gelbes Dreieck	348
	Text »Seitenanfang«	349
	Transparenz einstellen	350
12.5	Hintergründe für Menü- und Kopf-Frame	352
	Hintergrundbild für das Menü-Frame	353
	Hintergrundbild für das Kopf-Frame	355
12.6	Blind-GIF	356
12.7	GIF versus JPEG	357
	Als GIF	359
	Als JPEG	359
12.8	Zusammenfassung, Fragen und Übungen	361

13 HTML – Die Auszeichnungssprache 365

13.1	Einführung in HTML	365
	HTML – Was ist das eigentlich?	365
	So funktioniert HTML	367
13.2	Kurzvorstellung HomeSite	378
	Editor mit Mehrwert	379
	Aufbau des Programms	380
	Quick-Bar und Assistenten	381
	Interner Browser	382
	Eingabehilfen	382

	Grafik einfach ziehen und fallen lassen	383
	Schnipsel sind Textbausteine	384
	War es das schon?	385
13.3	Editoren im Vergleich	386
	Code-Editoren	386
	Layout-Editoren	387
13.4	Zusammenfassung, Fragen und Übungen	388

Lösungen **391**

Anhang **403**

Internet-Adressen	403
Mailing-Listen	405
Newsgroups zur Homepage-Erstellung	405

Glossar **409**

Index **417**

Vorwort

Als erstes möchten wir uns an dieser Stelle ganz herzlich bei den Leserinnen und Lesern bedanken, die uns mit vielen positiven Zuschriften bedacht haben und damit letztendlich auch zu dem großen Erfolg unseres Buchs »Dreamweaver 3« beigetragen haben. Dass wir die richtige Sprache gefunden haben, bestätigen uns ferner die vielen durchweg positiven Mails, die uns täglich erreichen und nicht zuletzt die Tatsache, dass dieses Buch inzwischen sogar ins Niederländische übersetzt wurde.

Wir zeigen Ihnen mit dem vorliegenden Einsteigerseminar, wie Sie mit Macromedia Dreamweaver traumhafte und bunte Informationsangebote für das World Wide Web weben können. Von groben Stoffen bis zum edlen Zwirn ist alles möglich. Sie werden erfahren,

- welches Handwerkszeug Sie benötigen,
- wie Sie mit dem Werkzeug umgehen müssen,
- welche Techniken es gibt,
- wie Sie die fertigen Stoffe an den Mann bzw. die Frau bringen können.

Manchmal kommt einem bei der Arbeit auch der ein oder andere Knoten zwischen die Finger. Vielleicht gelingt es Ihnen mit Hilfe dieses Buches, diese Knoten zu lösen.

Dreamweaver ist ein Web-Entwicklungsprogramm, das im professionellen Umfeld weit verbreitet ist. Wir haben jedoch versucht, uns davon nicht beirren zu lassen und werden Ihnen die Funktionen so erklären, wie dies ein Einsteiger erwarten kann. Gerade weil Dreamweaver ein wenig anders zu bedienen ist als übliche Windows-Programme, geht es uns darum, dass Sie ein Gefühl für den Umgang mit dem Programm bekommen.

Für weiter gehende Informationen, Ergänzungen, Aktualisierungen und unterstützende Übungsdateien haben wir ein Web-Angebot eingerichtet.

Die Adresse lautet: *http://www.buchteam.de*. Hier können Sie auch per E-Mail mit uns in Kontakt treten. Für Fragen, Anregungen, Kritik oder Ähnliches sind wir jederzeit dankbar.

Wir wünschen Ihnen viel Spaß beim Lesen und Lernen.

Achim Beiermann und *Volker Hinzen*

Einleitung

Mit diesem Buch wird Ihnen ein Einstieg in die Erstellung von Web-Seiten mit Dreamweaver, dem professionellen Editor zur Erstellung und Verwaltung von Websites und Web-Seiten, ermöglicht.

Wir beschränken uns nicht darauf, eine Funktion nach der anderen zu erklären und abzuhaken; vielmehr werden wir im Rahmen eines zusammenhängenden, in sich abgeschlossenen Projektes den Leistungsumfang von Dreamweaver präsentieren, um Ihnen so die Möglichkeit zu bieten, das Projekt – angepasst an Ihre individuellen Bedürfnisse – sofort in die Praxis umsetzen zu können.

In diesem Buch erfahren Sie unter anderem,

- welche Vorüberlegungen für das Projekt anzustellen sind und welche allgemeinen Regeln Sie bei der Web-Seiten-Erstellung beachten sollten;
- wie man Text auf einer Web-Seite erstellt und diesen formatiert;
- welche vielfältigen Gestaltungsmöglichkeiten Tabellen bieten;
- was Sie beim Einbinden von Grafiken beachten müssen;
- wie die Seiten über Hyperlinks miteinander verbunden werden;
- wie Sie Formulare nutzen können;
- wie Angebote zur besseren Navigation in eine Frame-Struktur eingebunden werden;
- wie Sie die Grafiken für das Angebot selbst erstellen und was man zur Optimierung der Grafiken tun kann;
- wie die Seiten letztendlich auf den Web-Server hochgeladen und in den Suchmaschinen des World Wide Webs bekannt gemacht werden.

Zum Erfolg des Seminars trägt unserer Meinung nach bei, dass Sie am Ende die Funktionen nicht nur kennen gelernt, sondern auch erfolgreich in einem Web-Projekt eingesetzt haben.

Sollte Ihnen die Gelegenheit fehlen, das ganze Buch durchzuarbeiten, kann auch jedes Kapitel für sich als abgeschlossene Übungseinheit nachvollzogen werden.

Die Orientierung am Projekt bringt es mit sich, dass manche Funktionen wiederholt – teils in leicht abgewandelter Form – angesprochen werden. Dies ist sehr hilfreich, um wichtige Funktionen vertiefen zu können.

Eines noch: Am Ende eines jeden Kapitels finden Sie eine Zusammenfassung sowie Fragen und Übungen zu den behandelten Inhalten. Die Lösungen folgen dann nach dem letzten Kapitel des Buches.

G
A
L
13
12
11
10
9
8
7
6
5
4
3
2
1

Einführung

»

1 Einführung

In diesem Kapitel erfahren Sie Grundlegendes über das Internet und einen seiner wichtigsten Dienste: das World Wide Web (kurz: WWW). Darüber hinaus erfahren Sie aber auch etwas über Browser. Dies sind – meist kostenlose – Software-Programme, die das Betrachten von Web-Seiten ermöglichen. Das Kapitel schließt mit einer ersten Einführung in den Dreamweaver (Systemvoraussetzungen, Programmstart und -oberfläche, Einrichten des Dokumentfensters) ab.

1.1 Das Internet

Ende der 60er Jahre, also auf dem Höhepunkt des »Kalten Krieges« zwischen Ost und West, wurde in den Vereinigten Staaten von Amerika das ARPANET (***A**dvanced **R**esearch **P**roject **A**gency **Net***) aufgebaut. Dieses Netzwerk sollte auch im Falle eines Nuklearangriffs, bei dem unter Umständen ein Großteil der Infrastruktur hätte zerstört werden können, die erfolgreiche Kommunikation der amerikanischen Regierung sicherstellen. Das Problem wurde dadurch gelöst, dass alle Knoten des Netzwerks, d.h. die einzelnen angeschlossenen Computer, beim Versenden, Weiterleiten und Empfangen von Nachrichten als gleichrangig betrachtet werden. Die zu sendenden Nachrichten werden in Pakete aufgeteilt, wobei jedes Paket wieder für sich gesondert adressiert wird. Die so in Pakete aufgeteilte Nachricht wird vollständig von einem so genannten Quellknoten (Computer) abgesandt und anschließend am so genannten Zielknoten (Computer) wieder zusammengesetzt. Dabei sucht sich jedes Paket selbstständig seinen eigenen Weg durch das Netzwerk.

Das ARPANET war bereits ein früher Startschuss für das bis heute anhaltende explosionsartige Wachstum des Internets. Der erste Knoten wurde noch im Herbst 1969 in der Universität von Los Angeles installiert. Nachdem die Universitäten von Santa Barbara und Utah sowie das Stanford Research Institute hinzugekommen waren, bestand das ARPANET im Dezember 1969 aus insgesamt vier Knoten und diente den Forschern zum Zugriff auf andere Computer.

Mit der Zeit wurde aufgrund des Wachstums des ARPANET deutlich, dass die bis dahin gewählten Protokolle nicht mehr für den Betrieb eines größeren Netzes, das auch mehrere (Teil-)Netze miteinander verband, geeignet waren. Deshalb entwickelte man das *TCP/IP-Protokoll* (***T**ransmission **C**ontrol **P**rotocol/**I**nternet **P**rotocol*), das 1982 zum Standard im Internet wurde und es bis heute geblieben ist.

> **HINWEIS**
> Das Internet verbindet Computer mit verschiedenen Betriebssystemen (DOS, Windows, UNIX u.a.). Damit diese untereinander kommunizieren können, regeln Übertragungsprotokolle den Datenaustausch im Internet.

Zunächst war das Internet aber immer noch ein Tummelplatz für Studenten und Professoren. Das änderte sich 1991 schlagartig durch die Entwicklung des Internet-Dienstes World Wide Web (WWW). Dieser grafisch orientierte Dienst mit seinem benutzerfreundlichen Bedienungskonzept führte zu einem explosionsartigen Anstieg der an das Internet angeschlossenen Computer.

1.2 Das World Wide Web

World Wide Web (oft auch WWW oder Web genannt) lässt sich mit *weltweites Gewebe* oder *Spinnennetz* recht treffend übersetzen und ist der benutzerfreundliche, optisch ansprechende und multimediale Teil des Internet. Das World Wide Web besteht aus Millionen von Web-Seiten, die unabhängig von den weltweit auf Computern eingesetzten Betriebssystemen (Windows, DOS, UNIX u.a.) gelesen werden können.

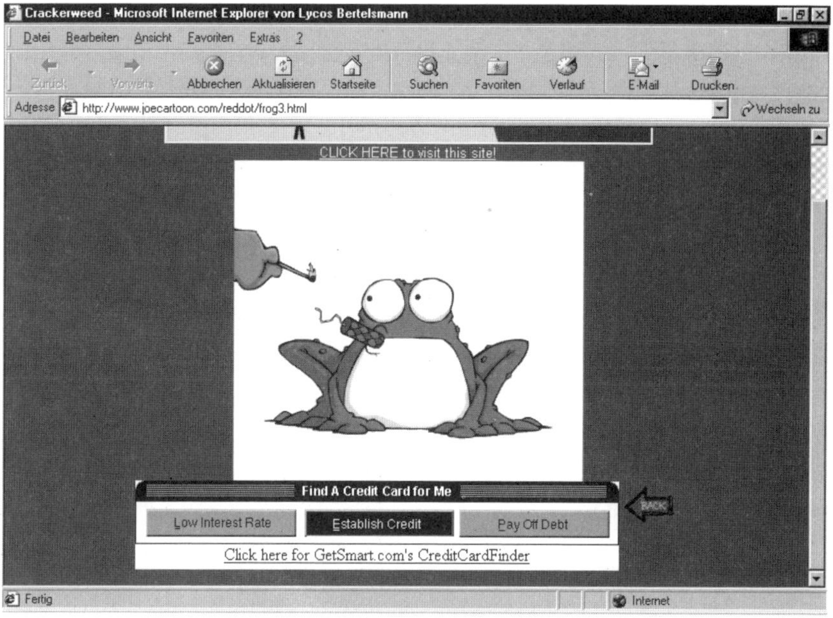

Abb. 1.1: Vorsicht beim Umgang mit offenem Feuer ...

Wenn Sie sich eine Web-Seite anschauen, werden Ihnen einige Wörter oder Textpassagen auffallen, die im Gegensatz zum üblichen Text andersfarbig, meist blau, und unterstrichen dargestellt werden. Bei diesen Texten handelt es sich um so genannte Links, die Sie mit der Maus anklicken können. Bewegen Sie den Mauszeiger über einen Link, verwandelt er sich in ein Handsymbol mit ausgestrecktem Zeigefinger. Durch das Anklicken der Links werden verknüpfte Dokumente aufgerufen, die sich auf demselben Rechner oder auf einem Rechner am anderen Ende der Welt befinden können.

Abb. 1.2: Auch Grafiken können als Link dienen

Jede Web-Seite hat ihre eigene Internet-Adresse, und von daher ist ein Link im Grunde genommen nichts anderes als eine Verknüpfung mit einer solchen Adresse. Dadurch, dass jede Web-Seite durch einen oder auch mehrere Links mit anderen Web-Seiten verknüpft ist, gibt es im World Wide Web weder einen Anfang noch ein Ende; es handelt sich vielmehr um ein riesiges Netzwerk.

1.3 Browser

Bei Browsern handelt es sich um meist kostenlose Software-Programme, die das Betrachten von Web-Seiten ermöglichen. Am weitesten verbreitet sind der Microsoft Internet Explorer und der Netscape Navigator, die für verschiedene Betriebssysteme angeboten werden.

Abb. 1.3: Der Microsoft Internet Explorer

Beim Aufruf einer Web-Adresse werden dem Browser die so genannte HTML-Datei, in der sich der Text und Hinweise zur Darstellung der Web-Seite befinden, sowie alle dazugehörenden Grafiken übermittelt.

Die Abkürzung HTML steht für ***H**yper**t**ext **M**arkup **L**anguage*. Mit Hilfe dieser Seitenbeschreibungssprache, über die Sie im Kapitel »*HTML – Die Auszeichnungssprache*« mehr erfahren, wird der Quelltext für Web-Seiten geschrieben, dessen Befehle (Tags) der Browser in ein entsprechend formatiertes Dokument umsetzt und sichtbar macht. Ein Hauptmerkmal dieser Sprache ist die Möglichkeit, Verknüpfungen (Links) zu anderen WWW-Dokumenten bzw. innerhalb eines Dokuments herzustellen. Sie können sich den Quelltext einer Web-Seite ansehen, indem Sie im Microsoft Internet Explorer bzw. Netscape Navigator mit der rechten Maustaste in eine Web-Seite klicken und im Kontextmenü *Quelltext* auswählen.

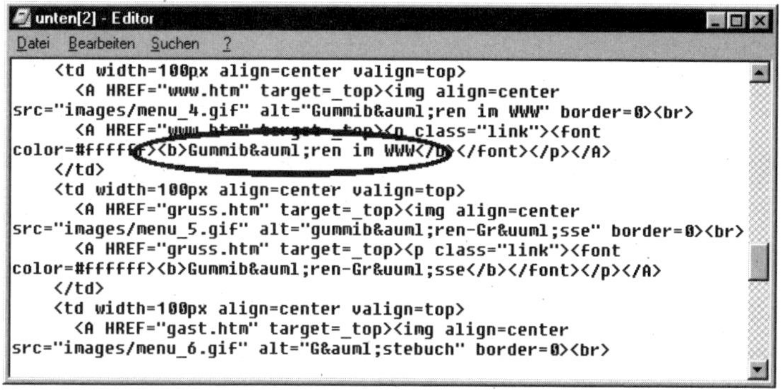

```
unten[2] - Editor
Datei  Bearbeiten  Suchen  ?
    <td width=100px align=center valign=top>
      <A HREF="www.htm" target=_top><img align=center
src="images/menu_4.gif" alt="Gummib&auml;ren im WWW" border=0><br>
      <A HREF="www.htm" target=_top><p class="link"><font
color=#ffffff><b>Gummib&auml;ren im WWW</b></font></p></A>
    </td>
    <td width=100px align=center valign=top>
      <A HREF="gruss.htm" target=_top><img align=center
src="images/menu_5.gif" alt="gummib&auml;ren-Gr&uuml;sse" border=0><br>
      <A HREF="gruss.htm" target=_top><p class="link"><font
color=#ffffff><b>Gummib&auml;ren-Gr&uuml;sse</b></font></p></A>
    </td>
    <td width=100px align=center valign=top>
      <A HREF="gast.htm" target=_top><img align=center
src="images/menu_6.gif" alt="G&auml;stebuch" border=0><br>
```

Abb. 1.4: Die Gummibärenbande im Quelltext

Die Befehle im Quelltext, die der Browser kennt, werden bei der Anzeige berücksichtigt. Befehle, die er nicht kennt, weil beispielsweise die Browser-Version älter ist als der Befehl, führen nicht zu einer Fehlermeldung. Sie werden einfach ignoriert, möglicherweise auch falsch interpretiert.

Schauen Sie sich als Beispiele hierzu die beiden folgenden Abbildungen an. Im ersten Fall stellt der Internet Explorer die beiden runden Optionsfelder wie beabsichtigt dar. Dagegen hat der Netscape Navigator Probleme mit der Darstellung: Die runden Optionsfelder werden in kleine, farbig dargestellte Quadrate gepackt.

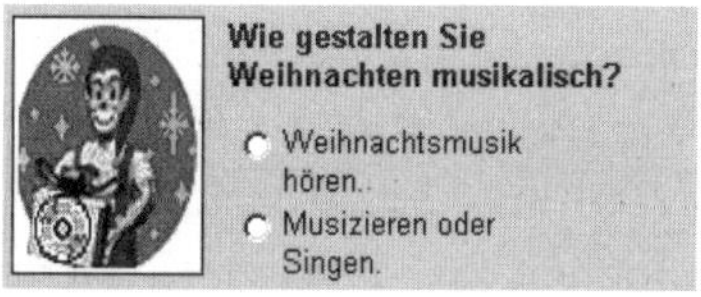

Abb. 1.5: Darstellung mit dem Microsoft Internet Explorer

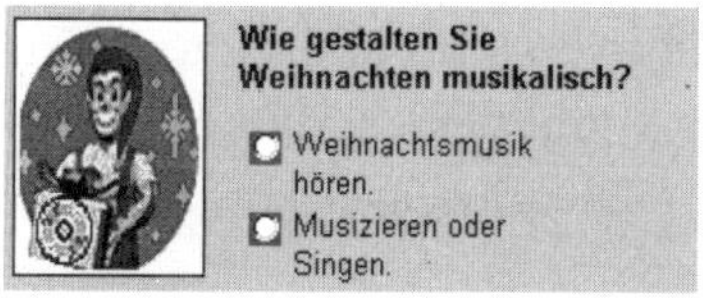

Abb. 1.6: Derselbe Ausschnitt dargestellt im Netscape Navigator

Wenn Sie HTML-Seiten entwickeln, sollten Sie daher immer Ihre Zielgruppe im Auge haben.

- Wenn Ihre »Kunden« ausnahmslos die gleiche Browser-Version eines Herstellers verwenden, haben Sie es leicht: Es genügt ein Test mit dieser Version.
- Wissen Sie jedoch nicht, wer Ihr Web-Angebot mit welchem Browser betrachten wird, bleibt Ihnen nichts anderes übrig, als die Homepage mit verschiedenen Browsern in unterschiedlichen Versionen zu testen.

1.4 Macromedia Dreamweaver

Bei Macromedias Dreamweaver handelt es sich um ein professionelles Werkzeug für Web-Designer, mit dem Web-Seiten erstellt und verwaltet werden können. Das Programm bietet sowohl WYSIWYG- (***W**hat **y**ou **s**ee **i**s **w**hat **y**ou **g**et* = Was Sie am Monitor sehen, ist das, was weitestgehend auch dem Ergebnis entspricht) als auch Quelltext-Bearbeitung und sorgt für Unterstützung bei der Erstellung von Browser-übergreifendem Dynamic-HTML-Code (DHTML). DHTML (*Dynamic HTML*) bezieht sich auf die Fähigkeit, Stil- oder Positionierungseigenschaften mit einer Skriptsprache zu ändern. Damit ist es möglich, Spezialeffekte wie beispielsweise wortweise von der Seite »fliegenden« Text zu erstellen. DHTML wird jedoch nicht von allen Browsern unterstützt, so dass Seiten, die DHTML-Code beinhalten, bei manchen Site-Besuchern nicht korrekt oder mit Fehlermeldungen angezeigt werden.

Dreamweaver in der neuesten Version 4 ist erhältlich als Stand-Alone-Version oder als Studioversion. Die Studioversion beinhaltet neben Dreamweaver auch das Produkt Fireworks 4, mit dessen Hilfe Sie Web-Grafiken erstellen und nahtlos in Ihre mit Dreamweaver konzipierten

Web-Seiten integrieren können. Beide Versionen werden auch als Upgrades angeboten.

Weitere ausführliche Produktinformationen erhalten Sie auf der Homepage von Macromedia unter *http://www.macromedia.com/de/software/dreamweaver/*.

HINWEIS

Die englische Version des Dreamweavers 4 sowie weitere Software-Programme können Sie kostenlos von der Homepage von Macromedia herunterladen und nach der Installation 30 Tage lang testen.

Abb. 1.7: Die Homepage von Dreamweaver

Systemvoraussetzungen

Dreamweaver 4 steht sowohl für das Betriebssystem Windows als auch für Macintosh zur Verfügung.

Im Einzelnen wird von Macromedia empfohlen:

Windows 95/98/NT	Macintosh
Intel Pentium-Prozessor (oder vergleichbar), mindestens 166 MHz	Power Macintosh
Windows 95, 98, 2000, ME oder NT	MAC OS 8.6 oder 9.x
32 MB Arbeitsspeicher	32 MB Arbeitsspeicher
110 MB verfügbarer Festplatten-speicher	135 MB verfügbarer Festplatten-speicher
256-Farben-Monitor mit einer Auf-lösung von 800 x 600 Pixeln	256-Farben-Monitor mit einer Auflösung von 800 x 600 Pixeln
CD-ROM-Laufwerk	CD-ROM-Laufwerk

Tab. 1.1: Systemvoraussetzungen

HINWEIS

Wie Sie der Tabelle entnehmen können, steht Dreamweaver für Windows- und Macintosh-Plattformen zur Verfügung. In diesem Buch beschränke ich mich jedoch aus Platzgründen auf die Beschreibung der Windows-Version.

Dreamweaver starten

Gestartet wird Dreamweaver über *Start / Programme / Macromedia Dreamweaver 4 / Dreamweaver 4*.

Wenn Sie in Zukunft häufiger mit Dreamweaver arbeiten wollen, ist der Weg über das *Start*-Menü recht umständlich. Daher bietet Windows die Möglichkeit, das Symbol des Dreamweavers direkt auf dem Desktop abzulegen, so dass Sie das Programm künftig sofort mit Doppelklick starten können.

Windows 98 / ME / 2000

Unter Windows 98 / ME / 2000 geht dies blitzschnell. Öffnen Sie das Menü *Start / Programme / Macromedia Dreamweaver 4*. Klicken Sie dann mit der rechten Maustaste auf den Eintrag *Dreamweaver 4*, halten Sie die Maustaste gedrückt und ziehen Sie den Menüeintrag auf Ihren Desktop.

Abb. 1.8: Mit rechter Maustaste herausziehen ...

Nach dem Loslassen der Maustaste erscheint ein Kontextmenü.

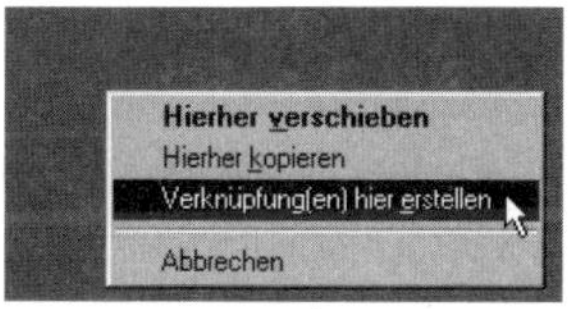

Abb. 1.9: ... und verknüpfen

Wählen Sie hier den Eintrag *Verknüpfung(en) hier erstellen* mit der linken Maustaste aus, und schon befindet sich das Programmsymbol für Dreamweaver auf dem Desktop.

Windows 95 / Windows NT 4

Wenn Sie Windows 95 oder Windows NT 4 benutzen, ist das Einrichten des Dreamweavers auf dem Desktop ein wenig aufwändiger. Klicken Sie mit der rechten Maustaste auf den Hintergrund des Desktops und rufen Sie über das Kontextmenü den Menübefehl *Neu / Verknüpfung* auf.

Abb. 1.10: Verknüpfung über Kontextmenü erstellen

In dem folgenden Dialogfenster klicken Sie auf die Schaltfläche *Durchsuchen*. Wechseln Sie zum Ordner *Programme\Macromedia\Dreamweaver 4* auf Laufwerk C: (sofern Sie Dreamweaver dort installiert haben). Hier finden Sie die Programmdatei *dreamweaver.exe*.

Klicken Sie den Dateinamen einmal an, und bestätigen Sie die Auswahl über *Öffnen*. Weiter geht es mit *Weiter*. Vergeben Sie einen aussagekräftigen Namen für das neue Symbol auf dem Desktop.

Abb. 1.11: Geben Sie den Namen »Dreamweaver« ein

Oberfläche des Dreamweavers

Unabhängig davon, wie Sie nun den Dreamweaver gestartet haben sollten, beim ersten Mal werden Sie vermutlich überrascht sein, weil die Darstellung der Programmoberfläche nicht so ganz in das gewohnte Bild anderer Anwendungen passen will. So wird vom Start weg sichtbar, wie flexibel dieses Programm in wirklich jeder Hinsicht gehandhabt werden kann.

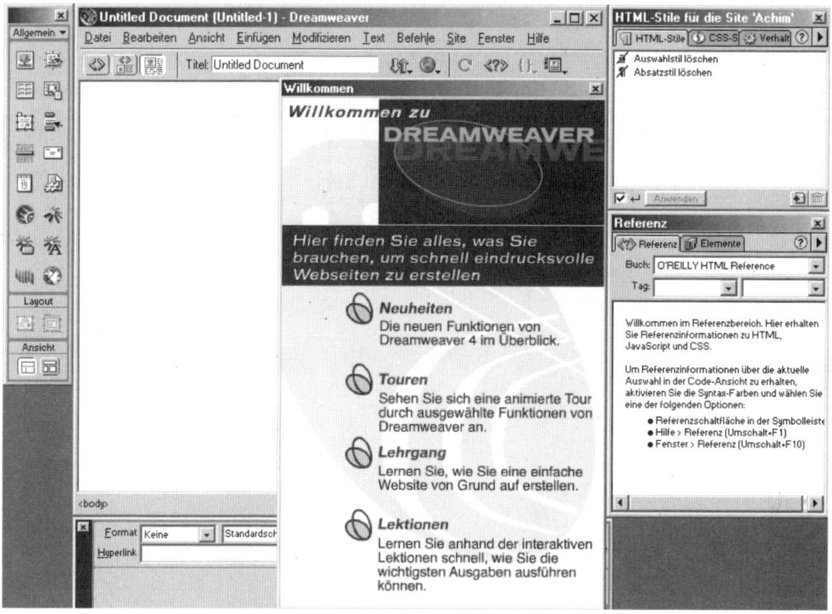

Abb. 1.12: Dreamweaver geizt nicht mit Fenstern

Damit die Sache für Sie ein wenig übersichtlicher wird, sollten Sie zunächst ein paar schwebende Fenster über die jeweiligen Felder schließen, und zwar die Fenster *HTML-Stile für die Site*, *Referenz* und *Willkommen*.

Abb. 1.13: Minimier-, Teilbild-/Vollbild- und Schließfeld

HINWEIS

Wenn Sie sich diese (oder andere) Fenster erneut anzeigen lassen wollen, öffnen Sie das Menü *Fenster* und klicken den gewünschten Eintrag mit der Maus an.

Was Sie nun sehen, sind die wichtigsten drei Fenster, mit denen Sie später Ihr Werk beginnen werden.

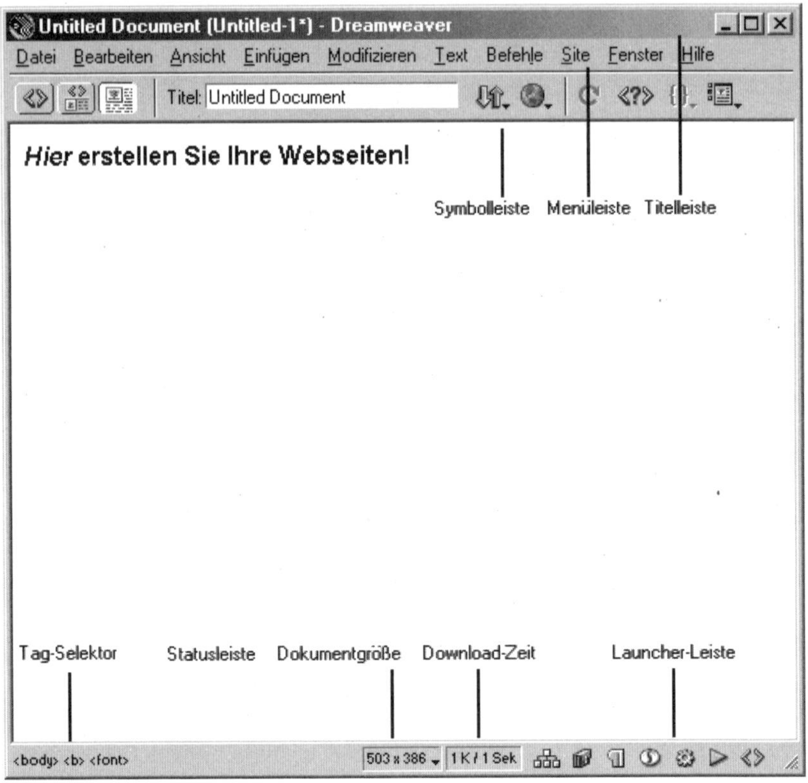

Abb. 1.14: Dokumentfenster

- Das *Dokumentfenster*, in dem Sie Ihre Seite erstellen, in der Mitte. Neben der von anderen Windows-Anwendungen her bekannten Titel-, Menü- und Symbolleiste finden Sie in der Statusleiste unter anderem:
  - Den Tag-Selektor, der die HTML-Tags anzeigt, die den ausgewählten Text oder das ausgewählte Objekt steuern. Mit einem Mausklick auf den Tag wird der entsprechende Inhalt im Dokumentfenster markiert. Mit einem Klick auf `<body>` markieren Sie den gesamten Inhalt des Dokumentfensters.
  - Die (geschätzte) Angabe der Dokumentgröße in Pixeln.

- Die (ebenfalls geschätzte) Angabe der Download-Zeit in Sekunden, in die die gegebenenfalls in das Dokument eingefügten Dateien, z.B. Grafiken, eingeschlossen sind.

- Die *Objektpalette*, die standardmäßig sieben Tafeln enthält (*Allgemein, Formulare, Frames, Head, Spezial, Unsichtbare Elemente* und *Zeichen*) und mit deren Schaltflächen Sie Objekte (z.B. Tabellen, Bilder, Ebenen) einfügen können.

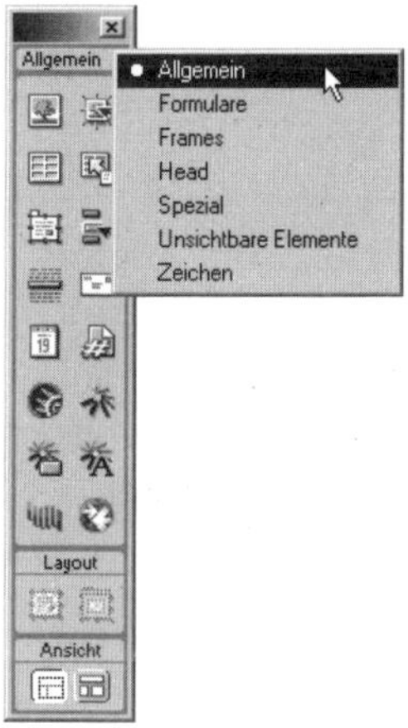

Abb. 1.15: Objektpalette

- Der *Eigenschafteninspektor*, der die Eigenschaften eines ausgewählten Objekts anzeigt. Gegebenenfalls sehen Sie unten rechts einen Pfeil, der nach unten zeigt. Mit einem Klick auf diesen Pfeil wird die Ansicht des Inspektors erweitert.

Abb. 1.16: Eigenschafteninspektor (verkürzte Ansicht)

Abb. 1.17: Eigenschafteninspektor (erweiterte Ansicht)

HINWEIS

Streng genommen ist hier nur das Dokumentfenster ein Fenster im Sinne der Windows-Terminologie. Die anderen „schwebenden" Fenster werden Paletten und Inspektoren genannt. Die Objektpalette und der Eigenschafteninspektor können dennoch jederzeit über das Menü *Fenster* mit einem Mausklick einzeln ein- oder ausgeblendet werden. Sind erst einmal beide eingeblendet, können Sie besonders schnell über die [F4]-Taste zwischen *Anzeigen* und *Nicht anzeigen* wechseln. Darüber hinaus lässt sich jedes Fenster wie gewohnt über die (standardmäßig) blaue Titelleiste mit Hilfe der gedrückten Maustaste verschieben.

Das Dokumentfenster einrichten

Es ist sehr hilfreich, wenn bereits bei der Erstellung erkennbar ist, wie ein Dokument später im Browser angezeigt wird. Dreamweaver setzt alles daran, dies von Anfang an weitestgehend zu ermöglichen.

Dokumentfenster vergrößern oder verkleinern

Wie Sie eben gesehen haben, ist aus der Statusleiste u.a. die Größe des Dokumentfensters in Pixeln ablesbar. Klicken Sie auf das Feld, so wird ein Popup-Menü geöffnet, über das verschiedene vordefinierte Größen ausgewählt werden können.

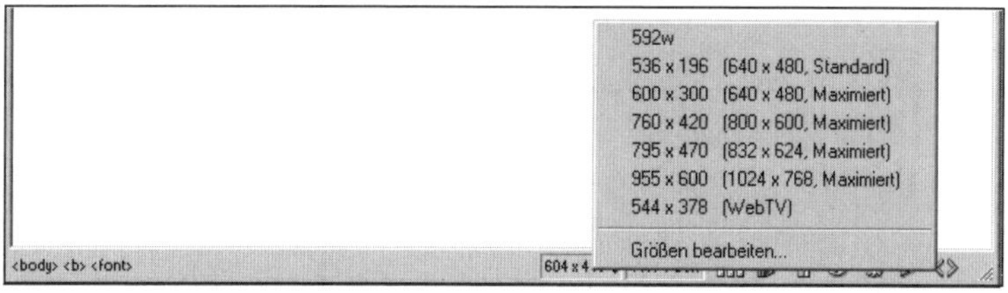

Abb. 1.18: Vordefinierte Fenstergrößen

HINWEIS

Die Fenstergröße beschreibt die innere Abmessung des Browser-Fensters ohne Rahmen. In den Klammern steht die Bildschirmgröße. So sollten Sie beispielsweise *536 x 196 (640 x 480, Standard)* als Fenstergröße verwenden, wenn Sie davon ausgehen können, dass die Besucher Ihrer Site die gängigen Browser mit den Standardeinstellungen und einer Bildschirmauflösung von 640 x 480 Pixeln einsetzen. Sie erhalten so ein Gefühl dafür, was diese Besucher auf dem Bildschirm sehen, ohne scrollen zu müssen.

Lineale und/oder Raster anzeigen

Lineale können behilflich sein, um Grafiken, Tabellen oder Ebenen anschaulicher positionieren oder in ihrer Größe verändern zu können. Darüber hinaus erleichtert ein *Raster* die punktgenaue Positionierung und Größenanpassung von Objekten.

Die Lineale werden über das Menü *Ansicht* eingeblendet. Dabei haben Sie gleichzeitig die Wahl, in welcher Maßeinheit die Lineale eingerichtet werden sollen (*Pixel*, *Zoll* oder *Zentimeter*) (siehe Abbildung 1.19).

Um die Nullposition zu verändern, klicken Sie mit der Maus auf den Nullpunkt im Schnittpunkt der beiden Lineale und ziehen diese mit gedrückter Maustaste in das Dokumentfenster. Befindet sich die Position an ihrem Zielort, lassen Sie die Maustaste wieder los. Ein Doppelklick auf den Schnittpunkt der Lineale setzt den Nullpunkt wieder zurück auf die Standardposition.

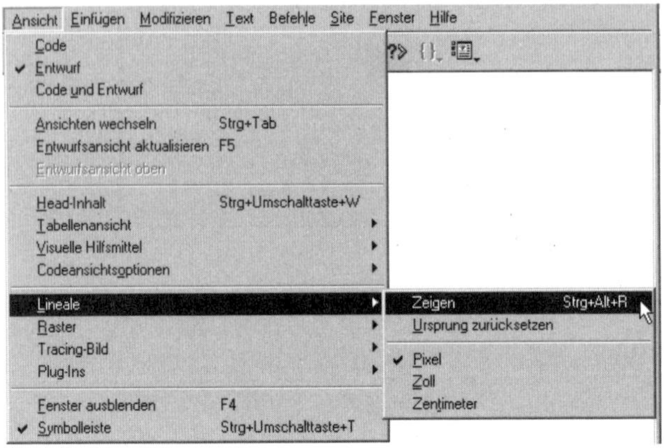

Abb. 1.19: Lineale einblenden

Durch wiederholtes Anklicken des Menübefehls *Ansicht / Lineale / Zeigen* werden die Lineale ausgeblendet.

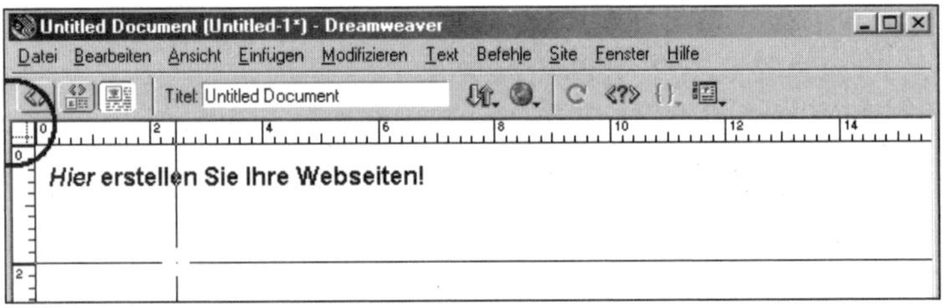

Abb. 1.20: Nullposition verändern

Auch das Raster kann bei Bedarf über das Menü *Ansicht* eingeblendet werden.

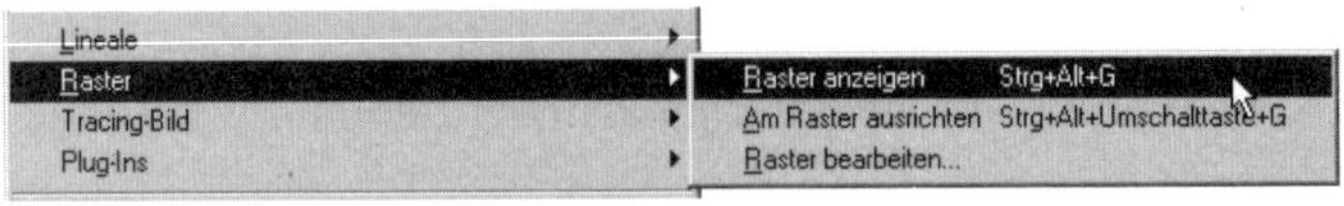

Abb. 1.21: Raster einblenden

Wenn Sie zusätzlich das Menü *Am Raster ausrichten* per Mausklick aktivieren, stellen Sie sicher, dass Ebenen beim Verschieben oder beim Ändern ihrer Größe automatisch am Raster ausgerichtet werden. Andere Objekte lassen sich leider nicht am Raster ausrichten.

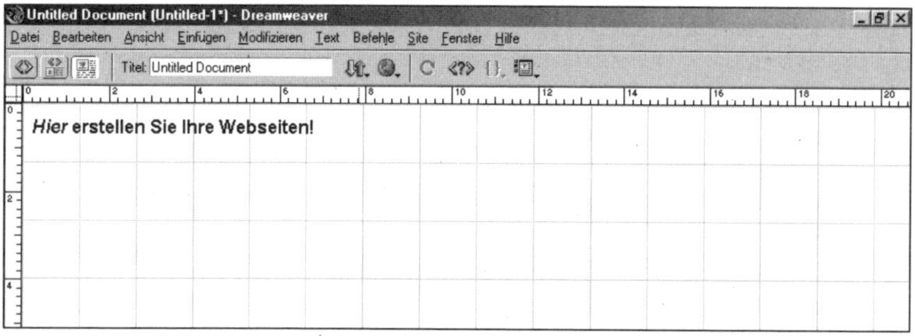

Abb. 1.22: Dokumentfenster mit eingeblendeten Linealen und Raster

Durch erneutes Anklicken des Menübefehls *Ansicht / Raster / Raster anzeigen* wird das *Raster* ausgeblendet.

Die Lineale und das Raster lassen sich besonders schnell über die Schaltfläche *Ansichtsoptionen* auf der Symbolleiste ein- und ausblenden.

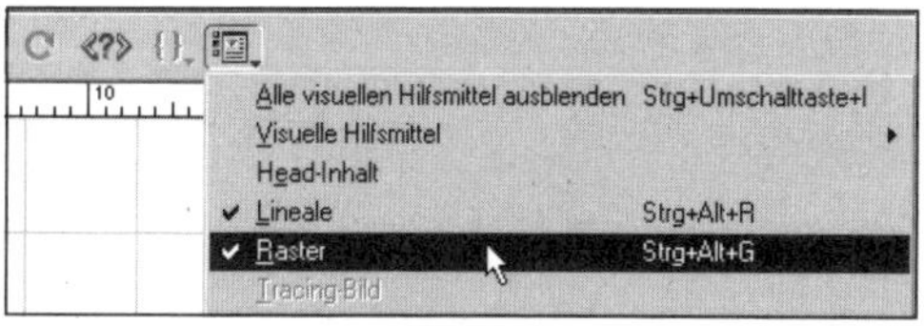

Abb. 1.23: Die Schaltfläche *Ansichtsoptionen* mit allen Möglichkeiten

> **HINWEIS**
> Bei Dreamweaver ist es ebenso wie bei anderen Windows-Anwendungen möglich, die wichtigsten Menübefehle statt mit der Maus mit entsprechenden Tastenkombinationen (*Shortcuts*) zu aktivieren. Die hierfür erforderlichen Kombinationen sind aus den Menüs ersichtlich.

Abb. 1.24: Lineale einblenden per Tastenkombination

Wenn Sie mal nicht weiter wissen

Dreamweaver lässt Sie bei Fragen nicht im Regen stehen. Starten Sie die Hilfe über den Menübefehl *Hilfe / Dreamweaver verwenden* oder drücken Sie die [F1]-Taste.

Abb. 1.25: Dreamweaver hilft in fast allen Lebenslagen

Die Hilfe zu Dreamweaver wird im Browser dargestellt. Zur Anzeige der Hilfe empfiehlt Macromedia den Netscape Navigator oder den Microsoft Internet Explorer, beide ab der Version 4.0 oder höher.

Abb. 1.26: Die Dreamweaver-Hilfe im Internet Explorer

HINWEIS

Da in der Hilfe häufig JavaScript zum Einsatz kommt, müssen Sie sicherstellen, dass JavaScript in Ihrem Browser aktiviert ist.

Abb. 1.27: Die wichtigsten Links der Dreamweaver-Hilfe

- Über den Link *Inhalt* können Sie sich alle Informationen thematisch geordnet im linken Frame anzeigen lassen, vergleichbar mit den Kapiteln eines Buches.

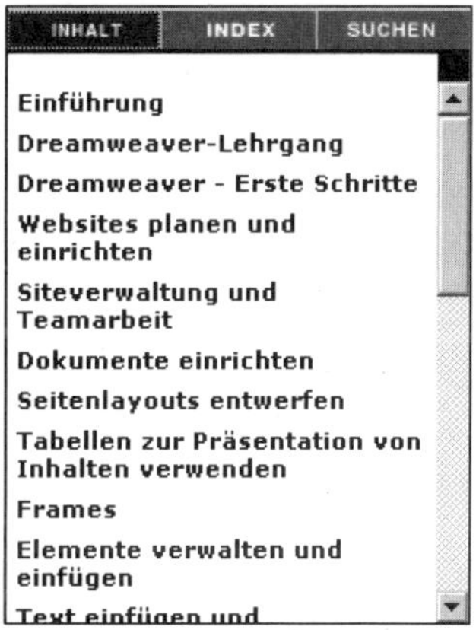

Abb. 1.28: Der Inhalt

- Der *Index* sortiert die wichtigsten Begriffe und sinnverwandte Themen alphabetisch, wie das Stichwortverzeichnis in einem Buch.

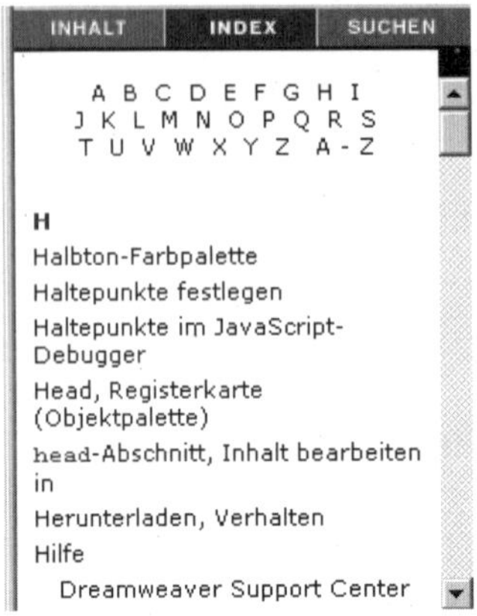

Abb. 1.29: Der Index – zum Anklicken

- Mit Hilfe des Links *Suchen* öffnen Sie ein Fenster, das Sie sehr komfortabel nach einem oder mehreren Begriffen suchen lässt. Werden Sie dabei nicht ungeduldig, wenn sich das Suchfenster insbesondere bei etwas schwächeren Rechnern nicht mit der gewohnten Schnelligkeit präsentiert. Bei diesem Suchfenster handelt es sich um ein Java-Applet, das automatisch gestartet wird.

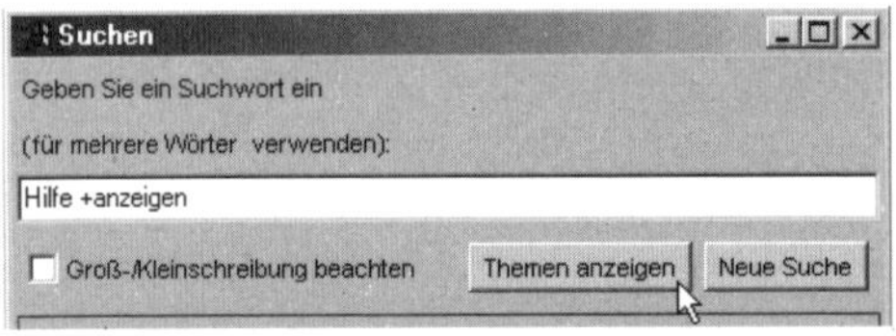

Abb. 1.30: Mit dem Pluszeichen lassen sich mehrere Begriffe suchen

In das Texteingabefeld tragen Sie den oder die Suchbegriffe ein. Unmittelbar nachdem Sie die Schaltfläche *Themen auflisten* gedrückt haben, werden die Suchergebnisse angezeigt. Mit der Maus markieren Sie das gewünschte Thema und aktivieren die Schaltfläche *Anzeigen*: Das gewählte Thema wird im Browser ausführlich erläutert.

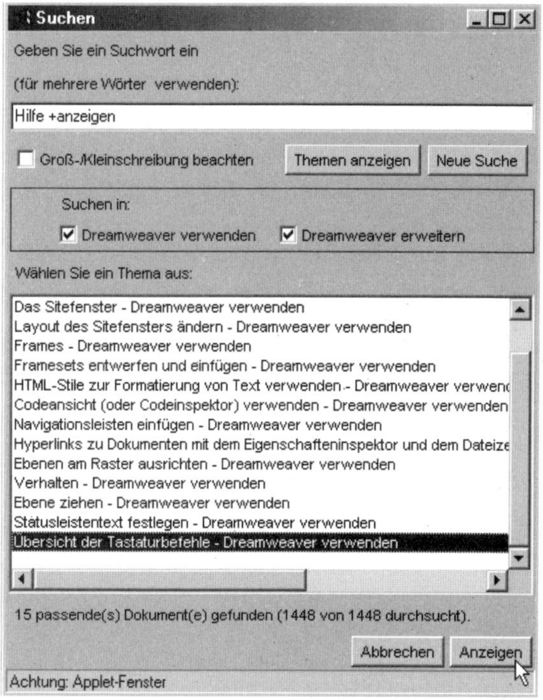

Abb. 1.31: Das Thema auswählen

- Die Schaltflächen mit den Pfeilen ermöglichen ein bequemes Navigieren durch die verschiedenen Hilfethemen. Analog zur thematischen Reihenfolge im Inhaltsverzeichnis gelangen Sie mit *vorwärts* oder *rückwärts* zum nächsten oder vorherigen Thema in einem Abschnitt.

Abb. 1.32: Voriges und nächstes Thema in einem Abschnitt

1.5 Zusammenfassung, Fragen und Übungen

Zusammenfassung

Sie sind mit einer kurzen Reise durch die Geschichte des Internets gestartet und hatten anschließend einen ersten Kontakt mit Dreamweaver. Dabei haben Sie erfahren, dass

- das World Wide Web (kurz: WWW) aus Millionen von Web-Seiten besteht, die unabhängig von den weltweit auf Computern eingesetzten Betriebssystemen (Windows, DOS, UNIX u.a.) gelesen werden können.
- es im World Wide Web weder einen Anfang noch ein Ende gibt, sondern dass es sich hierbei um ein riesiges weltumspannendes Netzwerk handelt.
- Browser in der Regel kostenlose Programme sind, die das Betrachten von Web-Seiten erst ermöglichen.
- HTML als Abkürzung für ***H**ypertext **M**arkup **L**anguage* steht und es sich hierbei um eine Seitenbeschreibungssprache handelt.
- die verschiedenen Browser-Versionen nicht alle Befehle (Tags) verstehen.
- Dreamweaver 4 sowohl für das Betriebssystem Windows als auch für Macintosh zur Verfügung steht.
- der Dreamweaver neben seinem Dokumentfenster weitere schwebende Fenster zur Verfügung stellt, z.B. den Launcher, die Objektpalette und den Eigenschafteninspektor.
- es verschiedene Möglichkeiten gibt, das Dokumentfenster einzurichten.

Fragen und Übungen

1. Warum sind im Internet Daten-Übertragungsprotokolle erforderlich?
2. Welche Bedeutung haben Links?
3. Mit welcher Taste können Sie bei Dreamweaver sehr schnell schwebende Fenster ein- oder ausblenden?
4. Welche Vorteile bieten die einblendbaren Lineale und das *Raster*?
5. Wie lautet die Tastenkombination, mit deren Hilfe das *Raster* angezeigt wird?
6. Mit welcher Taste können Sie die Dreamweaver-Hilfe starten?

2 Projekt »Kids in Düsseldorf«

Macromedia Dreamweaver 4

2 Projekt »Kids in Düsseldorf«

In diesem Kapitel erfahren Sie, wie die Idee für das Projekt »Kids in Düsseldorf« geboren wurde und was Sie grundsätzlich alles beachten sollten, bevor Sie mit der praktischen Erstellung einer Website beginnen.

2.1 Am Anfang steht die Planung

Vor den Erfolg haben die Götter den Schweiß gesetzt. So oder so ähnlich lautet der Spruch, der auch bei der Website-Gestaltung seinen Sinn nicht verliert. Die Zeiten, in denen es vollkommen genügte, ein paar zusammengeschusterte Seiten ins Web zu stellen, sind vorbei. Ein erfolgreicher Web-Auftritt setzt mehr voraus. Lesen Sie im Folgenden, wie das Projekt »Kids in Düsseldorf« aus der Taufe gehoben wurde, wie die Idee, Ziele und Zielgruppe definiert wurden. Darüber hinaus erfahren Sie hier, welche allgemeinen Regeln bei der Web-Seiten-Erstellung beachtet werden sollten.

Projektidee

Vor der Verwirklichung eines Projekts steht die Idee. Das wird bei Ihnen nicht anders sein. Die Idee des Projekts »Kids in Düsseldorf« war schnell geboren, nachdem mein Verlag mit der Bitte an mich herangetreten war, ein Buch über das Programm Dreamweaver zu schreiben. Dazu genügten zwei Blicke: der erste auf meine Kinder, der zweite auf den derzeitigen Web-Auftritt meiner Heimatstadt Düsseldorf.

Abb. 2.1: Ein eigenes Stadt-Angebot für die Kinder wäre doch nicht schlecht

Zielgruppe

Beginnen Sie mit einer der wichtigsten Fragen: Wen wollen Sie mit Ihrem Web-Auftritt ansprechen? Die Antwort dürfte Ihnen nicht schwer fallen: Wenn Sie etwas verkaufen wollen, z.B. eine Ware oder eine Dienstleistung, dann ist das der Kunde. Wollen Sie Informationen zu einem bestimmten Themenbereich anbieten, dann ist es unter Umständen der Fachmann, der genau Ihre Informationen sucht. Egal, wie Ihre Antwort ausfällt, eines sollten Sie sich klarmachen: Den potenziellen Besucher Ihrer Website sollten Sie auf jeden Fall in den Mittelpunkt stellen!

Abb. 2.2: Hier sollen die Kinder im Mittelpunkt stehen

Bei dem Projekt »Kids in Düsseldorf« sind dies die Kinder und Jugendlichen aus Düsseldorf und Umgebung, die wissen wollen, was speziell für sie in ihrer Stadt angeboten wird, die aber auch wissen wollen, wo ihnen bei möglichen Problemen geholfen wird und wer ihre Ansprechpartner sind. Daneben werden Eltern, Alleinerziehende, Lehrer, Betreuer, Vereine usw. eingebunden, also Personen und Institutionen, zu denen die meisten Kinder und Jugendlichen einen besonderen Bezug haben.

Material sammeln und strukturieren

Nun sammeln Sie zuerst alle Informationen, die Sie auf den Seiten Ihres Projektes verwenden können. Versetzen Sie sich dabei in die Lage Ihrer potentiellen Besucher und fragen Sie sich, welche Informationen diese von Ihnen erwarten. Legen Sie sehr viel Wert auf die Qualität und die Aktualität Ihrer Inhalte. Es gibt viele Angebote im World Wide Web, die zwar technisch ganz gut gelungen sind, deren Informationsgehalt jedoch sehr zu wünschen übrig lässt. Seiten, die nicht »gepflegt« werden, die langweilig sind und deren Inhalt noch nicht mal witzig ist, werden kein Magnet im Internet sein.

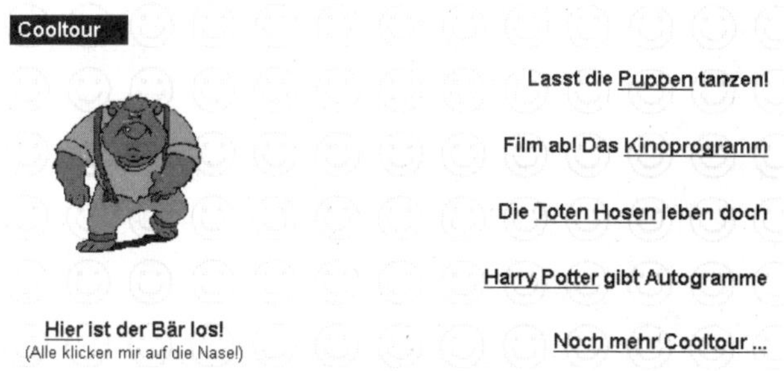

Abb. 2.3: Alles nur einen Mausklick entfernt

Dabei müssen Sie noch nicht einmal jede Information selbst aufbereiten. Im World Wide Web gibt es Informationen wie Sand am Meer, und diese lassen sich ganz einfach über Hyperlinks in Ihr Web-Angebot einbinden. Allerdings sollten Sie in Ihrem eigenen Interesse darauf achten, dass es sich hierbei um seriöse Informationen handelt.

Wenn Sie sich darüber im Klaren sind, welche Informationen Sie anbieten wollen, sollten Sie sich die Struktur Ihres künftigen Web-Angebots auf ein Blatt zeichnen.

Achten Sie darauf, dass das Wichtigste sofort erscheint. Muten Sie dem Besucher nicht zu, sich erst durch fünf Web-Seiten klicken zu müssen, bis er zum Hauptthema gelangt. Insbesondere bei den immer noch recht hohen Online-Kosten gilt: Zeit ist Geld!

Web-Darstellung ist nicht nur Selbstdarstellung

Reden Sie in Ihrer Web-Präsenz nicht allzu viel über sich selbst. Den Besucher interessiert in der Regel mehr die Antwort auf seine speziellen Fragen oder Probleme als die seitenlange Beschreibung, dass Sie weltweit nicht nur der Einzige, sondern auch der Beste sind. Wenn dies zutreffen soll, dann beweisen Sie es mit Ihrem Angebot. Qualität spricht sich auch im Netz herum.

Grundsätzlich sollten Sie sich bemühen, kurz und prägnant zu formulieren. Denn auch hier gilt wieder das Motto: Zeit ist Geld! Und für den Besucher liegt die Konkurrenz immer nur einen Mausklick entfernt.

Mit einem stets aktuellen, am Bedarf orientierten Web-Angebot werden Sie Ihre Besucher an sich binden können. Sie werden überhaupt nicht mehr loslassen können, wenn Sie nach der Devise verfahren: Kleine Geschenke erhalten die Freundschaft.

Wenn Sie beispielsweise Küchenartikel auf Ihrer Web-Präsenz anbieten, können Sie absolut sicher sein, dass sich die Zahl der regelmäßigen Besucher steigern lässt, wenn Sie daneben regelmäßig wechselnde Kochrezepte zum Download anbieten.

Empfangen Sie Ihre Web-Besucher an der Tür

Das waren noch Zeiten, als die Tür zum Laden vom Inhaber selbst geöffnet und die Kunden mit Namen begrüßt wurden! Lassen Sie diese Zeiten im Web wieder aufleben, indem Sie Ihre Besucher zunächst willkommen heißen, um ihnen nach wenigen Sekunden automatisch die »Tür« zu Ihrem Angebot zu öffnen.

Abb. 2.4: Die Begrüßungsseite; gleich geht's automatisch weiter

Auch bei »Kids in Düsseldorf« wird sich diese Tür öffnen und die Besucher zur zentralen Angebotsseite führen.

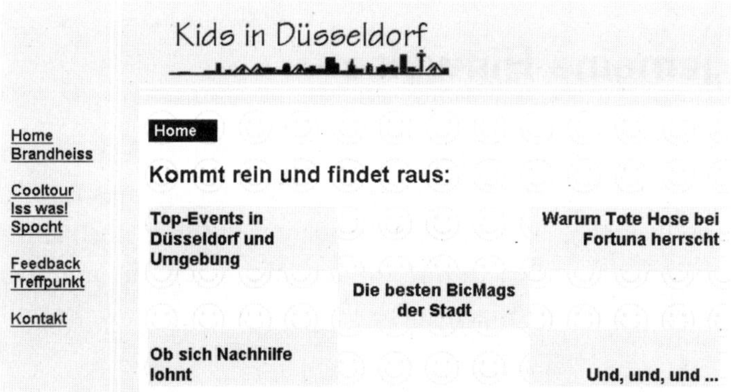

Abb. 2.5: Die Einstiegsseite mit Frames – damit alles im Rahmen bleibt

Kontaktpflege

Das World Wide Web bietet dem Nutzer nicht nur viele bunte Seiten. Eine große Stärke des Mediums ist auch die Möglichkeit der Interaktivität. Sie sollten neben reinen Informationsseiten auch einen Weg vorgeben, über den ein Besucher Kontakt mit Ihnen aufnehmen kann.

Wenn Sie dies tun, muss aber gleichzeitig sichergestellt sein, dass Sie stets zeitnah auf jede Kontaktaufnahme reagieren können. Nichts ist ärgerlicher, als wenn der Kunde sechs Wochen oder gar vergeblich auf Ihre Reaktion warten muss. Hier müssen Sie Antwortzeiten von maximal zwei, drei Tagen garantieren können.

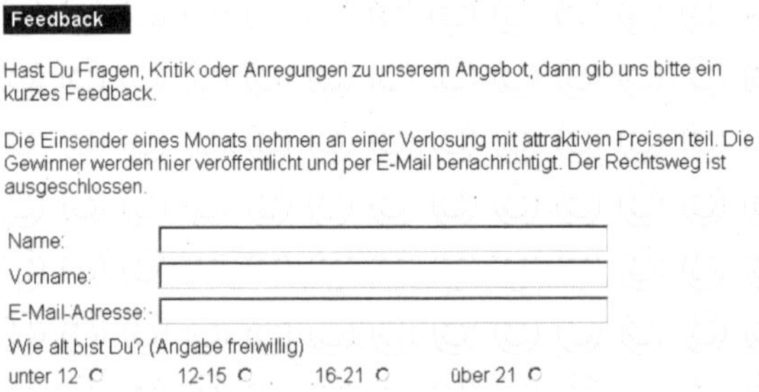
Feedback

Hast Du Fragen, Kritik oder Anregungen zu unserem Angebot, dann gib uns bitte ein kurzes Feedback.

Die Einsender eines Monats nehmen an einer Verlosung mit attraktiven Preisen teil. Die Gewinner werden hier veröffentlicht und per E-Mail benachrichtigt. Der Rechtsweg ist ausgeschlossen.

Name:

Vorname:

E-Mail-Adresse:

Wie alt bist Du? (Angabe freiwillig)

unter 12 ○ 12-15 ○ 16-21 ○ über 21 ○

Abb. 2.6: Das Feedback-Formular für die Kids in Düsseldorf

2.2 Allgemeine Hinweise

Die Zielgruppe und die Inhalte Ihres Angebots stehen nun fest. In den nachfolgenden Kapiteln werden Sie sich mit der Umsetzung Ihres Projektes beschäftigen. Bevor Sie jedoch loslegen, möchte ich Ihnen noch allgemeine Informationen und Regeln mit auf den Weg geben, die man bei jedem Web-Projekt berücksichtigen sollte.

Web-Seite, Website, Homepage

Vielleicht haben Sie sich schon einmal gefragt, wo der Unterschied zwischen einer Web-Seite, einer Website und einer Homepage liegt.

- Mit dem Begriff *Web-Seite* bezeichnet man jede HTML-Seite, die im Browser betrachtet werden kann. Diese Seite kann Text, Grafiken und eingebettete Objekte (z.B. Sound-Dateien) enthalten. Die Bezeichnung ist die direkte Übersetzung des englischen Begriffs *web page*.
- Da für *Website* kein passender deutscher Ausdruck gefunden wurde, ist der englische Begriff übernommen worden. Unter Website versteht man die Gesamtheit aller Web-Seiten eines Internet-Angebots.
- Unter *Homepage* versteht man die meist erste und zentrale Web-Seite des Web-Angebots. Von ihr führen Verweise zu den wichtigsten Themen des Gesamtangebots.

Aktualität

Das Web-Angebot werden Sie in einer überschaubaren Zeitspanne erstellt und ins Web geladen haben. Damit ist es jedoch nicht getan. Das World Wide Web lebt von der Aktualität der darin angebotenen Informationen. Wenn Sie Ihr Angebot nicht ständig pflegen und an die aktuellen Gegebenheiten anpassen, wird Ihre Zielgruppe das schnell merken und sich von Ihrer Website abwenden. Ganz schlimm ist es, wenn auf der Homepage ein Hinweis auf die letzte Änderung gegeben wird und das Datum jegliche Mindesthaltbarkeit weit überschritten hat.

Abb. 2.7: Ein wenig Nostalgie ist auch nicht schlecht ;-)

Copyright und Individualität

Alle Web-Seiten und Grafiken, die Sie sich im World Wide Web anschauen, können Sie aus technischer Sicht ohne großen Aufwand kopieren und für das eigene Angebot verwenden. Beachten Sie dabei jedoch Folgendes:

- Auch im Web gilt das Urheberrecht. Es spricht bestimmt nichts dagegen, wenn man eine spezielle Funktion, die man auf einer fremden Web-Seite gefunden hat, für die eigene Website nachahmt. Wenn Sie jedoch komplette Web-Seiten und Designs einfach so übernehmen, verletzen Sie das geistige Eigentum des Urhebers. Im Zweifel müssen Sie mit rechtlichen Konsequenzen rechnen.
- Ihr Angebot soll Ihre Individualität widerspiegeln. Wenn Sie Grafiken und Designs aus anderen – vielleicht sogar erfolgreichen – Angeboten übernehmen, werden Sie zum einen diesem Anspruch nicht gerecht, und zum anderen laufen Sie Gefahr, dass das Plagiat unangenehm auffällt. Versuchen Sie, weitestgehend alle Elemente Ihrer Seiten selbst zu erstellen. Setzen Sie auch möglichst keine Grafiken ein, die man überall im Web und auf CD-ROM in Grafiksammlungen – meist kostenlos – angeboten bekommt. Sie sind nämlich nicht der Einzige, der auf diese Idee kommt.

Werbung für das Angebot

Es gibt viele Millionen von Web-Angeboten im weltweiten Internet. Wenn Sie Ihr Angebot auf den Web-Server hochladen, dürfen Sie nicht damit rechnen, dass sich sofort eine wartende Schar von Internet-Nutzern wie hungrige Wölfe darauf stürzt. Eher das Gegenteil ist der Fall. Wenn Sie über Ihren Provider Zugriffsstatistiken für Ihr Angebot abrufen können, werden Sie vielleicht zu Beginn enttäuscht sein, dass sich die Resonanz auf Ihre Präsenz in Grenzen hält.

Haben Sie Geduld und nutzen Sie alle Möglichkeiten, um Ihr Angebot bekannt zu machen:

- Tragen Sie die Homepage in möglichst viele Suchmaschinen ein. Wie das geht und was Sie dabei beachten müssen, erfahren Sie im Kapitel *»Site-Verwaltung«*.
- Geben Sie Ihre Web-Adresse auf Ihrem Briefkopf, der Visitenkarte, den Einkaufstüten und allen Werbeartikeln an. Machen Sie es wie die großen Einzelhandelsketten und kleben Sie die Adresse der Homepage in das Schaufenster. Natürlich nur, wenn Sie eines haben.
- Werben Sie gezielt dort, wo sich Ihre Zielgruppe trifft. Bei einem Angebot für Eltern und Kinder bieten sich Flohmärkte für Kinderbekleidung, Jugendtreffs und Jugend-Sportveranstaltungen an. Deponieren Sie Ihre Flyer (Wurfzettel) an strategisch günstigen Orten, wie z.B. Spielzeuggeschäften, Sportläden und Eisdielen.

Datei- und Ordnernamen

Bei der Vergabe von Datei- und Ordnernamen sollten Sie Folgendes beherzigen:

- Wenn Ihr Web-Angebot auch lokal auf einem Rechner mit dem Betriebssystem *MS-DOS* laufen soll, dann sollten Sie sich an die *8.3*-Konvention halten. Das bedeutet, dass der Dateiname acht Zeichen, einen Punkt und drei Zeichen nach dem Punkt enthalten darf. Wenn Sie ganz sichergehen möchten, halten Sie sich einfach immer an diese Regel.
- Das Internet ist ein Synonym für Internationalität. Verwenden Sie daher keine länderspezifischen Zeichen (ä, ö, ü, ß, §) in den Dateinamen. Bei den Sonderzeichen sollten Sie sich auf den Unterstrich _ beschränken. Ein Leerzeichen darf der Name ebenfalls nicht enthalten.
- Achten Sie bei Dateinamen und Hyperlinks genau auf Groß- und Kleinschreibung. Auf den Web-Servern werden unterschiedliche Betriebssysteme eingesetzt, und UNIX-Systeme nehmen es halt – im

Gegensatz zu Windows – sehr genau mit der Schreibung. Wenn der Link anders geschrieben ist als die Datei, dann klappt es mit dem Verweis auf diesen Systemen nicht. Machen Sie es einfach so wie ich, und schreiben Sie alle Dateinamen und Hyperlinks klein.

Projektordner

Legen Sie für jedes Web-Projekt einen eigenen Projektordner an. Dieser Ordner enthält zum einen das komplette Web-Angebot und zum anderen alle Dateien, die Sie zur Vorbereitung der Web-Seiten benötigen (z.B. Originalzeichnungen und -texte). Legen Sie den Projektordner doch einfach auf dem Windows-Desktop an. Sie können aber auch jeden anderen Platz in Ihrem Ordnersystem auswählen.

- Klicken Sie mit der rechten Maustaste auf den Desktop.
- Wählen Sie im Kontextmenü den Befehl *Neu / Ordner* aus.

Abb. 2.8: Einen neuen Ordner anlegen

- Geben Sie den Namen `kid` für den Ordner ein.

Abb. 2.9: Projektordner

Unterhalb dieses Ordners werden Sie in den nachfolgenden Kapiteln zwei Unterordner anlegen (siehe Abbildung 2.10).

Im Ordner *material* speichern Sie alle Dateien ab, die Sie zwar zur Erstellung des Web-Angebots benötigen (z.B. Originalgrafiken), die jedoch nicht zum eigentlichen Angebot gehören.

Abb. 2.10: Ordnung muss sein

Der Ordner *website* wird der Stammordner Ihrer Website sein. Dort legen Sie neben den HTML-Seiten sämtliche anderen Dateien (Grafiken, Sound-Dateien etc.), die zu Ihrem Angebot gehören, ab. Wenn Sie abschätzen können, dass Ihre Website größere Ausmaße annehmen wird, sollten Sie unterhalb des Stammordners weitere Unterordner für Grafiken oder einzelne Themenbereiche anlegen, da Sie sonst leicht den Überblick über die Dateien Ihrer Website verlieren.

Wir werden uns auf einen Ordner ohne Unterordner beschränken. Wichtig ist, dass alle Dateien der Homepage nur unterhalb des Projektordners angelegt werden. Auf diese Weise kann man das gesamte Projekt sehr einfach als eine Einheit kopieren (z.B. zur Sicherung) oder an einen anderen Platz im Dateisystem verschieben. So wird die Dateistruktur Ihres Projekts unterhalb des Stammordners aussehen:

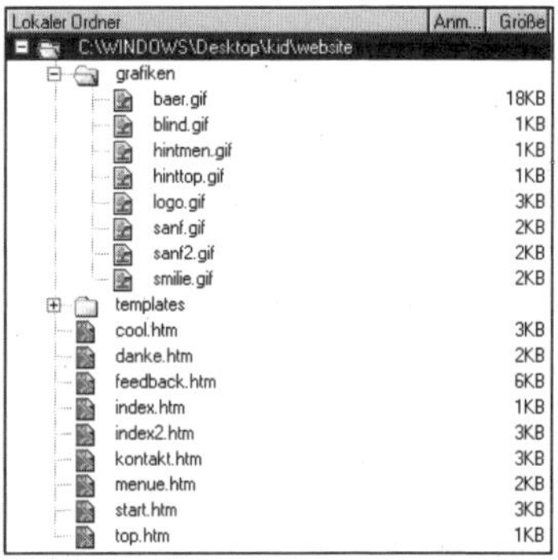

Abb. 2.11: Übersicht über die Dateien des Angebots

Seitentitel

Jede Web-Seite sollte einen aussagekräftigen Titel besitzen. Der Browser zeigt diesen Namen der Seite in seiner Titelzeile an. Der Titel einer Seite hat zwei Funktionen:

- Er wird angeboten, wenn man die Web-Seite in die Liste der Lesezeichen des Browsers (Favoriten, Bookmarks) eintragen möchte. Zwar kann man sich auch einen eigenen Namen für das Lesezeichen ausdenken, es ist aber schöner, wenn man an dieser Stelle bedient wird.
- Die Suchmaschinen des Webs werten zur Erstellung der Trefferlisten unter anderem den Titel aus. Durch eine geschickte Wortwahl kann man also Einfluss auf die Positionierung in der Trefferliste nehmen. Übrigens erscheint in der Liste der gefundenen Web-Seiten in der Regel der Titel der Seite.

Abb. 2.12: Der Titel der Begrüßungsseite unseres Projektes

Navigation

Damit sich die Besucher Ihres Web-Angebots auf Ihren Seiten zurechtfinden, sollten Sie großen Wert auf eine durchdachte Navigation legen:

- Verwenden Sie innerhalb Ihres Web-Angebots einheitlich gestaltete und angeordnete Navigationselemente. So sollten Hyperlinks für gleiche Funktionen nicht einmal Grafiken und dann wieder Texte sein. Auf jeder Themenseite könnte z.B. ein Hyperlink auf die Homepage verweisen. Positionieren Sie den Verweis auf jeder Seite an der gleichen Stelle. Andernfalls müsste der Besucher jedes Mal suchen, wie er wieder zurückkommt.

- Unterstützen Sie die Hierarchie der Inhaltsseiten Ihres Angebots mit Hyperlinks, die den Besucher zwischen den Hierarchie-Ebenen wechseln lassen. Lassen Sie den Benutzer nicht mit den Möglichkeiten des Browsers (Schaltflächen: *zurück*, *weiter*) alleine.
- Links müssen auch als solche erkennbar sein. Machen Sie aus der Navigation kein Ratespiel, bei dem der Besucher z.B. erst durch Mausüberfahren feststellen kann, wo es weitergeht. Am besten Sie benutzen für Hyperlinks die Farben, die man als Standard der Browser kennt (Blau für nicht-besuchte und Violett für besuchte Hyperlinks). Auf diese Weise finden sich gerade Anfänger besser zurecht.
- Wenn Grafiken als Hyperlink dienen, dann sollten Sie immer einen Alternativtext angeben (siehe weiter unten).
- Verwenden Sie als Verweistext keine wenig aussagekräftigen Begriffe wie `zurück` oder `weiter`. Geben Sie besser eine Bezeichnung für das Ziel an, wie z.B. `Startseite` oder `Thema B`. Ein Besucher kann nämlich auch quer in Ihr Angebot einsteigen, indem er über einen externen Hyperlink direkt auf eine Themenseite Ihres Angebots gelangt. In diesem Fall führt ein Link mit dem Namen `zurück` vielleicht sogar in die Irre.
- Auch sollten Sie nicht im Link-Text erklären, dass es sich um einen Hyperlink handelt. Anstatt `Klicken Sie hier für weitere Informationen` reicht es aus, mit `weitere Informationen` auf die Informationen hinzuweisen.
- Vermeiden Sie so genannte »Baustellen«. Darunter versteht man Hyperlinks auf Seiten, die nur darüber informieren, dass das Angebot gerade erstellt wird. Wenn Sie eine Themenseite noch nicht mit Inhalten füllen können, dann lassen Sie sie einfach weg.
- Bei großen Angeboten sollten Sie sich überlegen, ob es Sinn macht, zur besseren Orientierung eine Sitemap oder eine Suchfunktion anzubieten. Bei einer *Sitemap* handelt es sich um eine Seite, auf der ein

kompletter Überblick über die Inhalte der Website gegeben wird. In der Regel sind die Inhalte in Textform aufgelistet und mit den Inhaltsseiten verlinkt. Eine Suchfunktion kann mit einem Programm auf dem Web-Server realisiert werden. Es gibt für diesen Zweck fertige, zum Teil kostenlose Lösungen im Web.

- Überprüfen Sie regelmäßig alle internen und besonders alle externen Links. Es macht keinen guten Eindruck, wenn Verweise in Ihrem Angebot ins Leere laufen. Sie werden sehen, dass Dreamweaver Ihnen hier eine komfortable Funktion im Rahmen der Site-Verwaltung anbietet.
- Gängeln Sie die Besucher Ihrer Seiten nicht. Werfen Sie nicht mit Cookies (Informationen, die mit einem JavaScript-Programm auf dem PC des Surfers abgelegt und ausgelesen werden können) um sich, wenn es nicht z.B. für ein Shop-System unbedingt notwendig ist. Stutzen Sie den Browser des Besuchers nicht zurecht, indem Sie ihm über Skripte die Symbolleiste wegnehmen oder verhindern, dass er Ihr Angebot wieder verlassen kann.

Standards

Durch die ständige Weiterentwicklung der Internet-Standards (HTML- und JavaScript-Versionen) gibt es neue Funktionen, die von alten Browser-Versionen nicht unterstützt werden. Daneben erfinden die Browser-Hersteller auch ständig eigene Funktionen, die nicht zum gemeinsamen Standard gehören.

Es wird Ihnen daher nichts anderes übrig bleiben, als jede einzelne Web-Seite Ihres Angebots mit möglichst vielen Browser-Typen und -Versionen zu testen. Der Internet Explorer und der Netscape Navigator sollten dabei in jedem Fall herangezogen werden. Sie werden sehen, dass Dreamweaver Sie auch hier nach Kräften unterstützt, indem sich die Browser sehr komfortabel in das Programm einbinden lassen. Außerdem bietet Dreamweaver eine Zielbrowser-Überprüfung an, mit der man für die aktuellen und ältere Browser-Versionen einen Seiten-Check durchführen kann.

Wenn die eine oder andere untergeordnete Inhaltsseite nicht mit jedem Browser optimal dargestellt werden kann, ist das vielleicht tolerierbar. Die Homepage Ihres Angebots sollte aber möglichst universell darstellbar sein.

Allgemeine Regeln für das Design

Beziehen Sie die folgenden Regeln für das Web-Design in Ihre Überlegungen mit ein:

- Versuchen Sie, bei der Erstellung einer Web-Seite mit einer Bildschirmseite auszukommen. So ersparen Sie dem Betrachter aufwändiges Blättern mit der Bildlaufleiste (Scrollen). Nun ist jedoch nicht immer Bildschirm gleich Bildschirm. Je nach eingestellter Bildschirmauflösung (640 x 480, 800 x 600, 1024 x 768) steht unterschiedlich viel Anzeigeplatz zur Verfügung. Richten Sie sich bei der Entwicklung der Seiten nach der mittleren Auflösung von 800 x 600 Punkten. Testen Sie die Seiten jedoch auch immer wieder mit den anderen Auflösungen. Ändern Sie dazu in der Systemsteuerung von Windows den Wert für die Auflösung des Bildschirmbereichs. Die Größe des angezeigten Textes hängt letztendlich von der Monitorgröße (z.B. 14, 15 oder 17 Zoll) des Betrachters ab. Auf einem kleineren Bildschirm ist die Schrift bei gleicher Auflösung auch logischerweise kleiner. Wenn Sie die Möglichkeit haben, sollten Sie auch hier Alternativen ausprobieren.
- Verwenden Sie Farben nicht als Schmuck, sondern zur Gliederung und Strukturierung Ihrer Seiten. Vermeiden Sie eine Überfrachtung der Seiten mit unterschiedlichen Farben, Grafiken und Schriften.

- Fügen Sie Lauftexte und Animationen sehr sparsam auf Ihren Seiten ein. Im Internet findet man eine Vielzahl bunter und lustiger Animationen, die sich leicht auf eigenen Seiten einbinden lassen. Widerstehen Sie der Versuchung, so gut es geht. Durch zu viel Bewegung würde das Auge permanent von den eigentlichen Informationen abgelenkt.
- Die Hintergrundgestaltung darf die Lesbarkeit des Textes nicht beeinträchtigen. Es sollte immer ein ausreichender Kontrast vorhanden sein.
- Verwenden Sie nicht zu viele Schriften und Schriftstile auf einer Seite. Das gibt der Seite eine unharmonische Wirkung und sieht unprofessionell aus.

Tabelle für das Seiten-Layout

HTML kennt keine Tabulatoren zur bündigen Ausrichtung von Text. Auch können Grafiken nicht beliebig auf dem Bildschirm positioniert und mit Text umflossen werden. Um Text und Grafiken neben- und übereinander auf der Web-Seite zu verteilen, benötigt man eine oder mehrere Tabellen, die das Layout für den Bildschirm vorgeben. In der nachfolgenden Abbildung sehen Sie eine Web-Seite, deren Aufbau durch eine Tabelle getragen wird:

Abb. 2.13: Seitenaufbau mit einer Tabelle

Die Rahmenlinien der Tabelle müssen noch unsichtbar gestellt werden. Wie das geht, erfahren Sie später.

> **HINWEIS**
> Wenn eine Seite mehr Inhalt hat als das vorstehende Beispiel, sollten Sie anstatt einer großen Tabelle mehrere übereinander liegende Tabellen verwenden. Eine Tabelle wird nämlich erst komplett dargestellt, wenn alle Tabelleninhalte geladen worden sind. Je nach Ladegeschwindigkeit vergeht da schon einmal eine längere Zeit, ohne dass sich etwas auf der Web-Seite tut. Bei mehreren kleineren Tabellen wird dann zumindest schon ein Teil der Seite früher angezeigt.

Pixel oder Prozent

Die Breite einer HTML-Tabelle sowie die Breite jeder einzelnen Spalte kann man in Pixel oder in Prozent angeben. Ein Pixel ist die Einheit, mit der die Farbpunkte auf dem Bildschirm dargestellt werden. Je nach Bildschirmauflösung können unterschiedlich viele Pixel auf dem Monitor angezeigt werden. Ich habe die Breite der Tabelle der geplanten Begrüßungsseite fest auf 800 Pixel eingestellt. Bei den unterschiedlichen Bildschirmauflösungen erhält man folgende Anzeigeergebnisse:

Abb. 2.14: 800 x 600 Pixel

Abb. 2.15: 640 x 480 Pixel

Abb. 2.16: 1024 x 768 Pixel

Bei einer Auflösung von 800 x 600 Punkten ist der Seiteninhalt auf dem Bildschirm schön zentriert. Wählt man jedoch die kleinere Auflösung von 640 x 480 Pixeln, wird der Tabelleninhalt nach rechts verschoben und einfach abgeschnitten. Der Betrachter muss zur vollständigen Anzeige mit den Bildlaufleisten horizontal und vertikal scrollen. Bei einer Auflösung von 1024 x 768 Punkten ist der Inhalt ebenfalls nicht zentriert und man verschenkt rechts und unterhalb der Tabelle sehr viel Platz. Sieht auch nicht so toll aus.

HINWEIS

Zum Ändern der Auflösung müssen Sie mit der rechten Maustaste auf den Windows-Desktop klicken. Rufen Sie im Kontextmenü den Eintrag *Eigenschaften* auf. Im Register *Einstellungen* finden Sie einen Schieber, über den Sie die Auflösung ändern können.

Gibt man die Breite der Tabelle mit 100% an, passt sie sich dynamisch an den jeweils zur Verfügung stehenden Platz an. Bei jeder Auflösung ist die Seite auf diese Weise gleichmäßig auf dem Bildschirm verteilt. Wir werden bei der Erstellung der Web-Seiten in der Regel diese Einstellung verwenden.

Schriften

Unter Windows stehen Ihnen viele unterschiedliche Schriftarten zur Verfügung. Einige Web-Editoren verleiten dazu, diese auch auf den Web-Seiten einzubauen. Sie sollten aber wissen, dass die Schriften nur dann angezeigt werden, wenn sie auch auf dem PC des Betrachters installiert sind. Haben Sie eine Schrift verwendet, die beim Besucher Ihrer Seite nicht verfügbar ist, sieht dieser die Standardschrift des Browsers. Nur für Ihr Web-Angebot wird sich wohl niemand eine spezielle Schrift besorgen und installieren.

Beschränken Sie sich bei der Schriftwahl auf *Arial*, *Times New Roman* und *Courier New*. Nur bei diesen Schriftarten können Sie halbwegs sicher sein, dass sie auch auf dem Rechner Ihres »Kunden« verfügbar sind. Damit haben Sie natürlich nur die Windows-Welt zufrieden gestellt. Benutzer anderer Betriebssysteme verfügen im Zweifel nicht über diese Windows-Schriften. Sie werden sehen, dass man bei der Schriftformatierung auch Ersatzschriftarten angeben kann. So kann man auch auf die Bedürfnisse dieser Clientel eingehen.

Grafiken einbinden

Beim Einbinden von Grafiken auf einer Web-Seite sollten Sie folgende Punkte beachten.

Alternativtext

Geben Sie immer einen Alternativtext zur Grafik ein. Es gibt viele Surfer, die, um Kosten zu sparen, mit ausgeschalteter Grafikanzeige im Web unterwegs sind. Ohne den alternativen Text sehen diese »Kunden« nur ein rotes Kreuz.

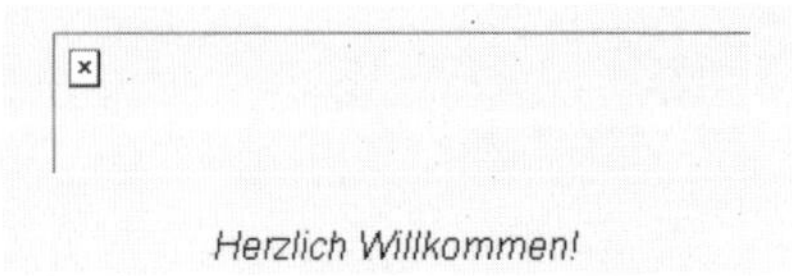

Abb. 2.17: Das ist ja wohl nix

Wenn Sie den Text angeben, kann der Besucher entscheiden, ob er für diese Seite die Grafikanzeige aktivieren möchte.

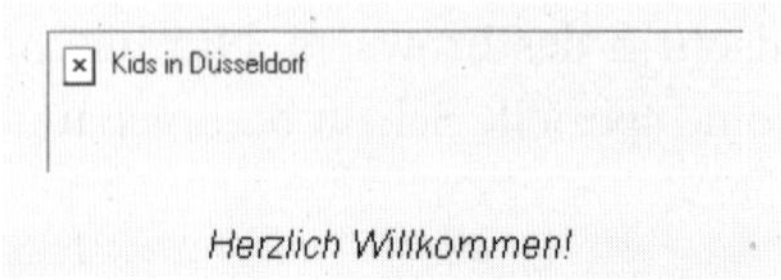

Abb. 2.18: Mit alternativem Text

HINWEIS

Sehbehinderte und Blinde sind ebenfalls auf die Angabe des Alternativtextes angewiesen. Diese Personengruppe benutzt beim Surfen zusätzliche Hilfsmittel wie Sprachausgabe oder Braille-Zeile. Mit diesen Ausgabemedien können nur die Text-Informationen einer Web-Seite in Sprache bzw. Blindenschrift (über spezielle Tastatur) umgesetzt werden. Mit Bildern können diese Systeme nichts anfangen. Weitere Informationen und Links zu diesem Thema erhalten Sie z.B. beim Verein »Behinderte in Gesellschaft und Beruf« unter2 der Web-Adresse *http://www.bigub.de*.

Der Alternativtext kann auch dazu genutzt werden, um zum Bild einen erläuternden Text hinzuzufügen. Wenn man mit der Maus auf die Grafik zeigt, wird diese Information für eine kurze Zeitspanne eingeblendet.

Abb. 2.19: Jetzt wissen wir mehr

Breite und Höhe angeben

Geben Sie zu einer Grafik immer die Werte für die Höhe und die Breite an. Beim Laden der Web-Seite reserviert der Browser dann den entsprechenden Platz direkt zu Beginn. Wenn die Grafiken vollständig übertragen sind, muss die Web-Seite nicht neu aufgebaut werden. Auf diese Weise wird der Seitenaufbau beschleunigt und verhindert, dass die Seite erst mit dem Einfügen der Grafiken in ihre endgültige Form springt. Ein derartig unruhiges Verhalten kennen Sie vielleicht von manchen Web-Seiten, die Sie bereits besucht haben.

Dreamweaver fügt die Breite und Höhe automatisch ein, wenn Sie ein Bild auf eine Web-Seite laden.

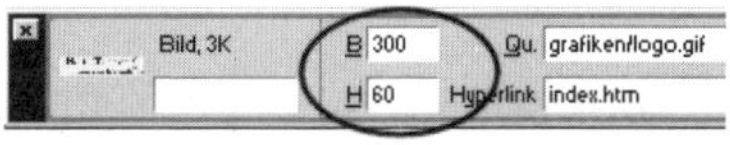

Abb. 2.20: Breite und Höhe des Bildes

Löschen Sie diese Angaben nicht.

HINWEIS

Geben Sie immer nur die Originalwerte für Höhe und Breite der Grafiken ein. Wenn Sie kleinere Werte angeben, wird das Bild zwar kleiner dargestellt, trotzdem wird es in der Originalgröße und damit auch in der Original-Dateigröße geladen. Wenn Sie wirklich eine kleinere Version eines Bildes benötigen (z.B. für ein Vorschaubild), dann verkleinern Sie die Grafik in einem Bildbearbeitungsprogramm und fügen Sie das verkleinerte Bild in die Web-Seite ein. Auch der umgekehrte Weg, ein Bild im Browser zu vergrößern, macht keinen Sinn. Beim Vergrößern wird die Bildqualität schlechter (Treppenstufen).

Grafiken recyclen

Verwenden Sie für wiederkehrende Logos und Navigationsgrafiken innerhalb Ihres Angebots immer dieselben Grafiken. Der Browser lädt nämlich alle Dateien, die er beim Surfen anzeigt, in seinen Zwischenspeicher (*Cache*) auf der Festplatte des Surfers.

Wird eine Datei dann während der Sitzung noch einmal gebraucht, holt der Browser sie aus dem Cache. Das geht natürlich viel schneller, als wenn er sie über die Telefonleitung laden müsste.

Falsches Format

Wählen Sie für die Grafiken, die Sie auf Ihre Web-Seiten einbauen möchten, immer das richtige Format aus.

Sie werden im Kapitel »*Grafiken für die Website*« sehen, dass es zum Teil erhebliche Unterschiede in Qualität und Dateigröße gibt, wenn Sie das falsche Format verwenden.

In diesem Kapitel werden Sie zudem Techniken kennen lernen, wie man Bilder für den Einsatz im Web optimiert.

Lange Leitung – die Geduld der Besucher

Vielleicht kennen Sie das auch: Man ruft ein Angebot im World Wide Web auf, die Verbindung klappt offensichtlich, aber der Bildschirm bleibt leer. Der Browser jongliert in der Statuszeile mit Prozentzahlen. Der Bildschirm bleibt immer noch leer. Sie verlieren die Lust und brechen frustriert den Ladevorgang ab. Das muss nicht sein.

So schön bunte Web-Seiten auch sind, ab einer bestimmten Datenmenge ist die Schmerzgrenze für den durchschnittlichen Besucher der Seite erreicht. In der Regel sollten eine HTML-Datei und alle dazugehörigen Grafiken ein Datenvolumen von 40-60 Kilobyte nicht übersteigen. Besonders die Homepage einer Website sollte als die Visitenkarte des Angebots besonders schlank sein.

Obwohl die geplante Homepage (nicht die Begrüßungsseite) wegen des Frame-Gerüstes sogar mehrere HTML-Dateien umfasst, kommen wir an diese genannte Größenordnung beileibe nicht heran. Testen Sie es nach Abschluss des Projektes einmal selbst. Stellen Sie alle Dateien, die zur Homepage gehören (auch die Grafiken), in einem Ordner zusammen und markieren Sie sie.

Abb. 2.21: Die Dateien der Homepage

Klicken Sie dann mit der rechten Maustaste auf eine der markierten Dateien und wählen Sie aus dem Kontextmenü die Funktion *Eigenschaften* aus.

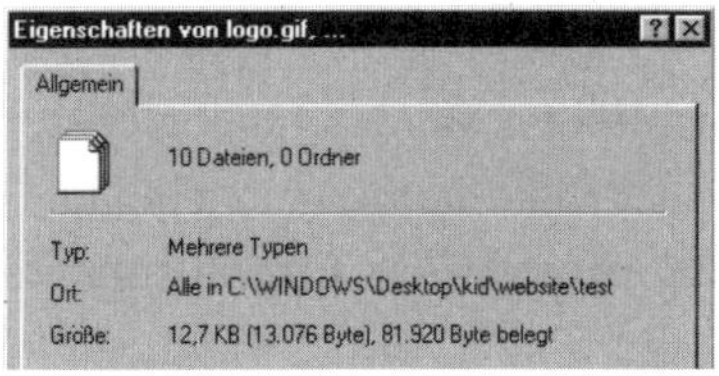

Abb. 2.22: Die Homepage ist komplett gerade einmal 12,7 KB groß

Dateinamenerweiterung einblenden

Windows 98 ist von Haus aus so eingestellt, dass man die Dateinamenerweiterung bei registrierten Dateitypen nicht sieht. Wenn unterschiedliche Dateitypen (z.B. Grafikformate) mit dem gleichen Symbol dargestellt werden, ist diese Einstellung sehr störend. Man kann nicht mit einem Blick erkennen, welches Format eine bestimmte Datei hat.

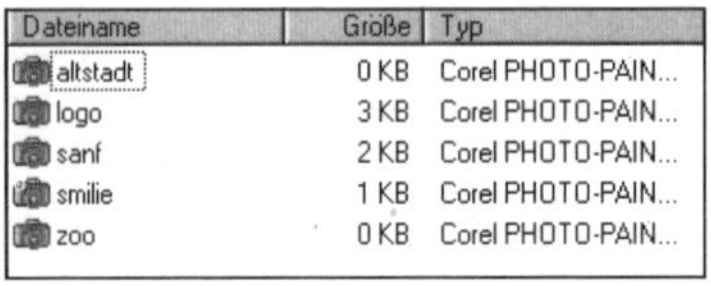

Abb. 2.23: Welche Datei hat welches Format?

Rufen Sie daher im Menü irgendeines Ordners den Befehl *Ansicht / Ordneroptionen* auf (Windows ME: *Extras / Ordneroptionen*). Im Register *Ansicht* finden Sie die Option *Dateinamenerweiterung bei bekannten Dateitypen ausblenden*.

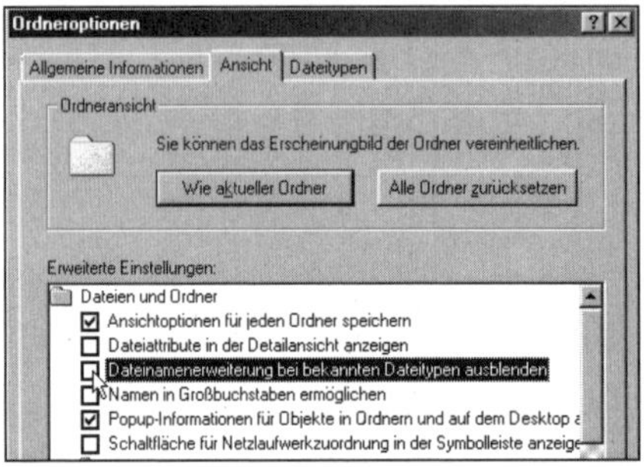

Abb. 2.24: Dateinamenerweiterung nicht ausblenden

Deaktivieren Sie diese Einstellung, und schließen Sie das Dialogfenster über *OK*. Jetzt werden die Erweiterungen aller Dateinamen eingeblendet. An der Endung kann man sofort erkennen, um welches Dateiformat es sich handelt.

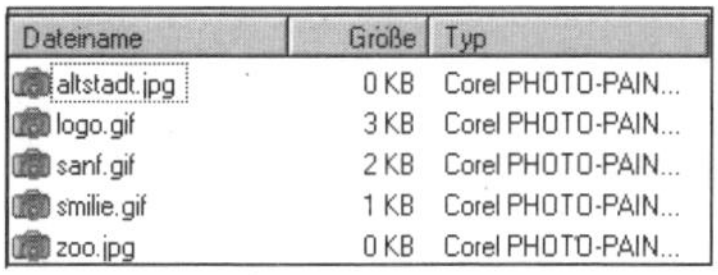

Abb. 2.25: Jetzt kann man an der Endung das Format erkennen

2.3 Zusammenfassung, Fragen und Übungen

Zusammenfassung

- Stellen Sie Ihre »Kunden« in den Vordergrund Ihres Angebots.
- Halten Sie Texte auf den Web-Seiten kurz und prägnant.
- Bieten Sie den Besuchern Ihres Angebots die Möglichkeit, Kontakt mit Ihnen aufzunehmen.
- Eine Homepage ist die zentrale Web-Seite einer Website.
- Achten Sie darauf, dass die Inhalte Ihres Web-Angebots immer aktuell sind.
- Machen Sie Werbung für Ihr Web-Angebot, indem Sie gezielt auf Ihre Zielgruppe zugehen.
- Legen Sie für jede Website einen eigenen Projektordner an, unter dem Sie dann alle Dateien des Projektes ablegen.
- Legen Sie bei Ihrem Web-Angebot sehr großen Wert auf eine durchdachte Navigation.
- Der Aufbau einer Web-Seite wird häufig über eine Tabelle realisiert.

Zusammenfassung

- Binden Sie Grafiken immer mit einem Alternativtext und den Original-Größenangaben ein.
- Die Homepage einer Website sollte einschließlich aller Grafiken eine Gesamt-Dateigröße von maximal 60 KB nicht überschreiten.

Fragen und Übungen

1. Was bedeutet der Begriff *Homepage*?
2. Welche Bildschirmauflösung sollten Sie bei der Entwicklung der Web-Seiten zugrunde legen?
3. Warum sollten Sie Ihren Web-Seiten immer einen Titel geben (zwei Gründe)?
4. Welche der folgenden Schriftarten sollten Sie auf Ihrer Web-Seite nicht verwenden: *Arial, Times New Roman, Futura*?
5. Warum sollten Sie bei Grafiken immer einen Alternativtext angeben?

3

Lokale Site und Begrüßungsseite

3 Lokale Site und Begrüßungsseite

Nach so viel Theorie geht es jetzt aber los mit der Erstellung des Web-Angebots. Sie werden in folgenden Schritten vorgehen:

- Zuerst werden Sie die Grundeinstellungen für die neue Site vornehmen.
- Dann erstellen Sie die einzelnen Inhaltsseiten des Angebots.
- Zum Abschluss werden Sie dann das Gerüst für die Navigation um Ihre Seiten herum bauen (mit so genannten *Frames*). Es enthält die Menüleiste und den Bereich für das Logo.

Starten Sie Dreamweaver über das Symbol auf dem Desktop oder über *Start / Programme / Macromedia Dreamweaver 4 / Dreamweaver 4*.

HINWEIS

Wenn Sie die nachfolgenden Schritte genau so nachvollziehen möchten, benötigen Sie die Grafiken für das Übungsbeispiel. Im Kapitel *»Grafiken für die Website«* erfahren Sie, wie Sie die Grafiken des Angebots (Logo, Hintergrundbilder, Verweis zum Seitenanfang) selbst mit Macromedia Fireworks erstellen und für den Einsatz auf Ihren Web-Seiten optimieren können. Sie können die Bilder aber auch unter unserer Web-Adresse *http://www.buchteam.de* herunterladen.

3.1 Lokale Infos der neuen Site

Mit Dreamweaver können Sie einzelne Web-Seiten erstellen und in Ihrem Dateisystem an beliebiger Stelle abspeichern. Wenn Sie jedoch ein ganzes Projekt planen, sollten Sie von der Möglichkeit Gebrauch machen, die

Seiten des Angebots in einer *Site* zu verwalten. So haben Sie immer einen Überblick über Ihr Projekt. Außerdem erleichtern und beschleunigen an vielen Stellen projektbezogene Funktionen das Arbeiten. Manche Funktionen können überhaupt nur innerhalb einer Site angewendet werden (z.B. Vorlagen).

Rufen Sie die Funktion *Site / Neue Site* auf. In dem folgenden Dialogfenster können Sie eine Reihe von Angaben zur Site machen. In diesem Kapitel kümmern Sie sich jedoch erst einmal nur um die Kategorie *Lokale Infos*.

Unter *Lokale Infos* versteht man die Angaben zur Site, die sich auf den PC beziehen, auf dem Sie das Projekt erstellen. In dem Kapitel, das das Hochladen der Web-Seiten behandelt, werden Sie dann die Einstellungen vornehmen, die sich auf den Speicherort beziehen, auf dem das Projekt im World Wide Web veröffentlicht wird (*Web-Server-Infos*).

Geben Sie der Site zuerst einmal den Namen `Kids in Düsseldorf`. Sie sehen, dass Sie bei der Namensvergabe Leerzeichen und Umlaute verwenden dürfen.

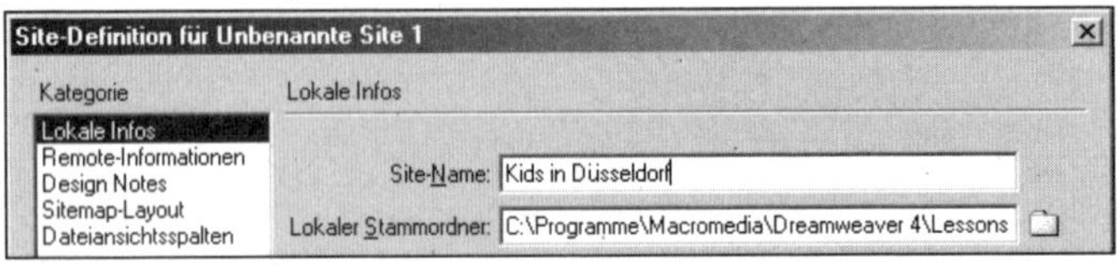

Abb. 3.1: Auch eine Site braucht einen Namen

Legen Sie dann den *lokalen Stammordner* fest. Unterhalb dieses Ordners werden Sie alle Dateien des Web-Angebots (Web-Seiten, Grafiken etc.) speichern. Klicken Sie auf das kleine gelbe Ordnersymbol hinter dem Eingabefeld *Lokaler Stammordner*.

Sie können einen beliebigen Ordner Ihres Dateisystems auswählen. Sie haben im vorausgehenden Kapitel aber schon den Projektordner *kid* auf dem Desktop angelegt. Unter diesem Projektordner werden Sie den

Stammordner anlegen. Der Stammordner existiert noch nicht. Sie können ihn über die entsprechende Schaltfläche erstellen.

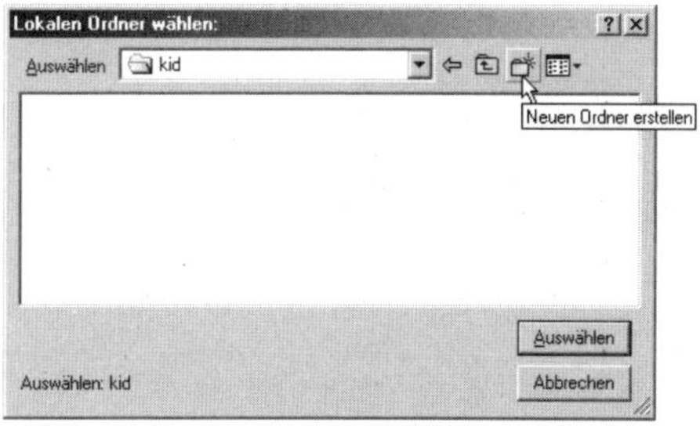

Abb. 3.2: Schaltfläche zum Anlegen des Ordners

Klicken Sie auf die Schaltfläche *Neuen Ordner erstellen*, und legen Sie einen Ordner mit dem Namen *website* an. Über *Auswählen* wird der neue Ordner als Stammordner übernommen.

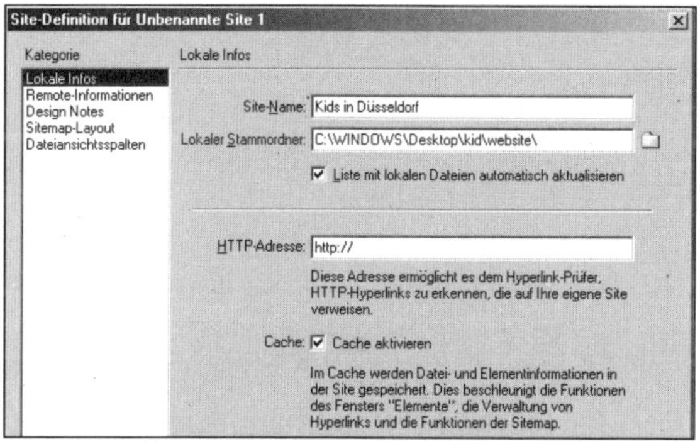

Abb. 3.3: Sämtliche lokalen Einstellungen

Die Option *Liste mit lokalen Dateien automatisch aktualisieren* macht Sinn, da in der Site-Übersicht auf diese Weise immer alle neuen Dateien auch direkt angezeigt werden. Aktivieren Sie ebenfalls die Option *Cache aktivieren*. Die darunter aufgeführten Argumente für das Anlegen einer Cache-Datei überzeugen.

Nach Abschluss der Eingaben klicken Sie auf *OK*. Es wird noch ein kurzer Hinweis eingeblendet, den Sie einfach bestätigen sollten. Dann wird das *Site-Fenster* angezeigt.

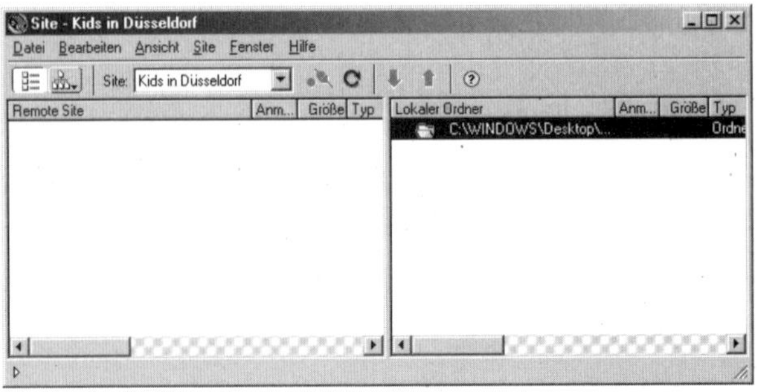

Abb. 3.4: Übersicht über die aktuelle Site

Über das Site-Fenster können Sie

- die Dateien der Site verwalten,
- neue Web-Seiten anlegen,
- Dateien verschieben,
- Ordner erstellen,
- Elemente löschen,
- eine grafische Übersicht für die Site anzeigen lassen (Sitemap) und
- Dateien zwischen der lokalen Site und der entfernten Site übertragen. Standardmäßig wird die entfernte Site im linken Fensterbereich angezeigt und die lokale Site im rechten.

Im Kapitel »*Site-Verwaltung*« erfahren Sie noch mehr über den Umgang mit dem Site-Fenster.

HINWEIS

Insbesondere wenn Sie mehrere Web-Angebote parallel erstellen und pflegen, ist die Site-Verwaltung sehr nützlich. Sie behalten auf diese Weise immer den Überblick und können schnell vom einen zum anderen Projekt wechseln. Verstreuen Sie die Ordner mit den Projektdateien jedoch nicht beliebig im Dateisystem Ihrer Festplatte, sondern legen Sie einen zentralen Ordner an, unter dem alle weiteren Projektordner zu finden sind. So können Sie z.B. alle Projekte ganz einfach in einem Arbeitsgang sichern.

Abb. 3.5: Zu einer anderen Site wechseln

3.2 Begrüßungsseite

Mit einem Web-Angebot ist es wie im richtigen Leben: Wenn Sie einen Gast empfangen, begrüßen Sie ihn an der Haustür. Dann bitten Sie ihn hinein. Besucht der Gast Sie zum ersten Mal, zeigen Sie ihm vielleicht Ihre Wohnung, bevor Sie es sich zusammen im Wohnzimmer gemütlich machen.

Funktion der Begrüßungsseite

Bei Ihrem Web-Angebot können Sie es ähnlich halten. Bevor Sie einen Besucher mit den gesamten Inhalten konfrontieren, können Sie ihn erst einmal mit einer schlanken Begrüßungsseite empfangen. Folgende Merkmale sollte eine Begrüßungsseite erfüllen:

- Sie sollte klar und unmissverständlich über den Inhalt des nachfolgenden Web-Angebots informieren. Wenn Sie hier mit schwer verständlichen Metaphern (Sinnbildern) arbeiten oder verschlüsselte Botschaften übermitteln, wird der eine oder andere Besucher vielleicht ohne Beachtung Ihres Angebots weitersurfen, weil er das Thema gar nicht erfasst hat.
- Sie sollte schnell zu laden sein. Alle Dateien (Web-Seite und Grafiken) sollten zusammen eine Größe von 40 KB nicht überschreiten. Es wäre unhöflich, den Besucher am Eingang lange warten zu lassen.
- Verzichten Sie bei der Einstiegsseite auf technische Feinheiten wie Optimierung für eine bestimmte Auflösung, JavaScript, Java-Applets, Frames, Flash-Animationen sowie sonstige Spezialitäten, die z.B. das Herunterladen zusätzlicher Software erfordern. Wenn Sie den Besucher erst einmal für Ihr Angebot interessiert haben, können Sie ihm immer noch zeigen, was Sie technisch so alles drauf haben ;-).
- Die Begrüßungsseite sollte das Interesse des Besuchers wecken und ihm vermitteln, dass es sich für ihn lohnt, in Ihr Angebot abzutauchen. Machen Sie ihn neugierig.

HINWEIS

Einen neuen Besucher könnten Sie auch noch zusätzlich auf einen kurzen Rundgang durch die Highlights Ihres Angebots locken. Auf der Begrüßungsseite könnte den Besucher zum Beispiel ein Hyperlink »Du bist neu hier?« an die Hand nehmen und durch mehrere Seiten führen, die einen kurzen Überblick über das geben, was ihn in Ihrem Angebot erwartet. Auf der letzten Seite des Rundgangs starten Sie dann die zentrale Inhaltsseite Ihrer Website. Die Realisierung des Rundgangs würde den Umfang dieses Buches jedoch sprengen.

Legen Sie also los mit dem Erstellen der Begrüßungsseite. So soll sie aussehen:

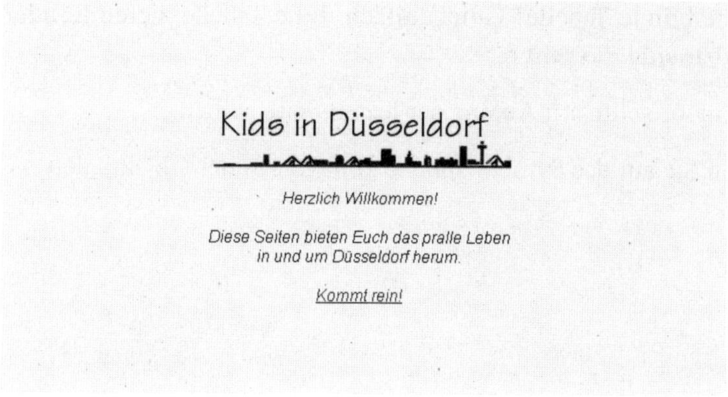

Abb. 3.6: Die Haustür

Es geht also um Kinder in Düsseldorf, denen das pralle Leben versprochen wird. Ein Gruß sollte auch immer sein. Der Surfer kann den Link *Kommt rein!* anklicken, um zum Angebot zu wechseln. Sie werden die Seite aber auch so einrichten, dass bei den meisten Browsern nach fünf Sekunden automatisch zu den Inhalten weitergeleitet wird.

Ab in die Mitte

Dreamweaver haben Sie bereits gestartet. Das Programm bietet Ihnen ein leeres Dokumentfenster an.

Das Logo »Kids in Düsseldorf« und der Gruß sollen unabhängig von der Größe des Browser-Fensters immer in der Mitte angezeigt werden. Bei der horizontalen Ausrichtung ist das einfach zu lösen, wie Sie noch sehen werden. Zur vertikalen Zentrierung verwenden Sie jetzt aber bitte nicht die ↵-Taste, um den Text nach unten zu schieben. Dies wäre nämlich nur scheinbar eine Lösung. Bei einer anderen Bildschirmauflösung oder bei Verkleinerung des Browser-Fensters würde der Betrug sofort auffallen. Verwenden Sie zur Lösung des Problems eine »blinde« Tabelle, die dynamisch den ganzen Bildschirm füllt.

Was ist eine blinde Tabelle? Ganz einfach. Eine Tabelle, deren Ränder nicht sichtbar sind. So geht es:

- Der Cursor sollte am Anfang der leeren Seite stehen.
- Klicken Sie auf das Symbol *Tabelle einfügen* in der Objektpalette.

Abb. 3.7: *Tabelle einfügen*

- Erstellen Sie eine Tabelle mit einer Spalte und einer Reihe, die 100 Prozent der Bildschirmbreite in Anspruch nehmen soll.

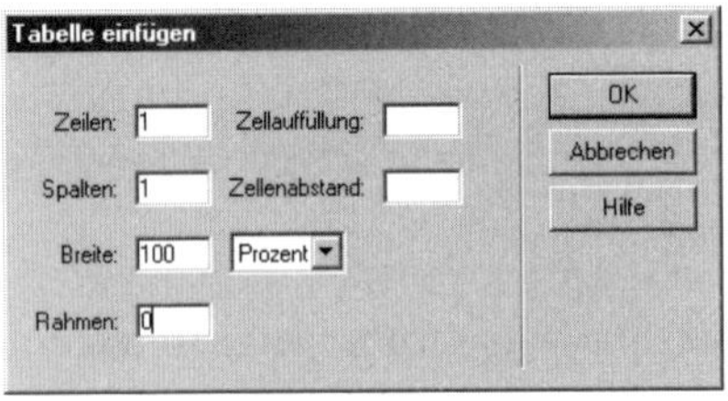

Abb. 3.8: So müssen Sie es angeben

- Bei *Rahmen* geben Sie 0 an, und schon ist die Tabelle »blind«, d.h., die Rahmenbreite ist keine. Bestätigen Sie mit *OK*.

Die Tabelle wird eingefügt und der dicke Rahmen, der sie umgibt, zeigt an, dass sie gerade ausgewählt ist.

Über den Eigenschafteninspektor (kann über den Menübefehl *Fenster / Eigenschaften* eingeblendet werden) können Sie jetzt die Einstellungen für die Tabelle vornehmen.

Geben Sie in das Feld hinter *H* (steht für Höhe) den Wert 100 ein. Aus der Liste daneben wählen Sie dann als Maßangabe % aus. Die Tabelle soll also die ganze Höhe des Dokumentfensters in Beschlag nehmen, egal, wie groß dieses auch sein mag.

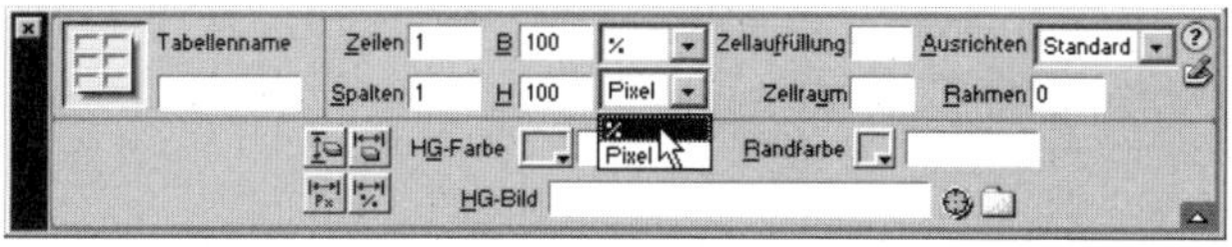

Abb. 3.9: Tabellen-Eigenschaften

Klicken Sie jetzt in das Tabellenfeld, um in das Innere der Tabelle zu wechseln. Im unteren Teil des Eigenschafteninspektors können Sie die Ausrichtung des Tabellenfeldes bestimmen.

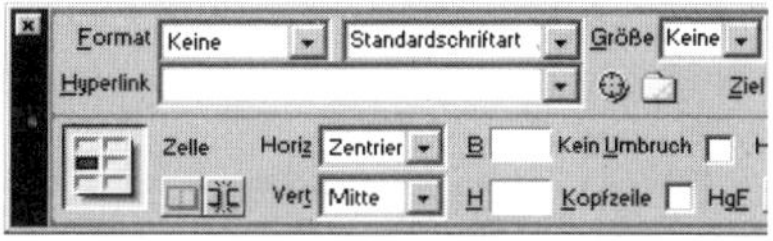

Abb. 3.10: Voll die Mitte

Wählen Sie aus der Liste bei *Horiz* den Wert *Zentrieren* und bei *Vert* die Einstellung *Mitte* aus. Der Cursor blinkt jetzt mitten im Dokumentfenster. Na, das war ja einfach.

Klicken Sie neben die Tabelle, um die Auswahl aufzuheben. Jetzt wird der Tabellenrahmen gestrichelt dargestellt, um anzuzeigen, dass er unsichtbar ist. Sehen Sie gar keinen Rahmen, dann sollten Sie *Ansicht / Visuelle Hilfsmittel / Tabellenrahmen* aufrufen. Sind noch Änderungen an den Einstellungen der Tabelle erforderlich, so können Sie die Tabelle durch einfaches Klicken auf den Rahmen wieder auswählen und die Änderungen im Eigenschafteninspektor vornehmen.

Das war nur ein erstes Beispiel dafür, was man mit Tabellen so alles anstellen kann. Sie werden in den folgenden Kapiteln noch einige Male mit Tabellen in Berührung kommen.

Speichern

Bevor Sie fortfahren, sollten Sie das Zwischenergebnis abspeichern, um einem möglichen Datenverlust vorzubeugen. Rufen Sie den Menübefehl *Datei / Speichern unter* auf.

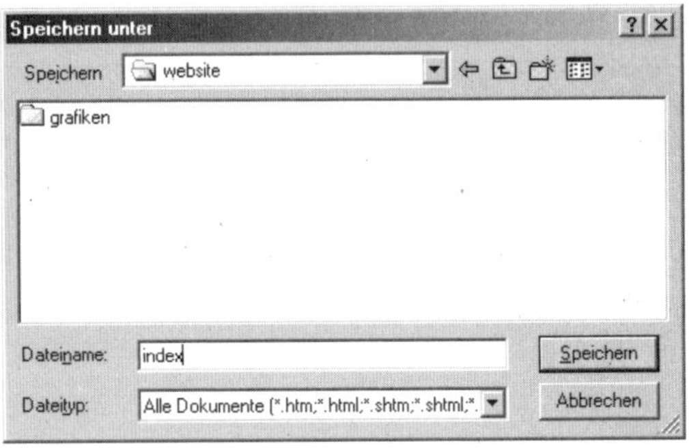

Abb. 3.11: Speichern beruhigt

Wechseln Sie zum Stammordner des Web-Angebots (*Desktop\kid\website*), wenn Sie dort nicht ohnehin gelandet sind. Geben Sie bei *Dateiname* `index` ein. Die Endung *.htm* hängt das Programm automatisch an. Über *Speichern* wird der Vorgang abgeschlossen.

HINWEIS

Grundsätzlich können Sie die Startseite Ihrer Website nennen, wie Sie möchten. Die Adresse für Ihre Grußseite könnte beispielsweise *http://www.kids-in-duesseldorf.de/start.htm* lauten. Fast alle Web-Server unterstützen jedoch einen Standardnamen für die erste Seite eines Web-Angebots. Weit verbreitet sind Bezeichnungen wie *index.htm, index.html, welcome.htm, welcome.html, default.htm* oder *default.html*. Der Betreiber des Web-Servers konfiguriert den jeweiligen Namen auf seinem Server. Wenn Sie Ihre Startseite so benennen, wie es der Provider vorgibt, kann bei der Angabe der Adresse für die Startseite der Name der HTML-

HINWEIS

Datei weggelassen werden. Die URL wird damit kürzer, z.B. *http://www.kids-in-duesseldorf.de/*. Eine solche Adresse können sich Ihre »Kunden« besser merken. Erkundigen Sie sich also bei Ihrem Provider nach dem Standardnamen für Einstiegsseiten (auch *Default*-Name genannt).

Logo und Text einfügen

HINWEIS

Da Sie die erste Grafik für das Angebot benötigen, sollten Sie spätestens jetzt das Kapitel *»Grafiken für die Website«* lesen oder die Grafiken von unserer Website *www.buchteam.de* herunterladen.

Das Logo soll an der aktuellen Cursor-Position eingefügt werden. Rufen Sie die Funktion *Einfügen / Bild* auf oder klicken Sie auf das Symbol *Bild einfügen* ganz oben links in der Objektpalette. Das folgende Dialogfenster bietet Ihnen mehr als nur die Möglichkeit, ein Bild über den Dateinamen in eine Seite zu laden. Dazu aber später mehr.

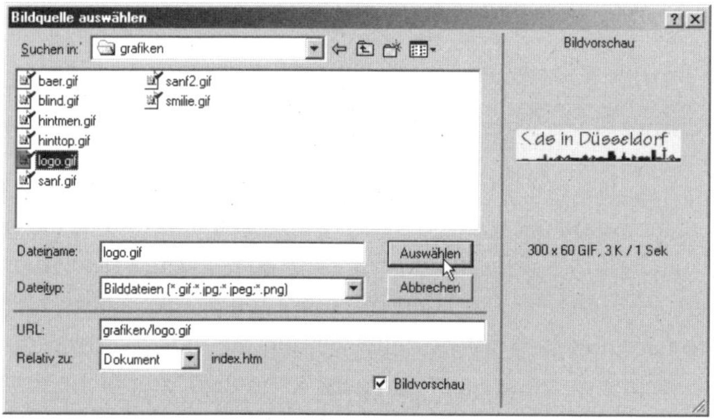

Abb. 3.12: Logo einfügen

Sie wollen erst einmal nur das Bild mit den vorgegebenen Einstellungen in die Seite laden. Wechseln Sie in den Unterordner *grafiken*, den Sie im besagten Kapitel angelegt haben. Dort finden Sie die Datei *logo.gif*. Klicken Sie einfach auf die Schaltfläche *Wählen* oder doppelt auf den Dateinamen.

Das Bild landet mitten auf der Seite. Es ist markiert. Das erkennt man zum einen an den schwarzen Ziehkästchen an den Seiten und der unteren rechten Ecke und zum anderen am Inhalt des Eigenschafteninspektors. Der ist nämlich jetzt voll auf die Grafik eingestellt.

- Dreamweaver hat für Sie die tatsächliche Breite und Höhe des Bildes ermittelt und diese bei *B* und *H* eingetragen. Das ist sehr sinnvoll, da ohne diese Werte, wie bereits dargestellt, das Ladeverhalten der Seite beeinträchtigt würde.
- Bei *Qu.* (Abkürzung für Quelle) ist der Dateiname und der Pfad des Bildes angegeben. Wenn Sie diesen Text löschen, verschwindet das Bild wieder von der Seite.

Abb. 3.13: Eigenschaften der Grafik

Drei weitere Einstellungen sollten Sie vornehmen:

- Geben Sie immer einen Alternativtext zum Bild an. Bei *Alt* tragen Sie den Text des Logos `Kids in Düsseldorf` ein.
- Das Logo erscheint auf der fertigen Seite an so exponierter Stelle, dass es sinnvoll erscheint, es mit einem Hyperlink zu belegen. Klickt man auf das Logo, so landet man auf den Inhaltsseiten des Angebots. Die zweite Seite nach der Begrüßungsseite werden Sie *index2.htm* nennen. Da die Web-Seite noch nicht existiert, kann die Datei nicht ausgewählt werden, sondern muss von Hand in das Eingabefeld *Hyperlink* eingegeben werden.

- Wenn die Grafik als Hyperlink fungiert, sollten Sie den Wert für den *Rahmen* auf 0 setzen. Sonst würde das Bild auf der Seite ständig von einem Hyperlink-farbenen Rahmen umgeben sein. In der Regel sieht das nicht besonders toll aus.

Abb. 3.14: Hässliche Klickränder - das muss nicht sein

Die Markierung der Grafik heben Sie auf, indem Sie auf irgendeine andere Stelle des Dokumentfensters klicken. Fällt Ihnen dann doch noch etwas zu den Eigenschaften des Bildes ein, klicken Sie es an. Schon ist es wieder markiert.

Der Web-Seite haben Sie bereits einen Namen gegeben, so dass Sie die Änderungen jetzt nur noch zwischenspeichern müssen. Rufen Sie dazu den Menübefehl *Datei / Speichern* oder die Tastenkombination [Strg] + [S] auf.

Seitentitel und Hintergrund

Jede Web-Seite Ihres Angebots sollte einen aussagekräftigen Seitentitel haben. Zum einen werten Suchmaschinen den Seitentitel aus, so dass Sie durch geschickte Wortwahl die Position Ihrer Seite in den Trefferlisten der Suchdienste verbessern können. Zum anderen benutzen Browser den Titel, um sich die Seite in der Liste der Lesezeichen (Bookmark, Favoriten) zu merken. Zwar kann man im Browser den Namen für ein Lesezeichen auch selbst vergeben, jedoch gehört es meines Erachtens zum Service, einen treffenden Titel für die Seite vorzugeben. So gehen Sie vor:

- Rufen Sie die Funktion *Modifizieren / Seiteneigenschaften* auf.
- Geben Sie dann bei *Titel* einen prägnanten Text ein.

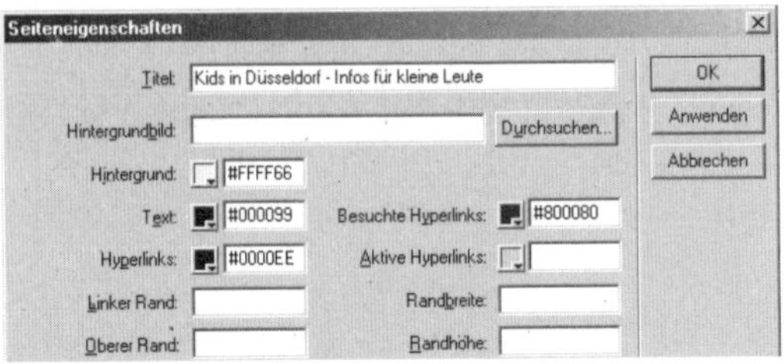

Abb. 3.15: Einstellungen für die Seite

Wenn Sie einmal dabei sind, können Sie über dieses Dialogfenster auch noch die Farbwerte für den Hintergrund der Seite und die Text- und Linkfarben eingeben. Geben Sie die Werte so ein, wie sie in der Abbildung dargestellt sind. Was die Schreibweise der Farbwerte bedeutet, können Sie im Kapitel »*Grafiken für die Website*« nachlesen.

HINWEIS

Auch wenn Sie einen weißen Hintergrund verwenden möchten, sollten Sie den Farbwert über die *Seiteneigenschaften* festlegen. Wenn dort nämlich kein Farbwert angegeben ist, wird beim Betrachter die Hintergrundfarbe angezeigt, die dieser bei seinem Browser eingestellt hat. Die Standardeinstellung ist beim Internet Explorer zwar Weiß. Man kann sich aber nicht darauf verlassen, dass der Besucher nicht eine individuelle Einstellung vorgenommen hat. Harmlos wäre es noch, wenn Ihr „Kunde" einen Farbton auswählt, der sich mit der Schriftfarbe Ihrer Seite beißt. Sind die Farben von Text und Browser-Hintergrund jedoch zufällig identisch, sieht der Betrachter den Text gar nicht.

Lehnen Sie sich kurz zurück und lassen Sie sich vom fröhlichen Gelb Ihrer Web-Seite inspirieren (siehe Abbildung 3.16).

Speichern Sie dann die Änderungen mit [Strg] + [S] zwischen.

Das Aufrufen der *Seiteneigenschaften* hat sich übrigens nur deswegen gelohnt, weil Sie neben dem Titel auch noch die Farbwerte eingegeben haben. Wenn Sie nur den Titel eingeben möchten, geht das über das entsprechende Feld auf der Symbolleiste schneller (siehe Abbildung 3.17).

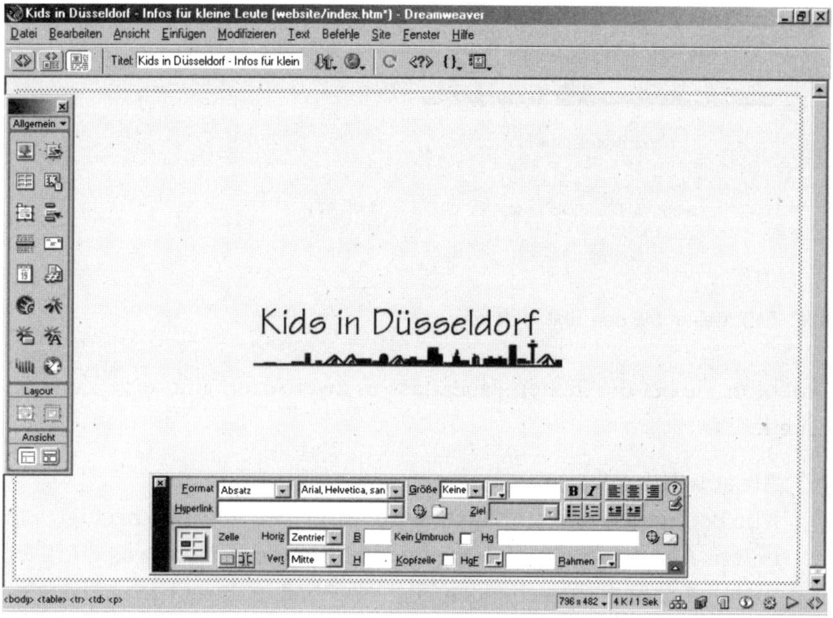

Abb. 3.16: Na wird doch!

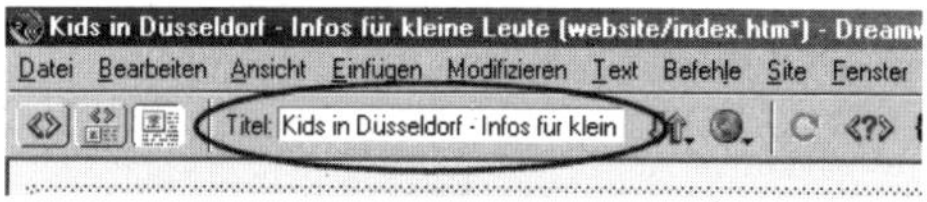

Abb. 3.17: Titel schneller eingeben

Die Symbolleiste kann über die Funktion *Ansicht / Symbolleiste* ein- und ausgeblendet werden.

Texteingabe und -gestaltung

Sie möchten nun den Begrüßungstext eingeben. Der Cursor blinkt rechts neben dem Logo. Über die [↵]-Taste erzeugen Sie einen neuen Absatz. Da die ganze Tabellenzelle mittig ausgerichtet ist, wird auch der Text zentriert.

Abb. 3.18: Geben Sie den Text jetzt ein

Beachten Sie bei der Texteingabe, dass es zwei Arten gibt, eine Zeile zu beenden:

- Absatzschaltung:
  Mit Betätigung der [↵]-Taste wird ein neuer Absatz eingefügt. Bei einem Absatz wird von den gängigen Browsern ein etwas größerer Abstand zum voranstehenden Text eingehalten. Eigentlich handelt es sich bei einem Absatz aber nicht um ein Gestaltungsinstrument, sondern um ein Mittel, den Text inhaltlich zu strukturieren. Ob überhaupt ein Abstand zum vorangehenden Absatz eingehalten werden muss oder wie groß dieser sein soll, wird über den Absatzbefehl nicht festgelegt. Das machen die Browser in eigener Zuständigkeit und zum Glück für den Entwickler dann doch sehr ähnlich.

- Zeilenschaltung:
  Beim Zeilenumbruch wird die Zeile beendet, ohne dass der aktuelle Absatz beendet wird. Die neue Zeile schließt ohne Zwischenraum an die vorhergehende an. Man fügt eine Zeilenschaltung mit der Tastenkombination [⇧] + [↵] ein.

Bei der Texteingabe haben Sie sicher sowohl Absatzschaltung als auch Zeilenschaltung verwendet.

Sie wollen dem Text eine spezielle Schriftart zuweisen. Markieren Sie dazudie gesamte Passage, indem Sie links oben neben den Textblock klicken und den Cursor bei gedrückter Maustaste bis an das Ende ziehen.

Im Eigenschafteninspektor können Sie aus einer Liste die Schriftart auswählen.

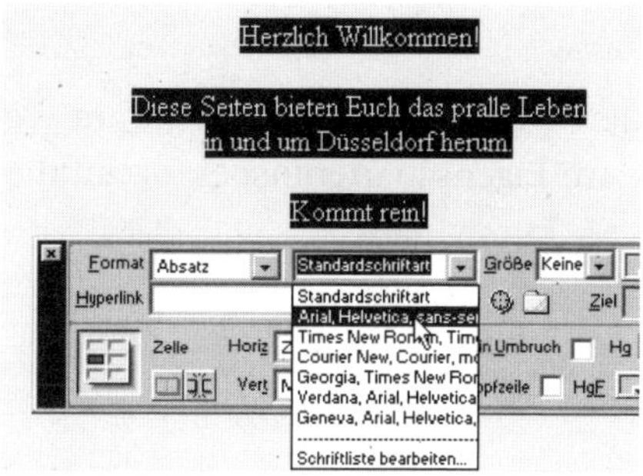

Abb. 3.19: Schrift einstellen

Wie bereits dargestellt wurde, macht es keinen Sinn, irgendeine der tollen Windows-Exoten-Schriften mit schicken Schnörkeln zu verwenden, die auf Ihrem PC installiert sind. Die Seite sieht dann auf Ihrem Bildschirm ganz gut aus. Bei der Vielzahl der Besucher wird die Schriftgestaltung in diesem Fall aber einfach nicht zum Tragen kommen, da es immer darauf ankommt, ob die Schriftart auch auf dem PC des Betrachters installiert ist.

Dreamweaver bietet daher auch nur eine überschaubare Anzahl von gängigen Schriftarten an. Wählen Sie *Arial, Helvetica, sans-serif* aus.

Warum denn drei Schriften, hätte es eine nicht auch getan? Das ist das grundsätzliche Problem bei der Erstellung von Web-Seiten. Man muss auf alle Besuchergruppen Rücksicht nehmen. Durch die Angabe einer Hauptschriftart und beliebiger sehr ähnlicher Ersatzschriften stellt man sicher, dass eine große Anzahl von Besuchern in den möglichst ungetrübten Genuss der eigenen Kreativität kommen kann. Kennt der Browser des Betrachters die erste Schrift in der Reihe nicht, so probiert er es mit der nächsten Schrift. Nur wenn keine der angegebenen Schriftarten auf dem System des Betrachters bekannt ist, wird der Text in der Standardschrift des Browsers dargestellt.

HINWEIS

Sie können auch eigene Schriftartenlisten aufbauen (letzter Eintrag in der Liste); seien Sie dabei aber sehr zurückhaltend.

Der gesamte Text soll kursiv formatiert werden. Um die Schrift auf die schiefe Bahn zu bringen, müssen Sie im Eigenschafteninspektor auf die Schaltfläche *Kursiv* klicken (I = *italic* = kursiv).

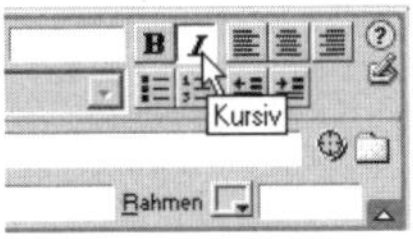

Abb. 3.20: Schief

Text als Hyperlink

Einen Hyperlink für das Logo haben Sie bereits gesetzt. Ähnlich müssen Sie vorgehen, wenn Sie Text als Hyperlink verwenden möchten. Auch die Aufforderung *Kommt rein!* soll den Besucher auf das Angebot weiterleiten.

- Markieren Sie den Text, indem Sie doppelt auf das Wort `Kommt` klicken, die Maustaste gedrückt halten und langsam nach rechts ziehen. Dabei wird die Markierung immer um das jeweils nächste Wort erweitert.
- Geben Sie dann in das Feld *Hyperlink* des Eigenschafteninspektors den Namen der aufzurufenden Datei an. Ich verspreche Ihnen, dass wir die Datei *index2.htm* noch erstellen werden.

Abb. 3.21: Text verlinken

HINWEIS

> Gewöhnen Sie sich an, alle Buchstaben in den Dateinamen von Web-Seiten und Grafiken kleinzuschreiben. Verwenden Sie auch keine Umlaute oder das ß. Auf diese Weise vermeiden Sie Probleme, wenn Sie das Angebot auf den Web-Server hochladen. Manche Betriebssysteme sind da nämlich sehr pingelig.

Speichern Sie die Web-Seite jetzt noch einmal zwischen. Wie lautete noch die Tastenkombination? Na klar doch: [Strg] + [S].

Automatische Weiterleitung

Die neueren Versionen der marktbeherrschenden Browser unterstützen die Möglichkeit, eine Seite nach einer gewissen Zeit auf eine andere Seite weiterzuleiten. Dies werden Sie bei Ihrer Begrüßungsseite so einstellen. Rufen Sie die Funktion *Einfügen / Head-Tags / Aktualisieren* auf.

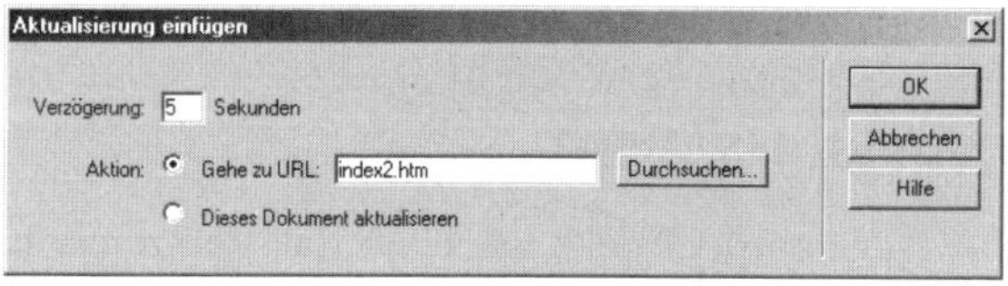

Abb. 3.22: Fünf Sekunden müssen reichen

Geben Sie bei *Verzögerung* die Dauer in Sekunden an, für die die Seite eingeblendet bleiben soll. Bei *Aktion...Gehe zu URL* tragen Sie den Namen der Web-Seite ein, die im Anschluss an die aktuelle Seite erscheinen soll. In diesem Fall wird die Seite *index.htm* nach fünf Sekunden zur angegebenen Seite *index2.htm* wechseln.

HINWEIS

> Sie sollten bei einer automatischen Weiterleitung immer auch mindestens einen gut sichtbaren Link anbieten, mit dem der Besucher auch selbst weitergehen kann. Zum einen möchten Ihre

Stammgäste nicht immer fünf Sekunden warten, zum anderen werden in der freien Wildbahn immer noch Browser benutzt, bei denen die Weiterleitung nicht funktioniert.

Speichern Sie den aktuellen Stand der Seite zur Sicherheit mit [Strg] + [S] zwischen.

Im Browser kontrollieren

WYSIWYG ist schön und gut, Kontrolle ist aber besser. Und das nicht nur in einem Browser. Da die Browser gleiche Seiten oft unterschiedlich anzeigen, sollten Sie zum Testen Ihrer Seiten in jedem Fall immer die beiden gängigen Browser *Internet Explorer* und *Netscape Navigator* heranziehen.

Zuerst müssen Sie Dreamweaver aber noch bekannt geben, wo die Browser auf der Festplatte zu finden sind und welchen Browser Sie bevorzugt verwenden möchten. Rufen Sie den Menübefehl *Datei / Vorschau in Browser / Browserliste bearbeiten* auf.

Es kann sein, dass die Browserliste noch leer ist. Über das Pluszeichen fügen Sie einen Browser hinzu.

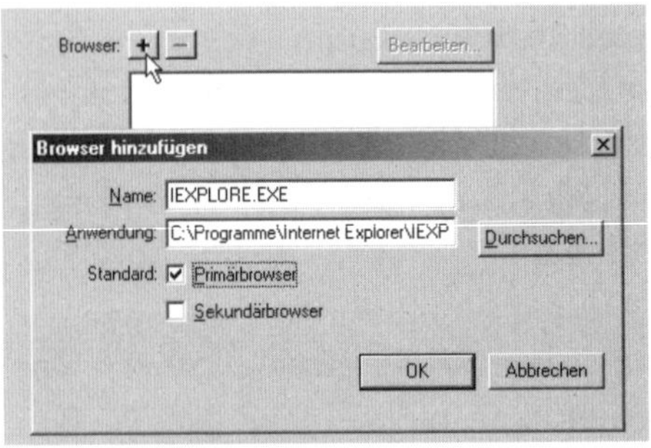

Abb. 3.23: Primärbrowser

Geben Sie bei *Name* einen beschreibenden Text ein. Bei *Anwendung* müssen Sie nicht den Verzeichnisweg auswendig kennen; über die Schaltfläche *Durchsuchen* können Sie in die Tiefen des Dateisystems abtauchen, um nach der ausführbaren Datei des Browsers zu suchen. Ich habe den Internet Explorer im Ordner *C:\Programme\Internet Explorer\Iexplore.exe* gefunden.

Wenn Sie den Internet Explorer als bevorzugten Browser festlegen möchten, müssen Sie die Option *Primärbrowser* markieren, bevor Sie auf *OK* klicken.

Lassen Sie uns aber nicht die Konkurrenz vergessen. Klicken Sie noch einmal auf das Pluszeichen.

Abb. 3.24: Sekundär-Browser

Wählen Sie über *Durchsuchen* die Programmdatei des Netscape Navigators aus (auf meinem PC ist sie unter *C:\Programme\Netscape\netscape 6\netscp6.exe* zu finden). Klicken Sie auf *Öffnen* und geben Sie noch eine Beschreibung unter *Name* ein. Ernennen Sie den Netscape Navigator zum *Sekundär-Browser*.

Sie könnten noch weitere Browser hinzufügen, schließen Sie aber erst einmal das Fenster *Voreinstellungen* über *OK*. Zur Erfolgskontrolle müssen Sie jetzt nur noch F12 für den primären Browser oder Strg + F12 für den sekundären Browser drücken. Sollten Ihnen die Tastenkombinationen entfallen sein, so genügt auch ein Blick über *Datei / Vorschau in Browser* in das Menü, um die eingetragenen Browser aufrufen zu können.

Drücken Sie jetzt die Taste F12. Dreamweaver legt eine temporäre Datei für die gerade geöffnete Web-Seite an. Die Seite wird im primären Browser dargestellt.

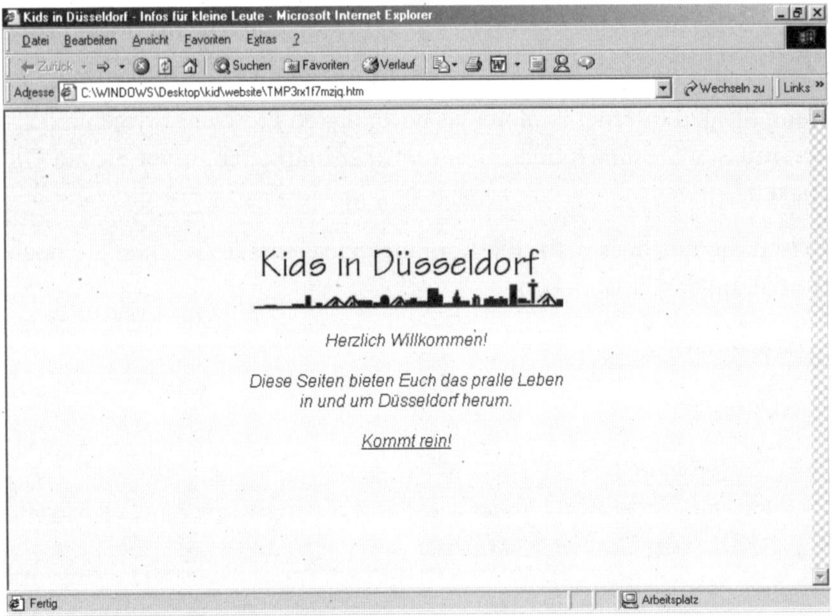

Abb. 3.25: Die Begrüßungsseite steht

Die Freude währt aber nicht lange. Nach fünf Sekunden verschwindet die Seite und es erscheint eine Fehlermeldung. Keine Bange, der Browser möchte zur Seite *index2.htm* wechseln, die jedoch noch nicht existiert. Schließen Sie das Browserfenster einfach wieder.

HINWEIS

Testen Sie Ihre Web-Seiten immer wieder mit den beiden gängigen Browsern.

Schluss machen

Die Bearbeitung der Begrüßungsseite möchten Sie jetzt beenden. Rufen Sie *Datei / Schließen* auf, um die Web-Seite zu schließen, aber nicht das Programm zu beenden. Dreamweaver fragt eventuell noch nach, ob Änderungen gespeichert werden sollen, und bittet dann um Antwort, ob das Programm beendet werden soll. Klicken Sie hier auf *Nein*. Ein leeres Dokumentfenster wird angeboten, und Sie können sofort mit der nächsten Seite weitermachen.

Wenn es aber zu spät geworden ist, beenden Sie Dreamweaver wie jedes andere Windows-Programm auch über *Datei / Beenden*, das Kreuz rechts oben in der Titelleiste oder die Tastenkombination [Strg] + [Q].

3.3 Zusammenfassung, Fragen und Übungen

Zusammenfassung

- Bei der Einrichtung einer neuen Site wird ein lokaler Stammordner festgelegt, in den alle Dateien des Web-Angebots abgelegt werden.
- Über das *Site*-Fenster kann man die Dateien einer Site verwalten.
- Die Inhalte einer Web-Seite können mit Hilfe einer einzelligen Tabelle im Browser-Fenster vertikal zentriert werden.
- Über den Eigenschafteninspektor kann man die individuellen Einstellungen für die Seitenelemente vornehmen.
- Über die *Seiteneigenschaften* können Sie den Titel sowie die Farben für den Hintergrund, den Text und die Links einer Seite festlegen.

Zusammenfassung

- Mit der [↵]-Taste fügt man einen neuen Absatz und mit [⇧] + [↵] einen Zeilenumbruch ein.
- Eine Web-Seite lässt sich so einrichten, dass sie nach einer bestimmten Anzahl von Sekunden eine andere Seite aufruft.
- In Dreamweaver kann man beliebige Browser konfigurieren, die dann komfortabel zur Anzeige der aktuellen Seite gestartet werden können.

Fragen und Übungen

1. Wonach richtet sich der Name der Startseite eines Web-Angebots?
2. Was müssen Sie tun, um eine Tabelle »blind« zu stellen?
3. Über welche Funktion fügt man den Seitentitel ein?
4. Was hat es mit den Ersatzschriftarten auf sich?
5. Welche Funktionstaste startet den Primär-Browser?

G
A
L
13
12
11
10
9
8
7
6
5
4

Vorlage

3
2
1

»

4 Vorlage

Die Vorteile einer Vorlage liegen u.a. darin, dass Sie Merkmale festlegen können (z.B. Hintergrund, Link-Farben), die automatisch für alle neuen Dokumente gelten, die auf dieser Vorlage basieren. So ist es möglich, Web-Seiten schnell und ohne zusätzlichen Aufwand in einem einheitlichen Design zu erstellen.

Wenn Sie sich zu einem späteren Zeitpunkt entscheiden sollten, das Design zu ändern, ist das kein Problem, denn auch Vorlagen, mit denen Sie bereits Dokumente erstellt haben, können nachträglich geändert werden. Letztendlich genügt ein Mausklick, um die vorhandenen Dokumente an die Änderungen der Vorlage anzupassen.

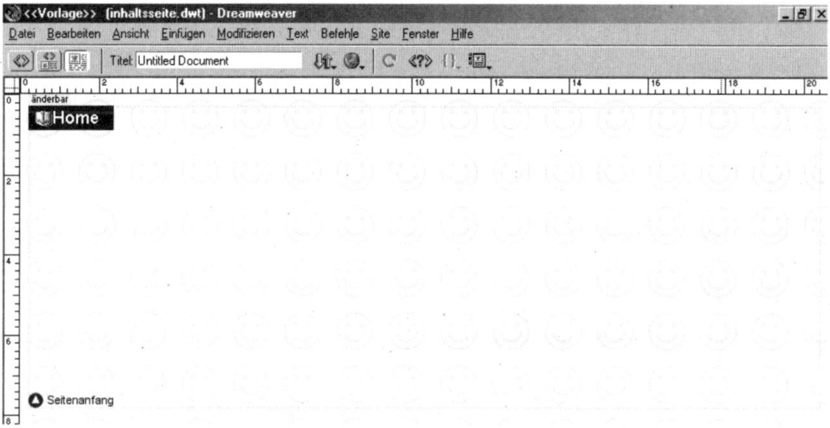

Abb. 4.1: Die Vorlagenseite

4.1 Seitenerstellung

Erstellen Sie nun das Dokument, das als Vorlage für die weiteren Web-Seiten dient, die später individuell angepasst werden können.

Starten Sie gegebenenfalls Ihren Dreamweaver, um das neue Dokument zu erstellen.

Going Home

Das erste Objekt, das Sie erstellen werden, wird der Hinweis »Home« auf blauem Grund sein. Es wird später der besseren Orientierung Ihrer Website-Besucher dienen und kann, da es sich ja letztendlich um eine Vorlage handelt, für die weiteren Seiten entsprechend angepasst werden. Bei diesem Objekt handelt es sich um eine Tabelle mit einer Zelle, die ebenso wie das Logo »Kids in Düsseldorf« blau gefüllt und mit weißem Text beschriftet wird.

Da dieses Objekt genau an der Stelle eingefügt werden soll, an der sich üblicherweise der Cursor nach dem Programmstart befindet, können Sie sofort die Schaltfläche *Tabelle einfügen auf der Tafel Allgemein der Objektpalette anklicken.*

Abb. 4.2: Die Schaltfläche *Tabelle einfügen*

- Die Tabelle besteht aus nur einer Zeile und einer Spalte; geben Sie daher diese Werte in dem sich öffnenden Dialogfenster *Tabelle einfügen* entsprechend ein.
- In das Feld *Zellauffüllung* tragen Sie den Wert 2 ein. Hierdurch legen Sie den Abstand zwischen Zellinhalt und Zellrand (oder Zellwand) in Pixeln fest.

- Da wir es bei unserer Tabelle mit nur einer Zelle zu tun haben, kann der Wert des *Zellenabstands*, mit dem Sie normalerweise die Anzahl der Pixel zwischen den Zellen definieren, auf `0` gesetzt werden.
- Die *Breite* lassen Sie offen; sie passt sich dadurch später dem Text automatisch an.
- Um keinen *Rahmen* angezeigt zu bekommen, wird hier der Wert ebenfalls mit `0` angegeben.
- Zum Schluss klicken Sie auf *OK*.

> **HINWEIS**
>
> Mit der [⇆]-Taste springen Sie vorwärts von Zelle zu Zelle. Drücken Sie zusätzlich die [⇧]-Taste, springen Sie zur vorigen Zelle.

Abb. 4.3: Gleich wird die Tabelle eingefügt

Auf der Startseite ist die Tabelle, bestehend aus einer einzigen Zelle, sichtbar. Sofern der Eigenschafteninspektor eingeblendet ist, finden Sie hier die Werte wieder, die Sie in das Dialogfenster *Tabelle einfügen* eingegeben hatten.

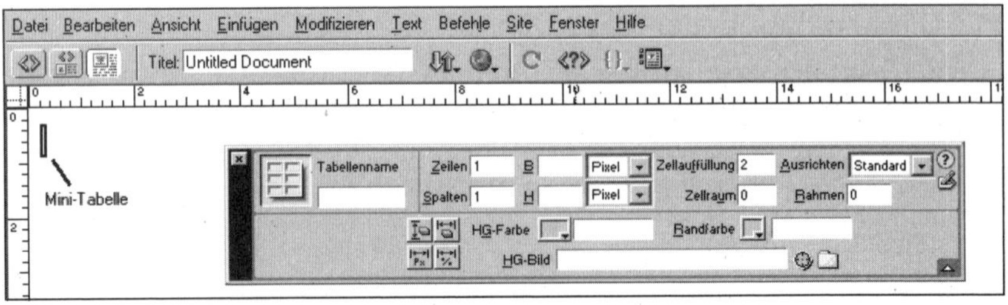

Abb. 4.4: Markierte Tabelle und Eigenschafteninspektor

Texteingabe und -formatierung

Klicken Sie mit der Maus einmal neben die Tabelle, um ihre Markierung aufzuheben, und anschließend in die Tabelle. Natürlich passt sich der Inspektor an und zeigt in seiner erweiterten Ansicht die Eigenschaften der Zelle an. In diese werden Sie gleich das Wort `Home` schreiben. Zuvor nehmen Sie allerdings noch die erforderlichen Einstellungen im Eigenschafteninspektor vor, um die Formatierungsattribute des Textes festzulegen.

> **HINWEIS**
> Selbstverständlich können Sie Text auch jederzeit nachträglich formatieren, indem Sie zunächst die Textstelle markieren und dann die gewünschten Änderungen mit Hilfe des Eigenschafteninspektors vornehmen.

Über das Listenfeld *Format* können Standardblockstile bzw. Überschriftenstile eingestellt werden. Da dies bei unserem Vorhaben nicht erforderlich ist, kann die Standardeinstellung *Keine* beibehalten werden.

Öffnen Sie nun das Listenfeld *Schriftart*, indem Sie auf den nach unten zeigenden Pfeil klicken. Wählen Sie die Schriftartkombination *Arial, Helvetica, sans-serif* aus.

Abb. 4.5: Schriftartkombination

> **HINWEIS**
>
> Browser zeigen den Text mit der ersten in der Kombination genannten Schriftart an, die auf dem PC installiert ist. Hat also ein Besucher Ihrer Homepage die Schriftarten *Arial* und *Helvetica* installiert, so wird der Text mit *Arial* angezeigt. Hat der Besucher keine der Schriftarten installiert, wird der Text mit der Schriftart angezeigt, die in seinem Browser festgelegt wurde.

Um die Textgröße festzulegen, öffnen Sie das entsprechende Listenfeld. Wenn Sie sich mal kurz die Zeit nehmen und mittels des Rollbalkens durch die vordefinierten Werte scrollen, werden Sie feststellen, dass sich diese zwischen *1* und *7*, *+1* und *+7* sowie *–1* und *–7* bewegen.

Wollen Sie den Text vergrößern oder verkleinern, wählen Sie zwischen *+1* und *+7* bzw. *–1* und *–7*. Der Standardwert 3 wird entsprechend erhöht bzw. vermindert (*+3* führt also zur Schriftgröße *6*).

Wählen Sie für unser Beispiel den Wert *3*.

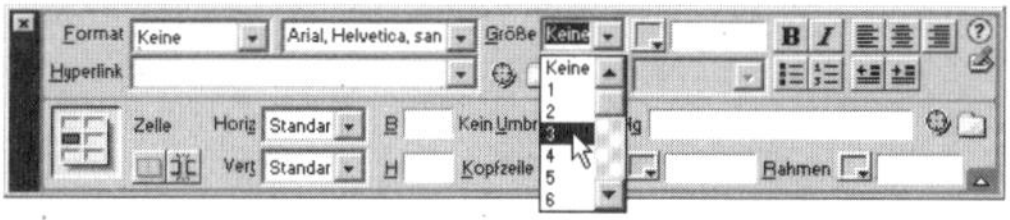

Abb. 4.6: Textgröße

> **HINWEIS**
>
> HTML kennt sieben verschiedene Schriftgrößen (Werte 1-7). Die Normalgröße ist 3. Man kann die Größe absolut eingeben (= 4) oder relativ zur aktuellen Größe (= +1), also eine Stufe größer.

HINWEIS

Ein Vorteil der relativen Angabe ist, dass man bei Änderung der Normalgröße des Dokuments nicht alle anderen Schriftbefehle angehen muss, um die Proportionen anzupassen.

Damit der Text später auf blauem Grund gut sichtbar ist, werden Sie eine weiße Textfarbe festlegen. Klicken Sie hierzu auf das Listenfeld *Textfarbe* und anschließend auf das weiße Farbfeld. Nachdem das Listenfeld geschlossen wurde, finden Sie die Textfarbe als Hexadezimalwert `#FFFFFF` eingetragen. Kennen Sie solche Werte erst einmal auswendig, können Sie sie natürlich auch ohne Umwege sofort in das Feld eintragen.

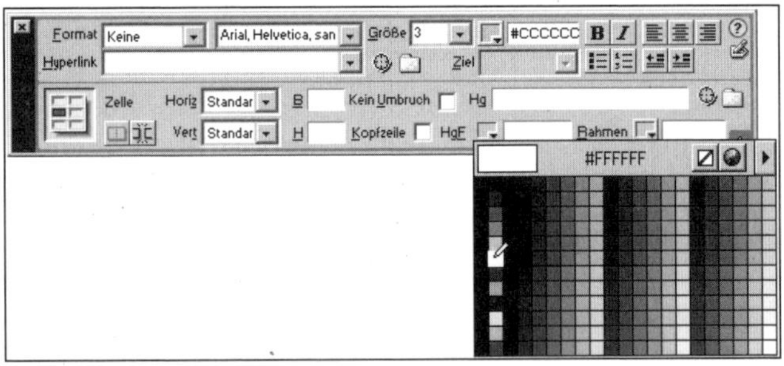

Abb. 4.7: Textfarbe

Über die Schaltfläche mit dem *B* (*Bold*) sorgen Sie dafür, dass der Text fett dargestellt wird.

Abb. 4.8: Fett (und kursiv)

Zellhintergrund

Nun legen Sie die Hintergrundfarbe für die Zelle fest. Tragen Sie in das Feld *Hintergrundfarbe* (*HgF*) den Hexadezimalwert `#000099` ein; es handelt sich hierbei um einen Farbwert, der später genau dem Blau im Logo »Kids in Düsseldorf« entspricht!

Bevor Sie jetzt endlich das kleine Wörtchen `Home` schreiben, überprüfen Sie sicherheitshalber noch einmal alle Eingaben anhand des Eigenschafteninspektors:

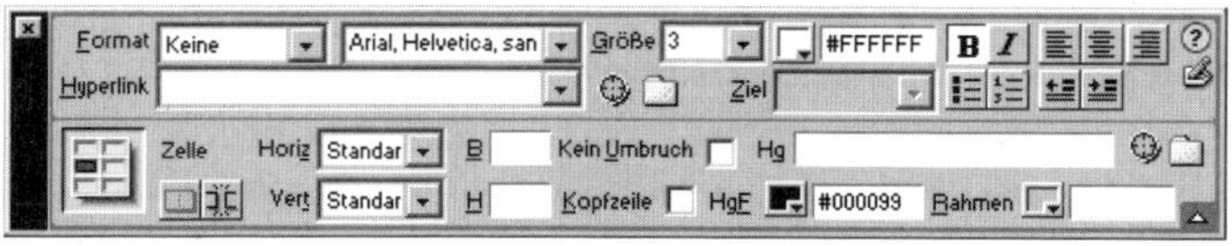

Abb. 4.9: Alle Eingaben im Überblick

Nach der Texteingabe sollte Ihr Dokument so aussehen:

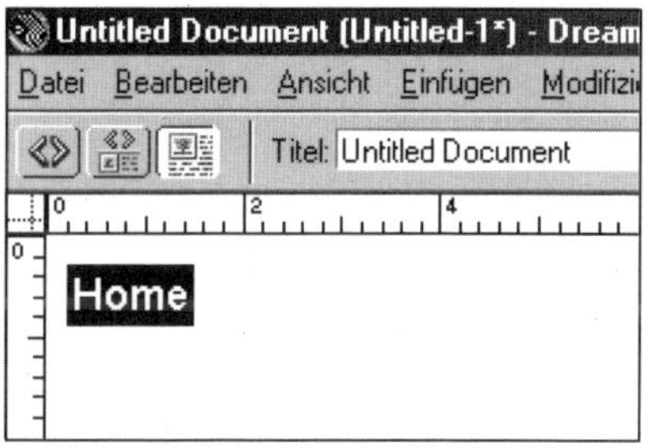

Abb. 4.10: Nach der Texteingabe

Geschützte Leerzeichen

Damit das Wort `Home` nicht ganz so gequetscht aussieht, ist es möglich, davor und dahinter eine entsprechende Anzahl von Leerzeichen einzugeben. Allerdings funktioniert das nicht so, dass Sie einfach entsprechend oft die Leertaste drücken, da mehrere normale Leerzeichen hintereinander einfach ignoriert werden. Helfen kann man sich mit so genannten *geschützten Leerzeichen*, die mit [Strg] + [⇧] + [Leer] eingefügt werden. Setzen Sie ein geschütztes Leerzeichen vor und drei hinter das Wort `Home`.

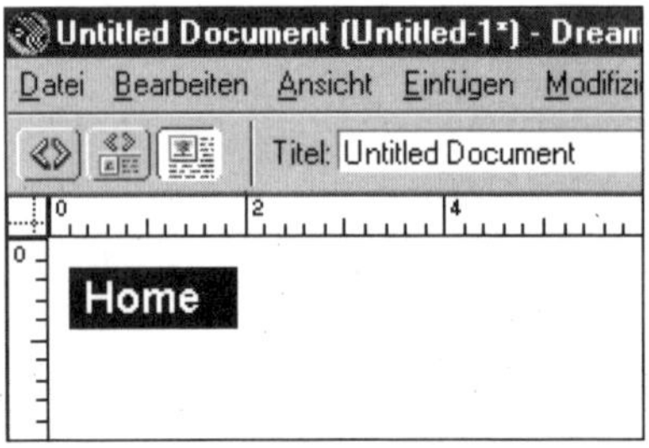

Abb. 4.11: Das Gleiche mit geschützten Leerzeichen

Hoppla, Sie haben das geschützte Leerzeichen statt dreimal viermal eingefügt? Kein Problem, da Sie verschiedene Möglichkeiten haben, einen oder mehrere Schritte rückgängig zu machen.

Ein Weg, den Sie von anderen Windows-Anwendungen kennen, führt über den Menübefehl *Bearbeiten / Rückgängig*. Der genaue Wortlaut des Befehls *Rückgängig* ist natürlich abhängig von der durchgeführten Aktion. Über *Bearbeiten / Wiederholen* wird der zuletzt ausgeführte Schritt wiederholt.

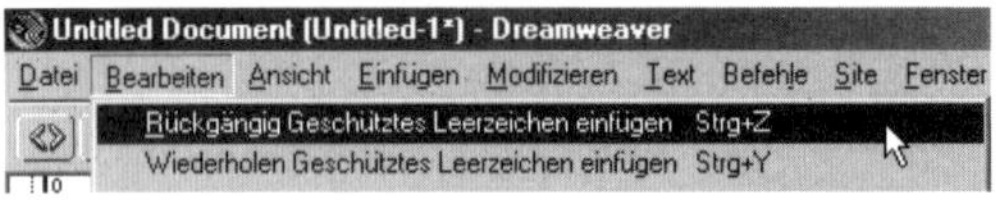

Abb. 4.12: Schritte rückgängig machen oder wiederholen

Wollen Sie dagegen mehrere Schritte rückgängig machen, öffnen Sie den Menübefehl *Fenster / Verlauf*.

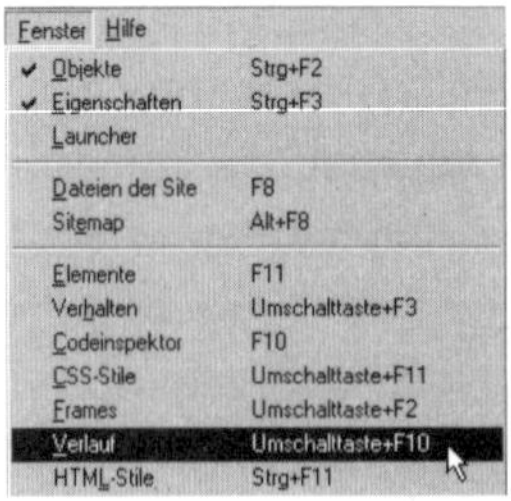

Abb. 4.13: Den bisherigen Verlauf verfolgen

Sie können den Schieberegler auf der linken Seite der Verlaufspalette um so viele Schritte nach oben ziehen, wie Sie rückgängig machen wollen. Die rückgängig gemachten Schritte werden grau angezeigt.

Machen Sie mehrere Schritte zugleich rückgängig und führen anschließend einen neuen Schritt ein, können Sie die rückgängig gemachten Schritte nicht mehr wiederholen. Ebensowenig auch beim Rückgängigmachen eines einzelnen Schritts. Die rückgängig gemachten Schritte werden aus der Verlaufspalette entfernt.

Abb. 4.14: Mehrere Schritte rückgängig machen oder wiederholen

Wenn Sie jetzt schon wissen, dass Sie eine bestimmte Schrittfolge später noch häufiger benötigen, können Sie diese sogar als Befehl speichern. Diese Schritte bleiben dauerhaft gespeichert und stehen Ihnen dadurch auch beim nächsten und übernächsten Start von Dreamweaver zur Verfügung. Vielleicht kennen Sie bereits Makros aus Word oder Excel. Die gespeicherten Befehle von Dreamweaver sind damit vergleichbar.

Wenn Sie einen solchen Befehl erstellen wollen, um vielleicht häufig wiederkehrende Arbeitsschritte zu automatisieren:

- Markieren Sie mit der Maus die gewünschte Schrittfolge in der Verlaufspalette.
- Klicken Sie mit der rechten Maustaste in die Verlaufsliste und wählen Sie im Kontextmenü *Als Befehl speichern*.

Abb. 4.15: Wiederkehrende Abläufe automatisieren

- In das Texteingabefeld des folgenden Fensters tragen Sie einen Befehlsnamen ein.

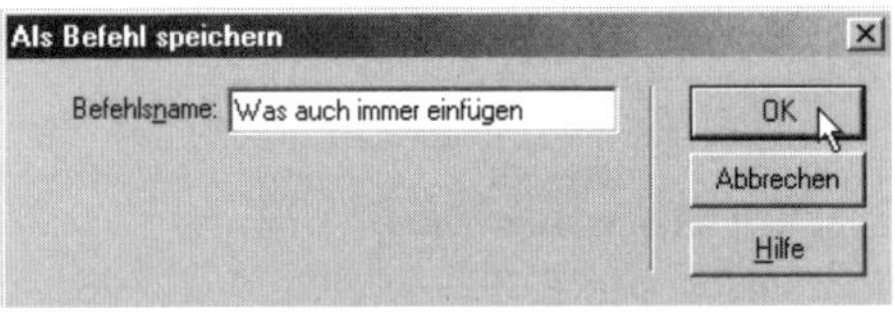

Abb. 4.16: Dem Befehl einen Namen geben

Wenn Sie zukünftig die so gespeicherten Arbeitsschritte ausführen wollen, klicken Sie auf das Menü *Befehle*. Ihr neu erstellter Befehl wird am Ende des Menüs aufgeführt.

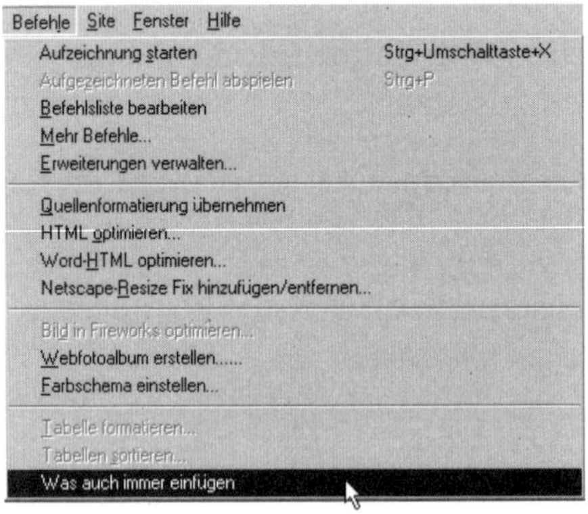

Abb. 4.17: Ein eigenes Menü, nur für Sie

> **HINWEIS**
>
> Beim Ausführen des Befehls werden genau die Schritte wiederholt, die Sie zuvor gespeichert haben. Angenommen, Sie haben die einzelnen Schritte für die Erstellung der blauen Zelle gespeichert, dann wird auch die nächste Zelle, die Sie mit Ihrem Befehl erstellen, gefärbt.

Wollen Sie einen selbst erstellten Befehl ändern oder löschen, dann wählen Sie den Menübefehl *Befehle / Befehlsliste bearbeiten*. In der Liste markieren Sie den gewünschten Befehl mit einem Mausklick. Danach können Sie ihn umbenennen oder über die entsprechende Schaltfläche löschen.

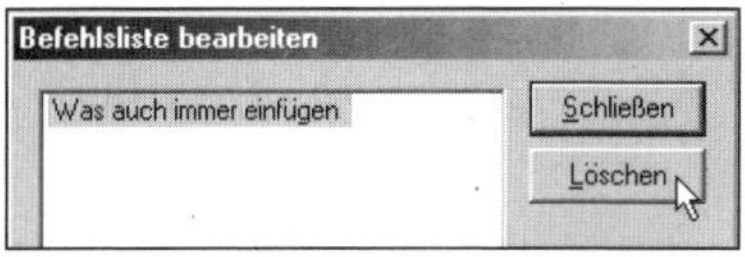

Abb. 4.18: Befehlsliste bearbeiten

Sprung innerhalb einer Web-Seite

Es ist sehr sinnvoll, wenn man dem Besucher einer Web-Seite die Möglichkeit gibt, vom Ende der Seite schnell zum Anfang der Seite zurückzuspringen. Dies ist vor allem dann zweckmäßig, wenn es sich um eine längere Seite handelt, durch die ohne eine solche Möglichkeit endlos gescrollt werden müsste. Hierzu werden Sie die entsprechende Position am Anfang des Dokuments mit einem benannten Anker markieren, der anschließend mit einem internen Hyperlink verknüpft werden kann.

Benannter Anker

Das Erste, was Sie benötigen, ist der benannte Anker.

▶ Setzen Sie den Cursor vor das Wort `Home`.

- Klicken Sie in der Objektpalette auf die Tafel *Allgemein*. Wählen Sie die Tafel *Unsichtbare Elemente*.

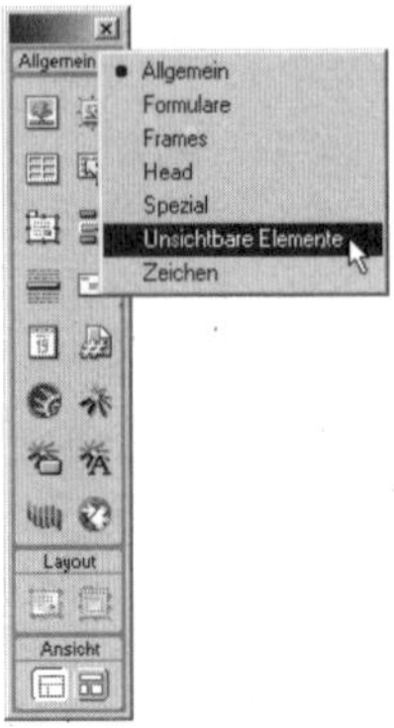

Abb. 4.19: Wechsel zur Tafel *Unsichtbare Elemente*

- Auf der Tafel *Unsichtbare Elemente* klicken Sie auf die Schaltfläche *Benannten Anker einfügen*.

Abb. 4.20: Benannter Anker

- Im folgenden Dialogfenster *Benannten Anker einfügen* geben Sie in das Feld *Anker-Name* einen möglichst sprechenden Namen ein, damit Sie bei späteren Bearbeitungen hieran schon die Funktion erkennen können.

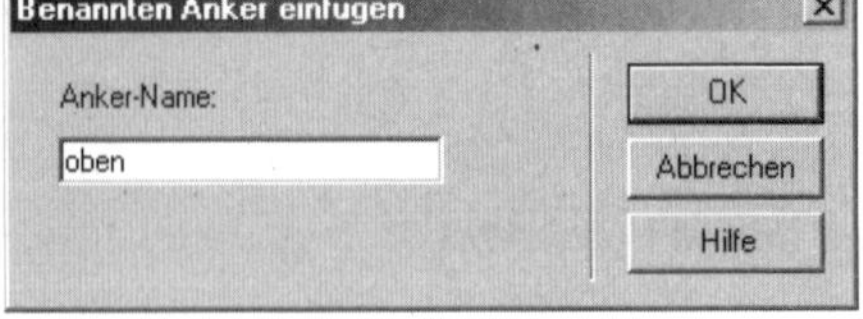

Abb. 4.21: Den Anker benennen

Nach dieser Aktion werden Sie in Ihrem Dreamweaver-Dokument vor dem Wort *Home* ein Ankersymbol erkennen. Selbstverständlich wird dieses Symbol nicht im Browser dargestellt. Es handelt sich hierbei um ein unsichtbares Element, das nur im Dreamweaver-Dokument abgebildet wird.

Abb. 4.22: Home mit Anker

Sollten Sie wider Erwarten nichts von alledem sehen, dann klicken Sie den Menübefehl *Ansicht / Visuelle Hilfsmitte / Unsichtbare Elemente* an. So erreichen Sie, dass das Ankersymbol, aber auch andere Symbole für unsichtbare Elemente wie beispielsweise Formulare, Kommentare und Skripte eingeblendet werden.

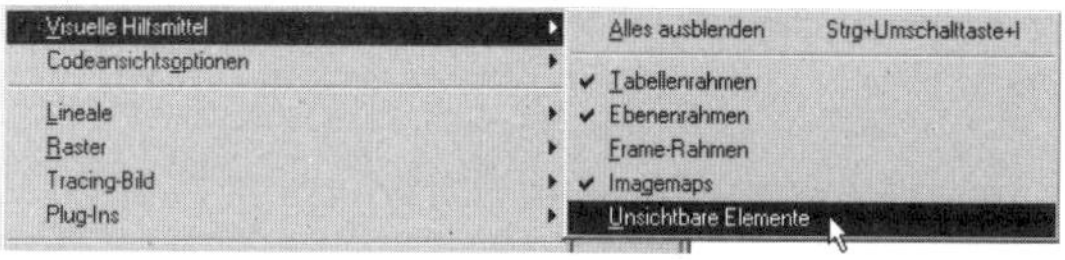

Abb. 4.23: Unsichtbare Elemente ein- und ausblenden

Interner Hyperlink

Nachdem Sie nun den benannten Anker erstellt haben, brauchen Sie noch einen Hyperlink, der auf diesen Anker verweist. Dieser Hyperlink kann sowohl auf einen Text als auch auf eine Grafik gelegt werden.

- Positionieren Sie den Cursor an die Stelle, an der der Text oder die Grafik eingefügt werden soll, indem Sie entsprechend oft die [↵]-Taste drücken.

> **HINWEIS**
>
> Mit der [↵]-Taste wird ein Absatz eingefügt, mit [⇧] + [↵] ein Zeilenumbruch.

- Da ich für dieses Beispiel eine Grafik ausgewählt habe, wechseln Sie in der Objektpalette wieder auf die Tafel *Allgemein* und klicken auf das Symbol *Bild einfügen*.

Abb. 4.24: *Bild einfügen*

- In dem folgenden Fenster *Bildquelle auswählen* öffnen Sie den Ordner *grafiken* und markieren die Datei *sanf.gif* mit einem Mausklick. Im Kapitel »*Grafiken für die Website*« werden Sie noch sehen, wie Grafiken erstellt werden.
- Sofern das Kontrollkästchen *Bild-Vorschau* aktiviert ist, wird die markierte Grafik rechts im Bereich *Bild-Vorschau* angezeigt. Darüber hinaus werden die Originalgröße der Datei in Pixeln sowie die Dateigröße und die geschätzte Download-Zeit angegeben. Klicken Sie abschließend auf die Schaltfläche *Auswählen*.

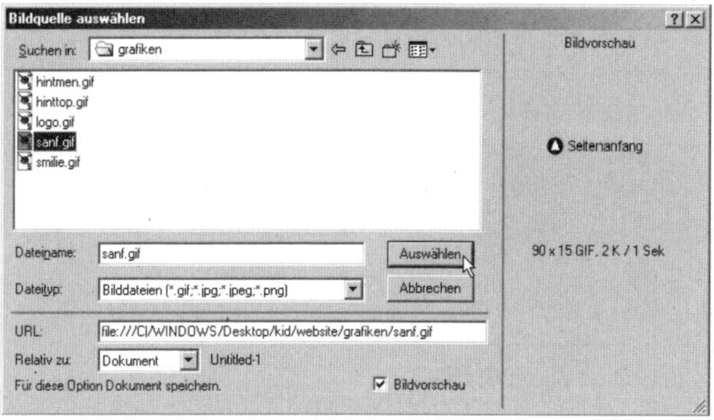

Abb. 4.25: Eine Grafik einfügen

HINWEIS

Da Sie die Datei bisher noch nicht gespeichert haben und Dreamweaver noch keinen relativen Pfad einfügen kann, erhalten Sie die Meldung, dass der Pfad *Datei://* verwendet wird, bis Ihr Dokument gespeichert ist. Diese Meldung erscheint erneut, wenn Sie die Hintergrunddatei einfügen. Ist Ihnen dieser Hinweis lästig, aktivieren Sie einfach mit einem Mausklick das Kontrollkästchen *Diese Meldung nicht mehr zeigen*.

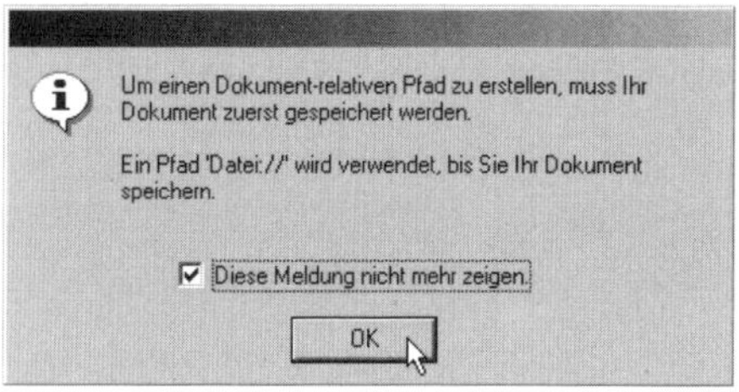

Abb. 4.26: Geduld, Geduld!

Nachdem Sie auf die Schaltfläche *OK* geklickt haben, schauen Sie sich den Eigenschafteninspektor an, der nun die Einstellungen der soeben eingefügten Grafik anzeigt.

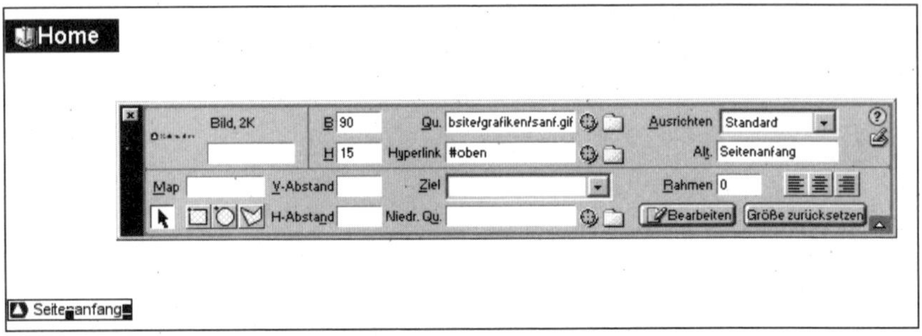

Abb. 4.27: Eigenschaften der eingefügten Grafik

Breite und Höhe

Unter *B* und *H* können Sie die Bildbreite und -höhe ablesen. Bei dem Feld *Qu.* sehen Sie die Bildquelle, bei *Hyperlink* tragen Sie den Namen des eben benannten Ankers `#oben` ein.

Alternativtext

In das Feld *Alt.* schreiben Sie `Seitenanfang`. Sie wissen schon, das war die Sache mit dem Alternativtext zur eingefügten Grafik, für den Fall, dass ein Besucher Ihrer Website die Grafikanzeige in seinem Browser ausgeschaltet hat.

Abb. 4.28: Alternativtext bei ausgeschalteter Grafikanzeige des Browsers

Hintergrund

Wenn Sie sich noch einmal die Vorlagenseite zu Beginn des Kapitels anschauen, werden Sie feststellen, dass nur noch der Hintergrund fehlt. Diesen legen Sie ebenso wie viele andere Seitenoptionen über das Dialogfenster *Seiteneigenschaften* fest. Zu diesem Dialogfenster gelangen Sie über den Menübefehl *Modifizieren / Seiteneigenschaften*.

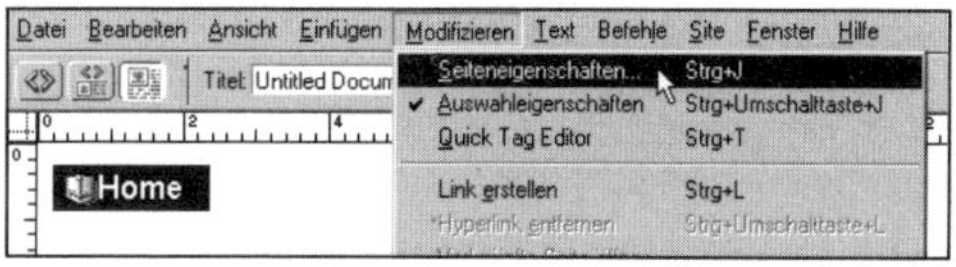

Abb. 4.29: Seiteneigenschaften festlegen

Üblicherweise legen Sie zunächst den Titel für die Web-Seite fest. Da Sie aber ein Dokument erstellen, das später als Vorlage für andere Web-Seiten mit den unterschiedlichsten Seitentiteln dienen soll, macht die Eingabe eines Titels keinen Sinn. Abgesehen davon übernehmen Dokumente, die mit einer Vorlage erstellt werden, alle Seiteneigenschaften, die Sie in der Vorlage festgelegt haben, mit einer Ausnahme: dem Seitentitel!

Binden Sie das Hintergrundbild *smilie.gif* ein, das sich auch in diesem Fall in dem Ordner *grafiken* befinden sollte. Sie können entweder direkt den Dateinamen mit Pfadangabe eingeben oder (wenn Sie sich nicht ganz sicher sind) auf die Schaltfläche *Durchsuchen ...* klicken und anschließend die Datei *smilie.gif* in dem Ordner *grafiken* auswählen (siehe Abbildung 4.30).

Damit das Layout des Web-Angebots auch dann einigermaßen stimmig ist, wenn die Seiten mit ausgeschalteter Grafikanzeige angezeigt werden, tragen Sie in das Feld *Hintergrund* den Hexadezimalwert `#FFFFCC` ein. Sobald Sie in ein anderes Feld springen, wird in der Vorschau ein zarter Gelbton angezeigt.

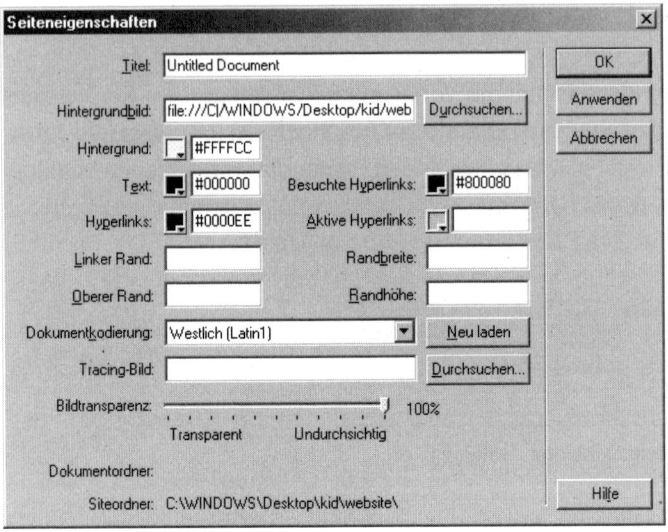

Abb. 4.30: Seiteneigenschaften

Weiter können Sie in diesem Dialogfenster die Standardfarben für normalen Text, Hyperlinks, besuchte Hyperlinks und gegebenenfalls aktive Hyperlinks definieren. Sie sollten von dieser Möglichkeit Gebrauch machen, um auszuschließen, dass zufällig die individuell mögliche Browser-Einstellung des Besuchers einen gelben Hyperlink vor Ihrem gelben Hintergrund bewirkt. Übernehmen Sie die Werte entsprechend den Vorgaben in der vorstehenden Abbildung.

Nachdem Sie die Schaltfläche *OK* angeklickt haben, sollte das Dokument so aussehen:

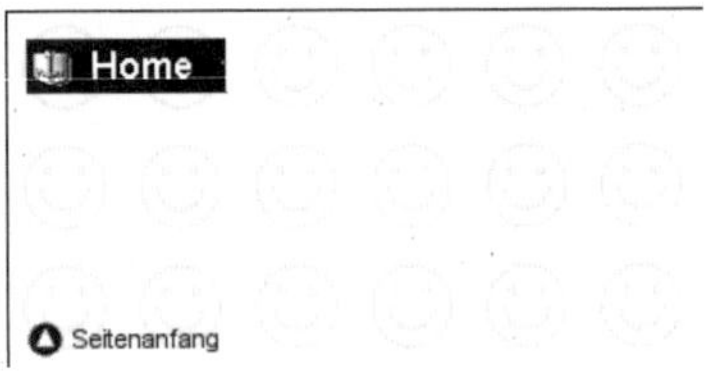

Abb. 4.31: Die fertige Startseite

4.2 Als Vorlage speichern

Wenn Sie mit Ihrem Dokument zufrieden sind, speichern Sie es als Vorlage, indem Sie auf den Menübefehl *Datei / Als Vorlage speichern* klicken.

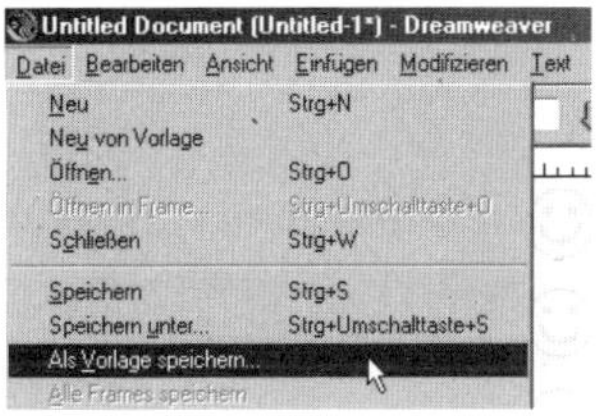

Abb. 4.32: Dokument als Vorlage speichern

> **HINWEIS**
> Wie Sie selbst gesehen haben, kann eine neue Vorlage mit Hilfe eines leeren HTML-Dokuments erstellt werden. Sie können eine Vorlage aber auch auf der Basis eines bereits vorhandenen Dokuments erstellen. Hierzu öffnen Sie das entsprechende Dokument, ändern es gegebenenfalls ab und speichern es schließlich als Vorlage.

Das Dialogfenster *Als Vorlage speichern* öffnet sich. Die Vorlage soll in der für das Projekt angelegten Site `Kids in Düsseldorf` abgelegt werden. Geben Sie der Vorlage einen Namen, z.B. `inhaltsseite`, und klicken Sie auf die Schaltfläche *Speichern*.

Abb. 4.33: Als Vorlage speichern

HINWEIS

Vorlagen werden automatisch im Ordner *templates* des lokalen Stammordners der Site gespeichert. Der Ordner *templates* wird ebenfalls automatisch erstellt, sobald Sie eine Vorlage speichern.

Bearbeitbare Bereiche festlegen

Im nächsten Schritt müssen Sie den bearbeitbaren Bereich der Vorlage bestimmen. Das ist der Bereich, den Sie später bei Dokumenten, denen die Vorlage zugrunde liegt, ändern können. Standardmäßig werden beim Speichern der Vorlage alle Bereiche als gesperrt markiert. Darauf würden Sie aufmerksam gemacht, wenn Sie die Anwendung jetzt schließen wollten.

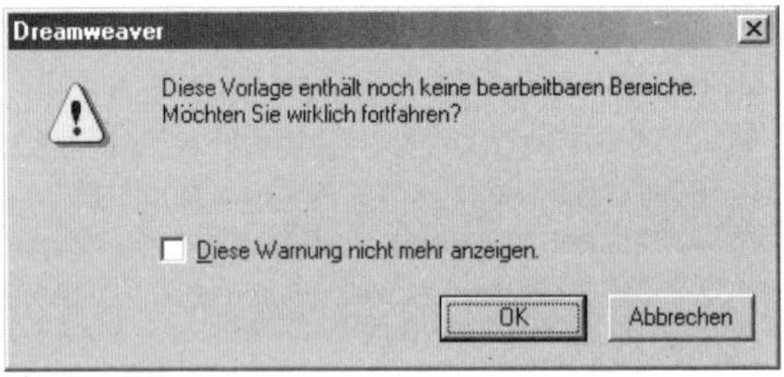

Abb. 4.34: Die Vorlage ist noch nicht funktionsfähig

Man kann einen oder mehrere bearbeitbare Bereiche festlegen. In unserem Beispiel wollen wir den gesamten Dokumentinhalt als einen Bereich bearbeitbar halten.

Das müssen Sie tun, um den bearbeitbaren Bereich festzulegen:

- Markieren Sie in der Vorlage den Text bzw. den Inhalt, den Sie später veränderbar machen möchten. Soll sich die Möglichkeit auf alle Bereiche erstrecken, können Sie einfach den Menübefehl *Bearbeiten / Alles markieren* anklicken.

HINWEIS

Ein noch zügigeres Arbeiten ermöglichen die Tastenkombinationen, die in den meisten Fällen rechts neben den Menübezeichnungen aufgeführt sind, so z.B. Strg + A, um ohne Umwege schnell alles markieren zu können. Wahrscheinlich kennen Sie diese Möglichkeit schon von vielen anderen Windows-Anwendungen.

Abb. 4.35: Über das Menü – oder noch schneller über die Tastenkombination

▶ Wählen Sie aus dem Menü *Modifizieren / Vorlagen* den Eintrag *Neuer bearbeitbarer Bereich*.

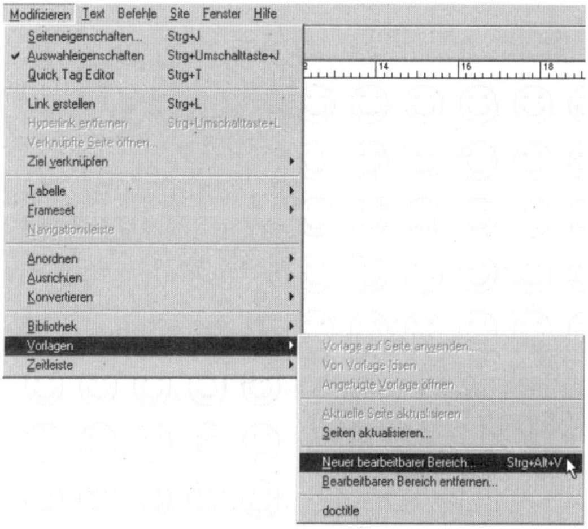

Abb. 4.36: Den bearbeitbaren Bereich festlegen

▶ Zum Schluss geben Sie in dem Dialogfenster *Neuer bearbeitbarer Bereich* einen Namen ein und geben Ihr *OK*.

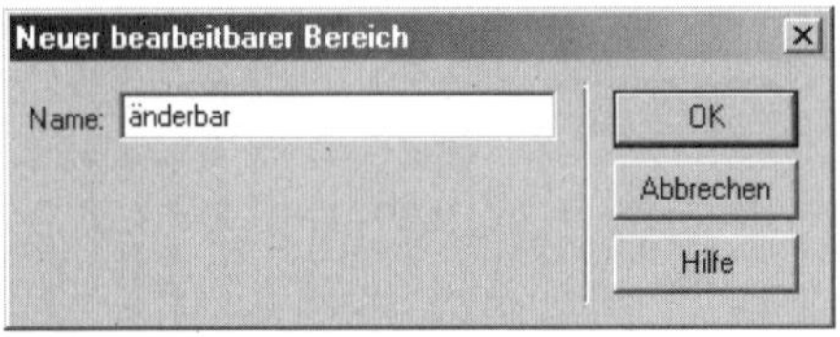

Abb. 4.37: Den bearbeitbaren Bereich benennen

Fertig ist die Vorlage!

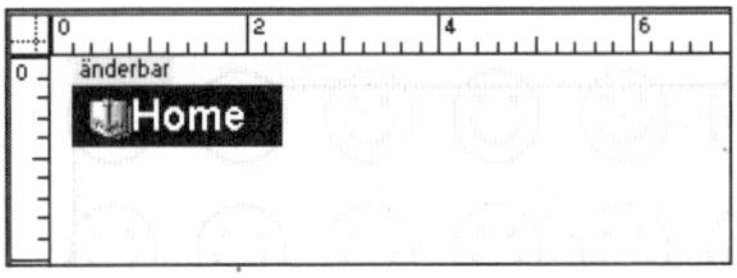

Abb. 4.38: Der änderbare Bereich der Vorlage wird in einem Rahmen angezeigt

HINWEIS

Einfache und doppelte Anführungszeichen (' ") sowie spitze Klammern (< >) und das kaufmännische Und (&) dürfen für die Namensvergabe nicht benutzt werden.

Wollen Sie eine Vorlage nachträglich ändern, wählen Sie den Menübefehl *Fenster / Vorlagen* und klicken doppelt auf den in der Vorlagenpalette aufgeführten Vorlagennamen.

Abb. 4.39: Mit einem Doppelklick die Vorlage öffnen und ändern

Die Vorlage wird geöffnet, und Sie können die gewünschten Änderungen vornehmen. Sobald Sie die geänderte Vorlage speichern, werden Sie gefragt, ob Sie alle Dateien, die Sie bereits auf der Grundlage der Vorlage erstellt haben, ändern möchten.

Auf diese Weise können durch Änderung der Vorlage schnell alle Dateien eines Projekts, die auf derselben Vorlage basieren, angepasst werden.

4.3 Zusammenfassung, Fragen und Übungen

Zusammenfassung

- Die Vorteile einer Vorlage liegen u.a. darin, dass Sie Merkmale festlegen können (z.B. Hintergrund, Link-Farben), die automatisch für alle neuen Dokumente gelten, die auf dieser Vorlage basieren.
- Textformatierungen können jederzeit nachträglich vorgenommen werden, indem Sie zunächst die Textstelle markieren und dann die gewünschten Änderungen mit Hilfe des Eigenschafteninspektors vornehmen.
- Browser zeigen den Text mit der ersten in der Kombination genannten Schriftart an, die auf dem PC des Besuchers einer Web-Seite installiert ist.
- Mit Hilfe eines benannten Ankers, der mit einem internen Hyperlink verknüpft ist, bietet man dem Besucher einer Web-Seite die Möglichkeit, schnell vom Ende einer Seite zum Anfang einer Seite zurückzuspringen.
- In einer Vorlage muss ein bearbeitbarer Bereich festgelegt werden, der später in den auf dieser Vorlage basierenden Dokumenten verändert werden kann.

Zusammenfassung

- Eine Vorlage kann nachträglich verändert werden. Alle Dateien, die bereits auf der Grundlage der Vorlage erstellt wurden, lassen sich dann automatisch aktualisieren.

Fragen und Übungen

1. Warum benötigt man geschützte Leerzeichen und wie werden sie eingefügt?
2. Mit welcher Tastenkombination kann eine irrtümlich erfolgte Eingabe schnell rückgängig gemacht werden?
3. Was müssen Sie veranlassen, um Besuchern Ihrer Web-Seite den Sprung von einer Stelle zu einer anderen Stelle im Dokument zu ermöglichen?
4. Welche zwei Möglichkeiten haben Sie, um eine Vorlage zu erstellen?
5. Wie können Sie eine Vorlage nachträglich ändern?

5

Startseite

5 Startseite

Auf der Startseite wird der Besucher Ihrer Website nähere Informationen zu Ihrem Angebot erhalten. Sie ist später der Teil der eigentlichen Homepage, auf die der Besucher weitergeleitet wird, sobald er in dem noch zu erstellenden Menü-Frame (siehe Kapitel »*Rahmen des Angebots*«) auf den Link *Home* klickt.

5.1 Seitenerstellung

Sie werden in diesem Kapitel Ihre bereits erworbenen Kenntnisse insbesondere im Hinblick auf Texteingabe und -formatierung sowie die weitere Tabellenbearbeitung vertiefen können.

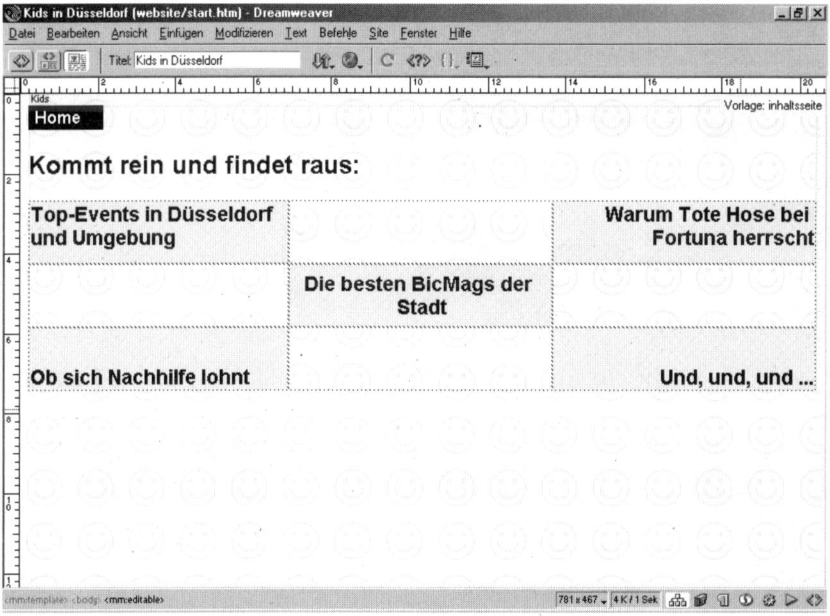

Abb. 5.1: Die Startseite

Die Vorlage nutzen

Gleich werden Sie sehen, wie Sie in den Genuss der eben erstellten Vorlage kommen. Wenn Sie ein neues, leeres HTML-Dokument erstellen wollen, wählen Sie üblicherweise den Menübefehl *Datei / Neu*. Da die folgenden Web-Seiten aber zwecks einheitlicher Gestaltung auf Ihrer Vorlage basieren, wählen Sie den Menübefehl *Datei / Neu von Vorlage*.

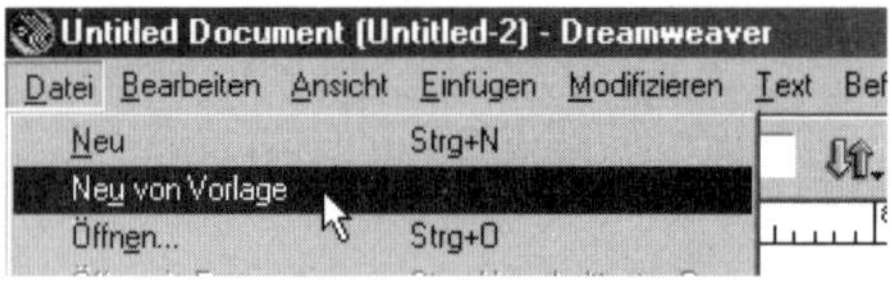

Abb. 5.2: Endlich kommen Sie in den Genuss Ihrer Vorlage

Im folgenden Dialogfenster klicken Sie erst auf die Vorlage *inhaltsseite*, dann auf die Schaltfläche *Auswählen*.

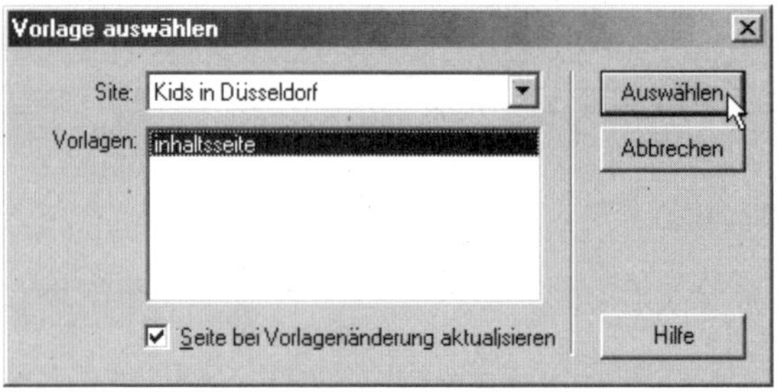

Abb. 5.3: Die Qual der Wahl ;-)

Na, ist das nicht ein Anblick!? Endlich können Sie die Früchte Ihrer Arbeit ernten. Sie merken es auch an meinem Schreibstil: Er wird lockerer, jetzt wo die ersten Hürden genommen sind!

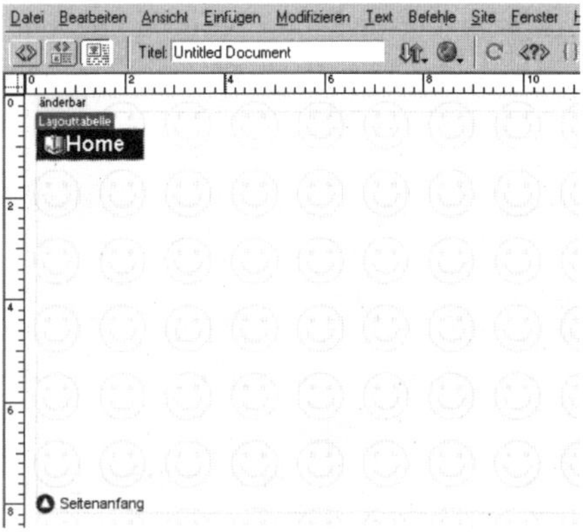

Abb. 5.4: Die Vorlage nutzen

Weiter im Text

Alles, was von dem hellblauen Rahmen namens »änderbar« umfasst ist, können Sie an der Vorlage bearbeiten. Sie erinnern sich: Das hing damit zusammen, dass Sie die gesamte Vorlage als bearbeitbar markiert hatten. Daher setzen Sie den Cursor in die erste Zeile unterhalb von `Home` und schreiben `Kommt rein und findet raus`.

Abb. 5.5: Überschriften in sechs verschiedenen Größen

Wie Sie sehen, wird der Text linksbündig und in einer Standardschrift und -größe geschrieben, die noch keine Ähnlichkeit mit einer Überschrift hat, aber das ändern Sie gleich.

Markieren Sie zunächst den Text mit gedrückter linker Maustaste. Danach öffnen Sie im Eigenschafteninspektor das Listenfeld *Textformat* und wählen *Überschrift 2*. Das Ergebnis sehen Sie sofort.

HINWEIS

Bei Überschriften handelt es sich um logische Auszeichnungen, deren Darstellung von den Browser-Einstellungen abhängt. HTML stellt sechs verschiedene Überschriftgrößen zur Verfügung, wobei der Browser die Überschrift 1 als die größte, die Überschrift 6 als die kleinste darstellt. Überschriften werden standardmäßig links ausgerichtet, sofern Sie nicht explizit über die entsprechenden Schaltflächen eine andere Wahl treffen.

Abb. 5.6: Linksbündig, zentriert und rechtsbündig

Öffnen Sie außerdem das Listenfeld *Schriftart* und klicken Sie auf die Schriftartkombination *Arial, Helvetica, sans-serif*.

Das Ergebnis ist wieder sofort sichtbar:

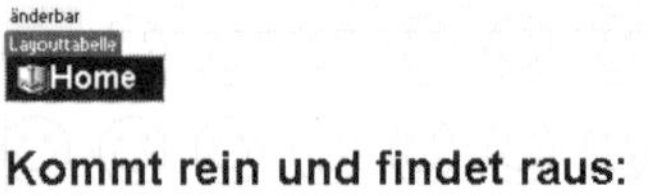

Abb. 5.7: Der Text nach der Formatierung

Die Tabelle für das bunte Angebot

Im Zusammenhang mit der Erstellung der Begrüßungsseite sowie der Vorlage hatten Sie bereits einen ersten, kurzen Kontakt mit Tabellen. Sie haben Tabellen als ein äußerst leistungsstarkes Werkzeug für das Web-Design kennen gelernt.

Zur Vertiefung sei hier aber noch einmal klargestellt, dass Tabellen aus Spalten, Zeilen und Zellen bestehen.

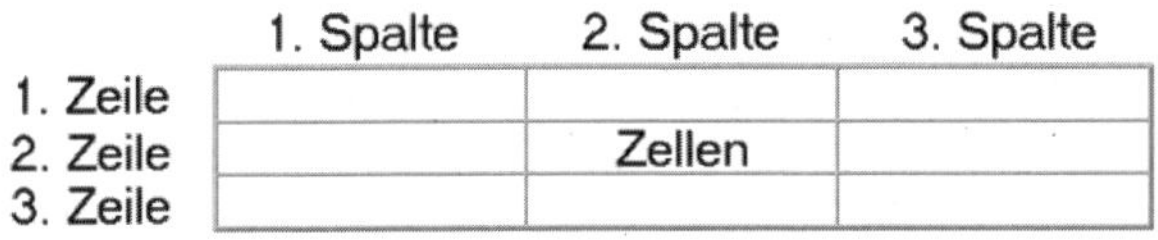

Abb. 5.8: Aufbau einer Tabelle (hier mit Rahmen)

Wenn Sie komplexere Layout-Ideen umsetzen möchten, können Sie eine Tabelle sogar in eine andere Tabelle einfügen und Ihr Design damit noch flexibler gestalten.

Der Weg zu einer Tabelle besteht grundsätzlich aus drei Schritten:

- Im ersten wird die Tabelle in das HTML-Dokument eingefügt.
- Danach werden die Eigenschaften der Tabelle und ihrer Zellen definiert.
- Zum Schluss werden die Inhalte, Texte oder Bilder eingefügt.

Schauen Sie sich nun die Startseite noch einmal näher an. Sie werden schnell erkennen, welche Tabellenstruktur der Seite zugrunde liegt: drei Zeilen und drei Spalten. Die insgesamt neun Zellen wurden zum Teil mit einer Hintergrundfarbe angelegt, so dass hierdurch die allgemeine Hintergrundgrafik »überdeckt« wird.

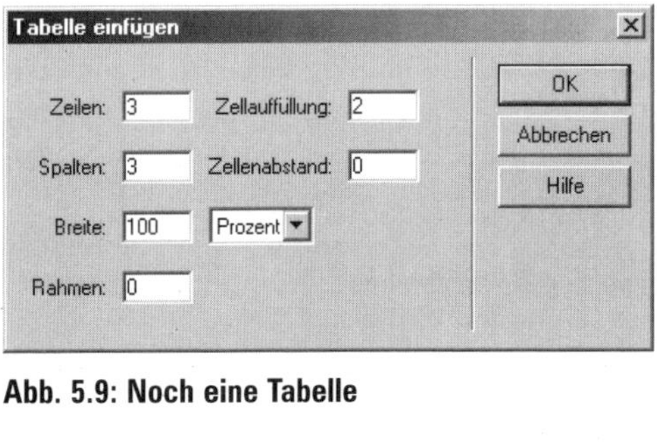

Abb. 5.9: Noch eine Tabelle

Sie fügen also über die Objektpalette erneut eine Tabelle ein, die die aus der vorstehenden Abbildung ersichtlichen Werte beinhaltet.

HINWEIS

Die Angabe der Breite mit einem Prozentwert hat gegenüber der ebenfalls möglichen Angabe in Pixel den Vorteil, dass die Tabelle bei jeder Bildschirmauflösung im richtigen Verhältnis angezeigt wird, gleichgültig, ob es sich um eine niedrige oder hohe Auflösung handelt. In beiden Fällen bedeuten 100% die gesamte Bildschirmbreite!

Nachdem Sie Ihr *OK* gegeben haben, erscheint die Tabelle im Dokumentfenster. Über die drei schwarzen Auswahlgriffe kann die Tabelle sehr schnell vergrößert oder verkleinert werden, indem Sie einfach an einem der Griffe mit gedrückter Maustaste ziehen. Über den Eckgriff wird die Tabelle in beide Richtungen vergrößert oder verkleinert.

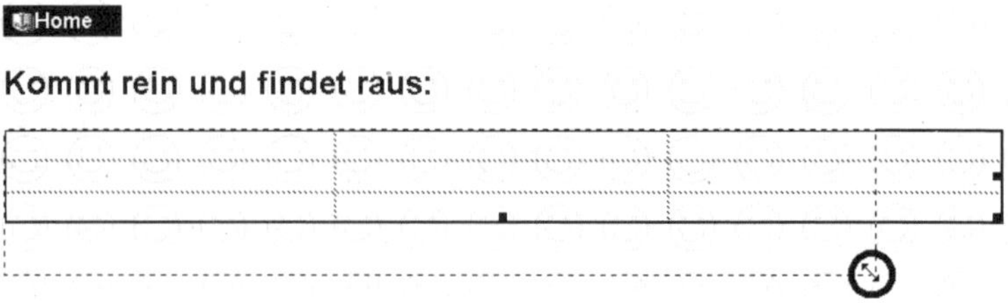

Abb. 5.10: Mit den Auswahlgriffen schnell die Tabellengröße ändern

Falls Sie mal die Zeilenhöhe oder Spaltenbreite ändern wollen, verschieben Sie den unteren Zeilen- bzw. den rechten Spaltenrand mit gedrückter Maustaste.

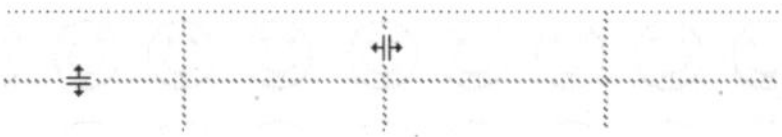

Abb. 5.11: Können Sie auch beides gleichzeitig verschieben? ;-)

Für die Startseite sollten Sie als Nächstes die Zeilenhöhe und Spaltenbreite festsetzen. Wenn Sie dies unterlassen, führt das in den meisten Fällen zu unschönen Ergebnissen, da sich die Tabellenzellen automatisch erweitern, und zwar nicht unbedingt so, wie Sie es sich wünschen:

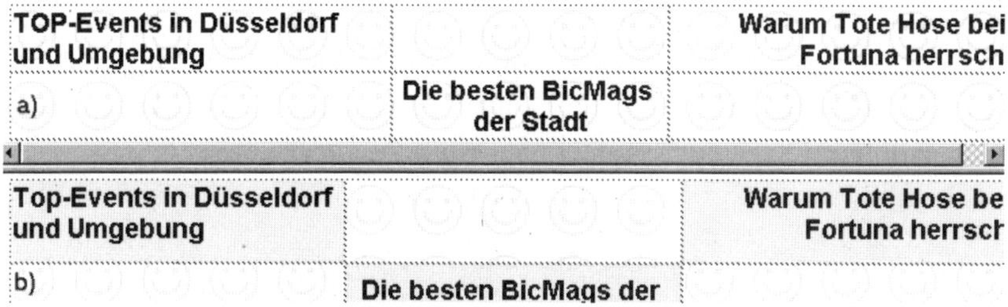

Abb. 5.12: Ergebnis a) »freier« und b) »fester« Spaltenbreite

Legen Sie nun die Zeilenhöhe und Spaltenbreite fest, indem Sie zunächst die drei Spalten markieren. Bewegen Sie hierzu den Mauszeiger so dicht oberhalb der ersten Spalte, dass sich dieser in einen schwarzen nach unten zeigenden Pfeil verwandelt, und ziehen Sie ihn mit gedrückter Maustaste über die drei zu markierenden Spalten hinweg.

Abb. 5.13: Spalten markieren

Anschließend legen Sie mit Hilfe des Eigenschafteninspektors in einem Schritt für alle Zellen die Spaltenbreite auf `33%` und die Zeilenhöhe auf `60 Pixel` fest. Wenn Sie einmal dabei sind, wählen Sie noch nacheinander die Schriftartkombination *Arial, Helvetica, sans-serif*, die *Textgröße 4*, und klicken Sie auf die Schaltfläche *B* für fett, dann stimmt's auch mit der Schrift!

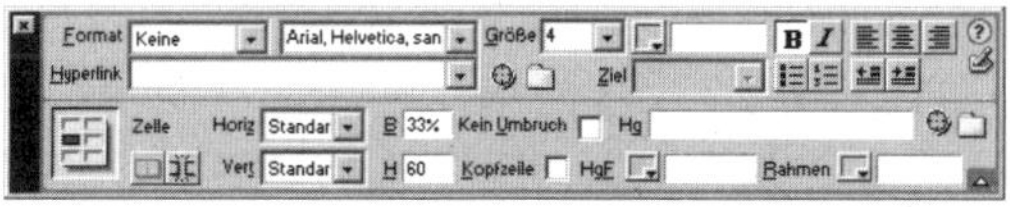

Abb. 5.14: Formatierung für die Zellinhalte definieren

Bevor Sie den Text eingeben, nehmen Sie sich kurz einmal Zeit und klicken mit der rechten Maustaste in die Tabelle. Sie können dem Kontextmenü *Tabelle* entnehmen, welche Möglichkeiten Ihnen im Zusammenhang mit der Tabellenbearbeitung noch gegeben werden. Zum Teil werden Sie die Funktionen in den nachfolgenden Kapiteln kennen lernen. Eine vollständige Erklärung aber würde den Rahmen des Buches sprengen. Probieren Sie später einfach das ein oder andere aus.

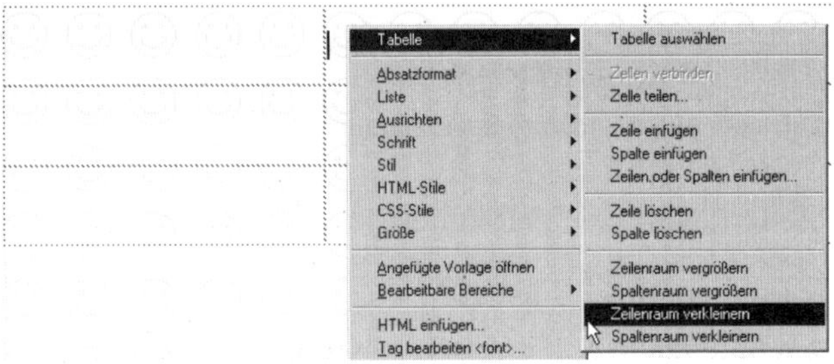

Abb. 5.15: Im Kontextmenü dreht sich hier fast alles um die Tabelle

Beginnen Sie nun mit der Texteingabe. Wenn Sie in die nächste Zelle springen wollen, drücken Sie die ⇥-Taste, oder drücken Sie ⇧-Taste + ⇥-Taste, um zur vorigen Zelle zu springen. Befinden Sie sich in der letzten Zelle der Tabelle und drücken die ⇥-Taste, wird automatisch eine weitere Zeile hinzugefügt.

Top-Events in Düsseldorf und Umgebung		Warum Tote Hose bei Fortuna herrscht
	Die besten BicMags der Stadt	
Ob sich Nachhilfe lohnt		Und, und, und ...

Abb. 5.16: Das Angebot in die Tabelle gepackt

Wie Sie sehen, wird Text in jeder Zelle standardmäßig links und mittig ausgerichtet. Da dieses nicht zu dem gewünschten Ergebnis führt, müssen Sie erneut über den Eigenschafteninspektor selbst Hand anlegen.

Abb. 5.17: Vertikale Ausrichtung

Richten Sie die Texte `Top-Events in Düsseldorf` und `Warum Tote Hose bei Fortuna herrscht` über das Listenfeld *Vert* vertikal *Oben* aus.

Abb. 5.18: Horizontale Ausrichtung

Richten Sie den Text `Warum Tote Hose bei Fortuna herrscht` außerdem über das Listenfeld *Horiz* (horizontal) *Rechts* aus .

Abb. 5.19: Zentriert und mittig ausrichten

`Die besten BicMags der Stadt` werden horizontal zentriert und vertikal mittig serviert. (Nur am Rande oder wie man im Internet zu schreiben pflegt: »By the way«, kurz: BTW: Ich weiß, wie man BicMags richtig schreibt, aber ich weiß nicht, ob dieser Name möglicherweise geschützt ist. Und mit dem weltweit größten Bulettenhersteller möchte ich mich nicht anlegen!)

Den Inhalt der untersten Zeile richten Sie bitte entsprechend vertikal *Unten* und horizontal *Links* (Standard) bzw. *Rechts* aus.

Zellen können bunt sein

Nun bringen Sie etwas Farbe ins Spiel. Fünf Zellen der Tabelle haben eine gelbe Hintergrundfarbe. Nicht irgendeine gelbe Farbe, sondern genau den Gelbton, in dem Ihnen die Smilies schon die ganze Zeit entgegenstrahlen.

Setzen Sie den Cursor in die erste Zelle, der diese Hintergrundfarbe zugewiesen werden soll. Öffnen Sie im Eigenschafteninspektor mit einem Mausklick das Listenfeld *HgF* für die Hintergrundfarbe. Sie könnten jetzt mit der Pipette eine Farbe aus der Palette auswählen. Nun kommt aber eine ganz fabelhafte Möglichkeit im Dreamweaver zum Tragen: Sie können mit der Pipette eine Farbe von irgendeiner beliebigen Stelle des Bildschirms auswählen! Sogar außerhalb des Dreamweaver-Fensters ist dies möglich. Aber so weit müssen Sie bei unserem Beispiel gar nicht gehen.

Führen Sie die Pipettenspitze möglichst genau über eine der Linien, die so ein Smiley-Gesicht sympathisch machen. Schon wird unterhalb der Farbpalette der genaue Farbton mit dem dazugehörenden HTML-Format angezeigt! Klicken Sie mit der Pipettenspitze auf die Smiley-Gesichtskonturen; das war's.

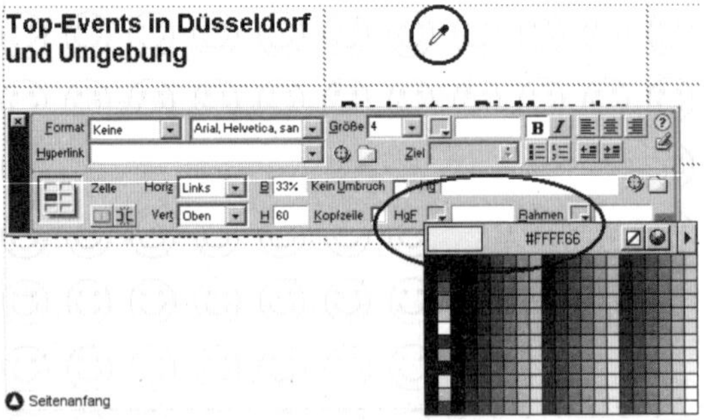

Abb. 5.20: Farbtöne mit Hilfe der Pipette aufspüren

Da der in der Vorlage eingefügte Anker, auf den der Hyperlink am Seitenende verweist, bei dieser kurzen Web-Seite keinen Sinn macht, sollten Sie ihn an dieser Stelle entfernen.

Markieren Sie hierzu mit einem Mausklick das Ankersymbol neben Home und drücken Sie die [Entf]-Taste. Das Gleiche wiederholen Sie am Seitenende mit der Grafik »Seitenanfang« (siehe Abbildung 5.21).

Speichern Sie das fertige Dokument als *start.htm* im Ordner *desktop/kid/website*.

Gönnen Sie sich jetzt eine kleine Pause. Sie haben es sich verdient. In ca. 15 Minuten machen wir weiter.

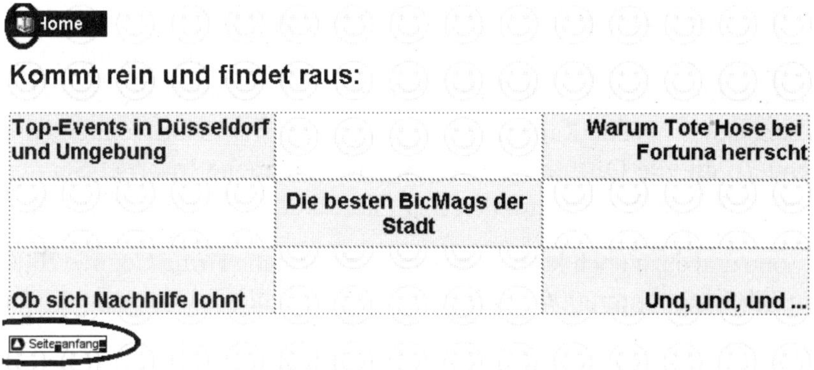

Abb. 5.21: Anker und Hyperlink entfernen

5.2 Counter

Da die Startseite nun eigentlich schon fertig ist, kommt jetzt etwas, das Sie sich auch für später aufsparen können. Ich führe es nur deshalb an dieser Stelle an, weil es üblicherweise auf der Startseite platziert wird, sofern es überhaupt eingesetzt wird: der Counter.

Der Counter zeigt nicht nur Ihnen, sondern jedem Besucher Ihrer Web-Seite, wie viele Besucher sich dort bereits getummelt haben, d.h., jeder Zugriff auf eine solche Seite wird gezählt und in der Regel für alle sichtbar angezeigt. Ob das immer so gut ist, müssen Sie selbst entscheiden. Angenommen, Sie bieten auf Ihrer Homepage Produkte zum Verkauf an und ich steuere als potentieller Kunde diese Homepage an. Zeigt mir der Counter, dass ich der dritte Besucher bin, werde ich mir überlegen, ob ich unbedingt in den Kreis der Versuchskaninchen aufgenommen werden möchte. Zeigt mir dagegen der Counter, dass ich als der 19.514-te Besucher aufkreuze, obwohl Sie auf Ihrer Homepage nur bunte Schlittenklingeln anbieten, mache ich mir auch so meine Gedanken.

Es gibt im World Wide Web viele Anbieter von Countern. Auf die sind Sie auf jeden Fall angewiesen, wenn Sie Ihre Homepage über einen Online-Dienst (AOL, CompuServe, T-Online) ins Internet bringen wollen. Das hängt damit zusammen, dass es sich bei den Countern, aber auch bei Gästebüchern (siehe Kapitel »*Kontaktseite*«), um interaktive Elemente handelt, die die Online-Dienste und auch manche Internet Service Provider aus Sicherheitsgründen nicht auf ihrem Server laufen lassen.

Schöne und dazu noch kostenlose Counter bietet die Firma Counter2000 (*http://www.counter2000.de*) an. Die Integration dieses Counters ist sehr einfach:

Abb. 5.22: Kostenloser Zugriffszähler Counter2000

▶ Klicken Sie auf den Link *Anmelden*.

▶ Auf der nun erscheinenden neuen Web-Seite tragen Sie Ihre E-Mail-Adresse und die Startadresse (URL) Ihrer Web-Seite ein, in die der Counter später eingebunden wird.

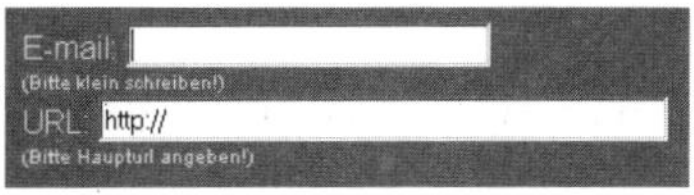

Abb. 5.23: Alles, was der Counter braucht

▶ Jetzt haben Sie noch die Qual der Wahl. Suchen Sie sich aus über einem Dutzend Counter den optisch passenden für Ihre Seite mit einem Mausklick aus und senden Sie die Anfrage ab.

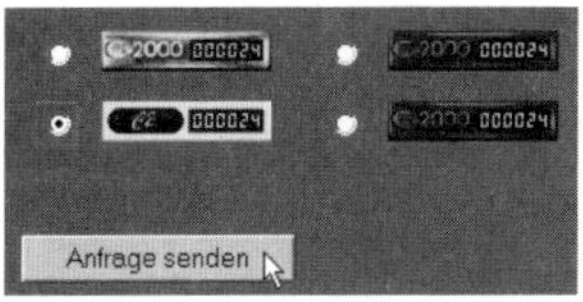

Abb. 5.24: Viele, viele bunte Counter

▶ Sie erhalten den Hinweis, dass Ihr Counter korrekt angemeldet wurde und die Daten per E-Mail zu Ihnen unterwegs sind.

▶ Schauen Sie nach, die E-Mail ist bereits angekommen!

▶ Den in der E-Mail enthaltenen persönlichen HTML-Tag übernehmen Sie unverändert in den Quelltext der Seite, auf der der Counter erscheinen soll. Wie das geht, können Sie in den Kapiteln »*Cooltour-Seite*« bzw. »*HTML – Die Auszeichnungssprache*« nachlesen.

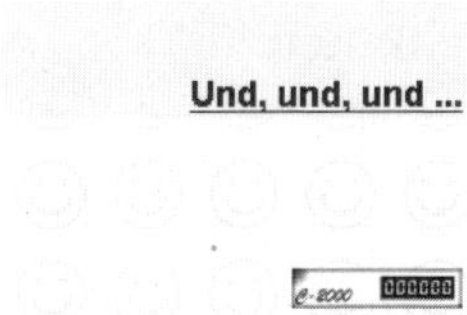

Abb. 5.25: Einsamer Counter, wartet auf Godot

Der Counter ist sofort aktiv und Sie erhalten sogar einmal wöchentlich eine genaue Besucherstatistik Ihrer Web-Seite!

5.3 Endkontrolle

Sie haben Ihren Text geschrieben. Aber wie halten Sie es mit der Rechtschreibung? Kein Problem, wenn Sie Probleme haben. Dreamweaver hilft Ihnen, Fehler aufzuspüren und zu korrigieren.

Alles richtig geschrieben?

Die Rechtschreibprüfung starten Sie über den Menübefehl *Text / Rechtschreibung prüfen*.

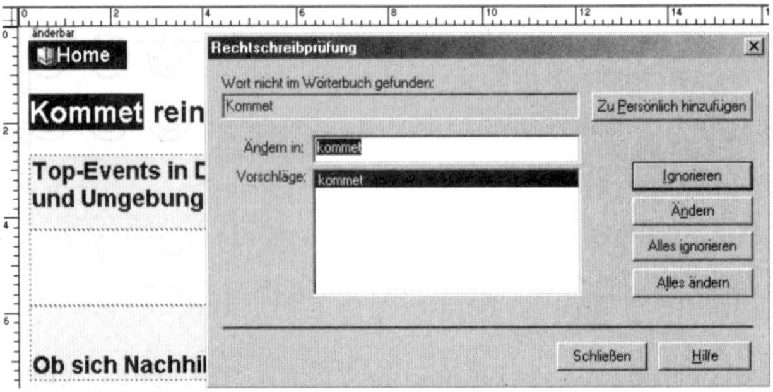

Abb. 5.26: Rechtschreibprüfung

Wie Sie an diesem Beispiel sehen, erkennt die Rechtschreibprüfung das vermeintlich falsch geschriebene Wort und gibt Ihnen Änderungsvorschläge an die Hand. Sie haben nun folgende Möglichkeiten:

- Über die Schaltfläche *Zu Persönlich hinzufügen* können Sie das als nicht richtig erkannte Wort dem persönlichen Wörterbuch hinzufügen. Davon machen Sie immer dann Gebrauch, wenn es sich um ein richtig geschriebenes Wort handelt, das nur der Rechtschreibprüfung bisher unbekannt war. Ab sofort kennt die Rechtschreibprüfung das Wort und wird es künftig nicht mehr anmahnen.

HINWEIS

Es kann Ihnen im Eifer der Gefechts immer mal passieren, dass Sie Ihrem persönlichen Wörterbuch ein Wort hinzufügen, das eigentlich falsch geschrieben war. Irrtümlich hinzugefügte Wörter können Sie nachträglich entfernen, indem Sie die Datei *personal.dat* mit dem Texteditor bearbeiten. Sie finden die Datei im Ordner *C:\Programme\Macromedia\Dreamweaver 4\Configuration\Dictionaries*.

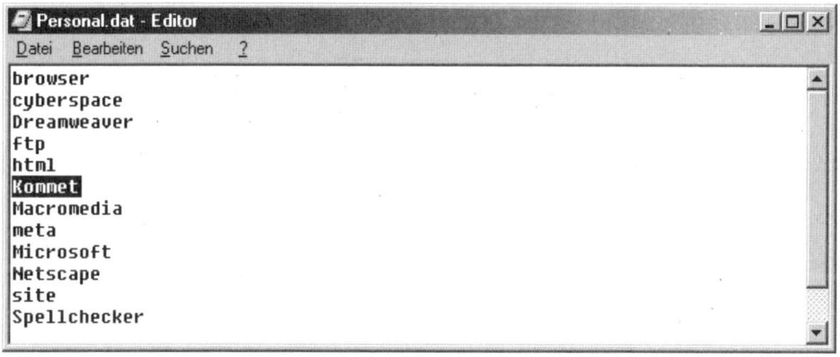

Abb. 5.27: Irrtümlich hinzugefügte Wörter mit dem Texteditor entfernen

- Sie können den Hinweis auf das nicht im Wörterbuch gefundene Wort auch *ignorieren*. Dadurch wird das Wort genau einmal an dieser Stelle im Dokument akzeptiert.
- Wenn Sie dagegen auf die Schaltfläche *Alles ignorieren* klicken, wird die Rechtschreibung das Wort, sofern es mehrfach im Dokument vorkommt, nicht mehr anmahnen. Das kann sinnvoll sein, wenn in einem Dokument beispielsweise mehrfach ein Markenname erwähnt wird, den die Rechtschreibprüfung nicht kennt, der aber auch nicht so wichtig ist, um ihn dem persönlichen Wörterbuch hinzuzufügen.

- Mit der Schaltfläche *Ändern* ersetzen Sie das nicht gefundene Wort entweder durch das Wort, das Sie in der Vorschlagsliste markiert oder das Sie in das Eingabefeld *Ändern in* eingetragen haben.
- Soll sich die Änderung auf alle weiteren Vorkommen des nicht gefundenen Wortes erstrecken, klicken Sie auf die Schaltfläche *Alles ändern*.

Ziel-Browser-Prüfung

Bereits im Kapitel »*Einführung*« haben Sie erfahren, dass HTML-Befehle oder Attribute, die ein älterer Browser nicht kennt, bei der Anzeige einfach ignoriert, möglicherweise auch falsch interpretiert werden.

Dreamweaver bietet Ihnen eine Möglichkeit, festzustellen, ob Ihr Dokument Elemente enthält, die von den Ziel-Browsern nicht unterstützt werden.

- Bevor Sie eine Ziel-Browser-Prüfung durchführen können, müssen Sie die Datei speichern, da noch nicht gespeicherte Änderungen nicht berücksichtigt werden.
- Wählen Sie den Menübefehl *Datei / Ziel-Browser überprüfen*.

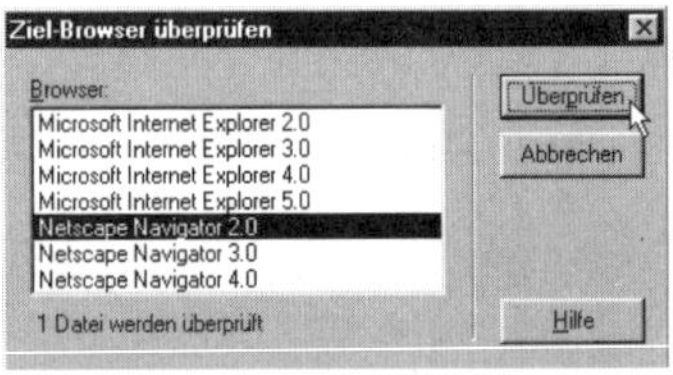

Abb. 5.28: Ziel-Browser auswählen

- Markieren Sie den Ziel-Browser in der gewünschten Version und klicken Sie auf die Schaltfläche *Überprüfen*.
- Im Browser erscheint der Ergebnisbericht der Überprüfung.

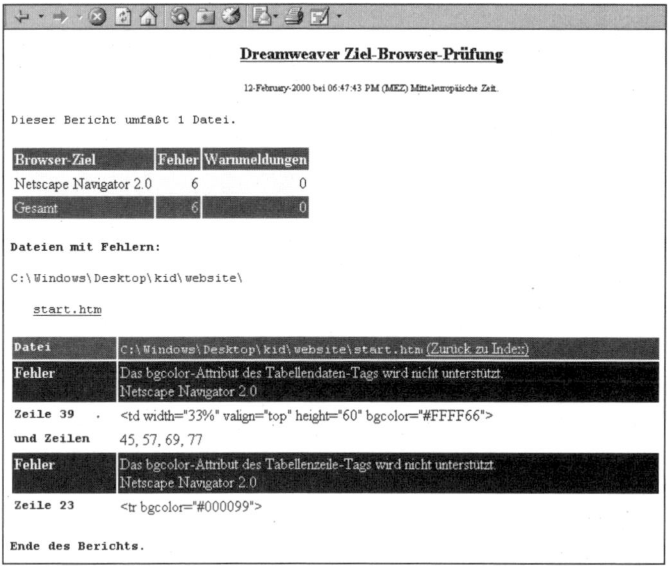

Dreamweaver Ziel-Browser-Prüfung

12-February-2000 bei 06:47:43 PM (MEZ) Mitteleuropäische Zeit.

Dieser Bericht umfaßt 1 Datei.

Browser-Ziel	Fehler	Warnmeldungen
Netscape Navigator 2.0	6	0
Gesamt	6	0

Dateien mit Fehlern:

C:\Windows\Desktop\kid\website\

start.htm

Datei	C:\Windows\Desktop\kid\website\start.htm (Zurück zu Index)
Fehler	Das bgcolor-Attribut des Tabellendaten-Tags wird nicht unterstützt. Netscape Navigator 2.0
Zeile 39	<td width="33%" valign="top" height="60" bgcolor="#FFFF66">
und Zeilen	45, 57, 69, 77
Fehler	Das bgcolor-Attribut des Tabellenzeile-Tags wird nicht unterstützt. Netscape Navigator 2.0
Zeile 23	<tr bgcolor="#000099">

Ende des Berichts.

Abb. 5.29: Dreamweavers Prüfbericht

HINWEIS

Diese Ziel-Browser-Prüfung können Sie wie in unserem Beispiel für ein Dokument, aber auch für einen Ordner oder für die ganze Website durchführen.

5.4 Zusammenfassung, Fragen und Übungen

Zusammenfassung

- Tabellen sind ein äußerst leistungsstarkes Werkzeug für das Web-Design und werden daher insbesondere für das Layout von Web-Seiten eingesetzt. Für komplexere Layout-Ideen kann sogar eine Tabelle in eine andere Tabelle eingefügt werden.

Zusammenfassung

- Bei Tabellen hat die Angabe der Breite mit einem Prozentwert gegenüber der ebenfalls möglichen Angabe in Pixeln den Vorteil, dass die Tabelle bei jeder Bildschirmauflösung im richtigen Verhältnis angezeigt wird, gleichgültig, ob es sich um eine niedrige oder hohe Auflösung handelt.
- Counter zählen jeden Zugriff auf eine Web-Seite und zeigen die Gesamtzahl in der Regel für alle sichtbar an.
- HTML-Befehle oder Attribute, die ein älterer Browser nicht kennt, werden bei der Anzeige im Browser einfach ignoriert, möglicherweise auch falsch interpretiert. Mit Dreamweaver können Sie prüfen, ob Ihr Dokument Elemente enthält, die von den Ziel-Browsern nicht unterstützt werden.

Fragen und Übungen

1. Nennen Sie die drei Schritte zur Erstellung einer Tabelle!
2. Mit welchen Hilfsmitteln können Sie eine Tabelle im Dokumentfenster schnell vergrößern oder verkleinern?
3. Beschreiben Sie, wie Sie eine Farbe von irgendeiner beliebigen Stelle des Bildschirms auswählen können!
4. Wie gehen Sie vor, wenn Sie im Rahmen der Rechtschreibprüfung Ihrem persönlichen Wörterbuch ein Wort hinzugefügt haben, das eigentlich falsch geschrieben war?
5. Was bedeutet die Ziel-Browser-Prüfung?

6 Cooltour-Seite

6 Cooltour-Seite

In diesem Kapitel erfahren Sie, wie animierte Cliparts von anderen Web-Seiten heruntergeladen und in Ihr Dokument eingebunden werden. Darüber hinaus werden Sie sehen, wie einfach es ist, mit Dreamweaver Hypertext-Verknüpfungen anzulegen. Dabei ist es gleichgültig, ob Sie die Hyperlinks zu einem Text oder Bild erstellen.

Zum Schluss des Kapitels werden Sie wissen, was JavaScripte sind und wie sie in ein HTML-Dokument eingebunden werden.

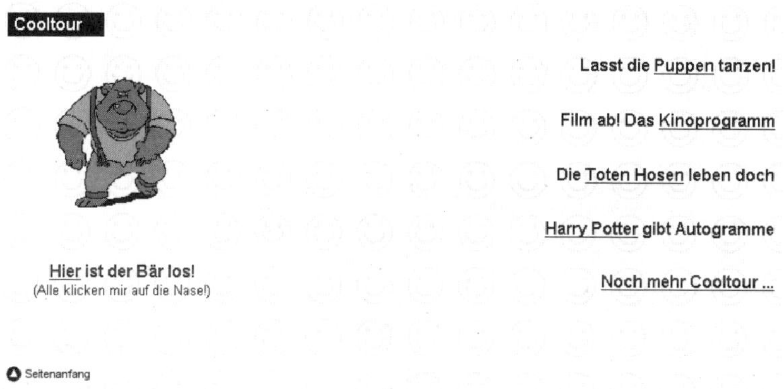

Abb. 6.1: Die Cooltour-Seite

6.1 Seitenerstellung

Da auch diese Seite auf der bereits erstellten Vorlage basiert, wählen Sie den Menübefehl *Datei / Neu von Vorlage* und anschließend die Vorlage *inhaltsseite*. Danach fügen Sie mit Hilfe der Objektpalette eine Tabelle ein, die die aus der nachstehenden Abbildung ersichtlichen Werte beinhaltet.

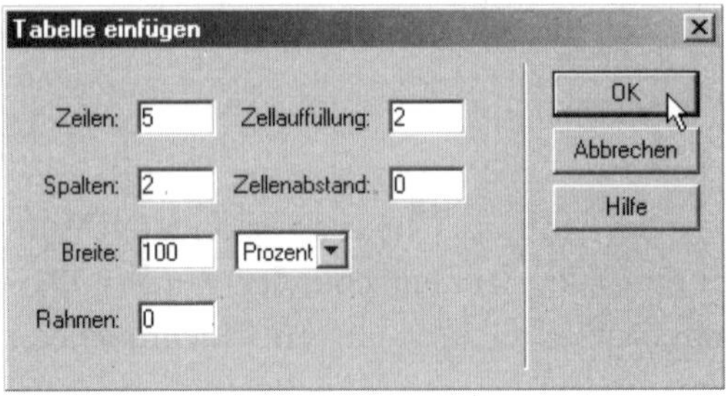

Abb. 6.2: Und noch eine Tabelle ...

Um für den später noch einzufügenden Bären entsprechend Platz zu schaffen, verbinden Sie die ersten fünf Zellen der linken Spalte. Hierzu markieren Sie zunächst mit gedrückter Maustaste die betreffenden Zellen. Dann klicken Sie mit der rechten Maustaste in die markierten Zellen und wählen das Kontextmenü *Zellen verbinden*. Noch schneller geht es, wenn Sie die [M]-Taste drücken.

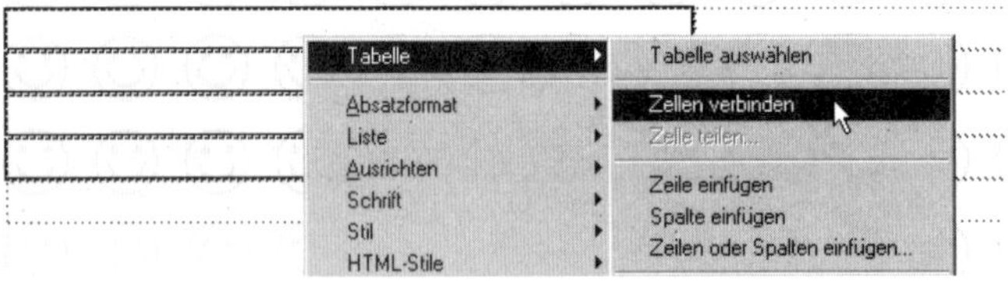

Abb. 6.3: Bewegungsraum für den Bären schaffen

Im nächsten Schritt legen Sie die linke Spalte mit Hilfe des Eigenschafteninspektors auf 30% Breite fest. Wie das geht, haben Sie bereits in dem vorangegangenen Kapitel erfahren.

Abb. 6.4: Tabellengrundriss

Bären klauen

Alle Vorbereitungen sind getroffen. Was Ihnen noch fehlt, ist der Bär. Sie finden ihn auf der Website des buchteams.

Abb. 6.5: Die Homepage des buchteams

Und unter *http://www.buchteam.de/bk_dw_d.htm* haben Sie ihn dann endlich gefunden: unseren Prachtkerl in Form einer animierten GIF-Datei (***G**raphic **I**nterchange **F**ormat*), kurz: *animated GIF*! Bei einer animierten GIF-Datei liegen mehrere Bilder in einem Stapel übereinander. Der Browser arbeitet bei der Anzeige den Stapel ab, indem er die verschiedenen Einzelbilder in schnellem Wechsel hintereinander zeigt. Wenn Sie aus Ihren Kindertagen noch das Daumenkino kennen, wissen Sie, was gemeint ist.

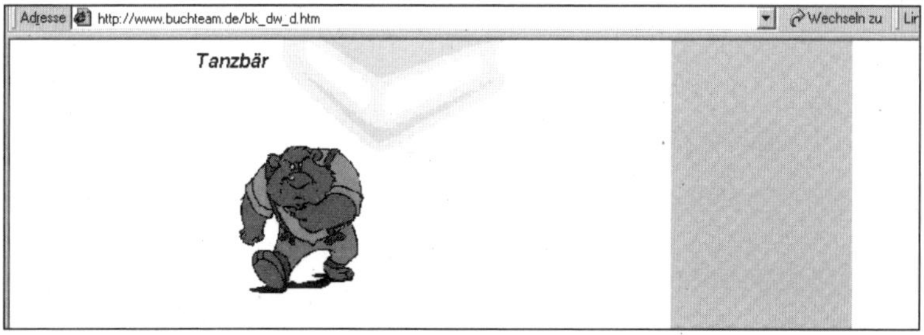

Abb. 6.6: Der Bär – zum Download bereit

Grundsätzlich sollte man sich gut überlegen, ob der Einsatz animierter Grafiken wirklich erforderlich ist. Animierte GIFs erreichen nämlich sehr schnell eine kritische Dateigröße und erhöhen auf diese Weise die Ladezeit einer Homepage erheblich. Außerdem wirkt eine Web-Seite mit mehreren Animationen unruhig und stört den Betrachter bei der Konzentration auf die Textinformationen.

HINWEIS

Animierte GIFs können Sie unter anderem mit dem Shareware-Programm Animation Shop (gehört zu Paint Shop Pro) oder mit Fireworks und Webrazor auch selbst erstellen.

Abb. 6.7: Gleich ist er mein!

Um den Bären herunterzuladen, klicken Sie ihn mit der rechten Maustaste an. Wählen Sie im Kontextmenü *Bild speichern unter* (je nach Browser kann der Menübefehl auch anders lauten). Denken Sie beim nächsten Schritt daran, auch dieses animierte GIF in dem Ordner *grafiken* zu speichern.

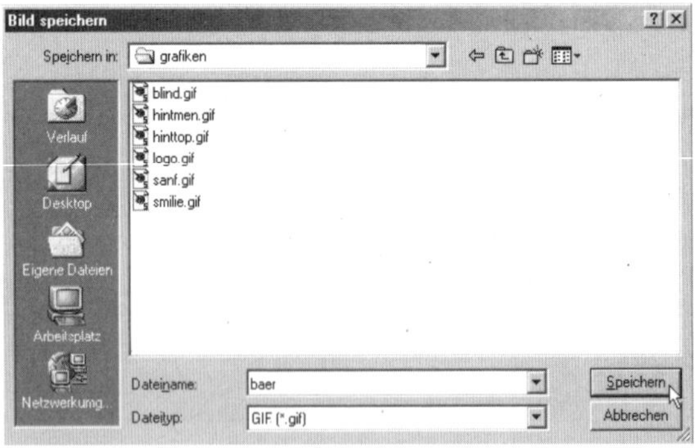

Abb. 6.8: Ab in den Käfig

HINWEIS

Jedes Bild auf einer Web-Seite kann wie eben beschrieben heruntergeladen und gespeichert werden. Beachten Sie jedoch bei der weiteren Verwendung solcher Bilder das Urheberrecht.

Sobald der Download beendet ist, fügen Sie das animierte GIF über die Objektpalette ein. Denken Sie dabei an die alternative Beschriftung. Ist das GIF wie in der nachstehenden Abbildung markiert, können Sie es genau so wie einen Text innerhalb der Zelle zentrieren.

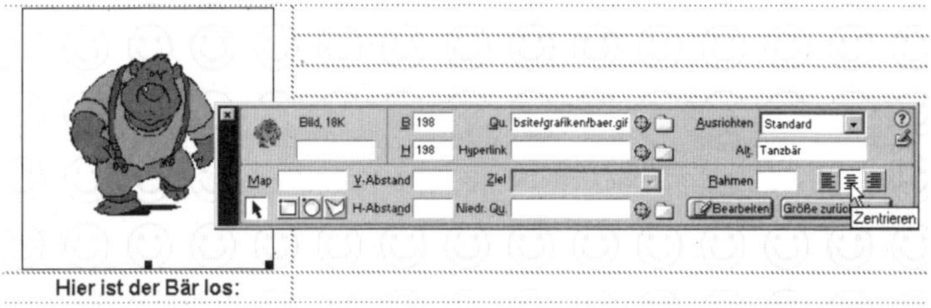

Abb. 6.9: Hier wird der Bär zentriert

Markieren Sie anschließend die rechte Spalte und legen Sie mit dem Eigenschafteninspektor die Zeilenhöhe auf `50 Pixel` fest. Wenn Sie noch die Schriftartkombination *Arial, Helvetica, sans-serif*, die *Textgröße 4* und das Schriftattribut *fett* wählen, können Sie anschließend den von mir vorgegebenen Text abschreiben. Abschließend richten Sie den Text in den Zellen der rechten Spalte im Feld *Horiz rechts* aus.

Abb. 6.10: Die fertige Tabelle mit Inhalt

Hyperlinks

Das World Wide Web würde ohne die Möglichkeit in HTML Hyperlinks einzufügen, nicht existieren. Nur durch die Verknüpfung der einzelnen Seiten untereinander entsteht seine Netzstruktur.

Es gibt zwei unterschiedliche Arten von Hyperlinks: Lokale- und externe Verweise.

Lokale Verweise

Unter einem *lokalen Verweis* versteht man den Link auf eine Web-Seite innerhalb des eigenen Angebots. Ein solcher Verweis wird mit einem relativen Pfad (aus Sicht der aufrufenden Datei) angegeben. Folgende Fälle sind denkbar:

Verweis	Erläuterung
`xyz.htm`	Wenn man nur den Dateinamen angibt, müssen die Datei mit dem Link und die Zieldatei im gleichen Ordner abgelegt sein.
`test/xyz.htm`	Gibt man neben dem Dateinamen auch noch einen Ordner an, muss die Zieldatei in diesem Ordner zu finden sein. Man kann auch tiefer in die Ordnerhierarchie verweisen. Die Unterordner müssen dann durch einen Schrägstrich / voneinander getrennt werden.
`../xyz.htm`	Die Zieldatei liegt im übergeordneten Ordner. Von dort aus kann der Pfad dann auch wieder in Unterordner führen.

Tab. 6.1: Lokale Verweise

Externe Verweise

Der Verweis auf eine externe Web-Seite beginnt immer mit `http://`. Dann folgt der Name des Web-Servers, auf dem die Seite liegt, z.B. `www.bhv.net`.

Abgeschlossen wird der Verweis durch den Pfad, unter dem man die Seite auf dem Zielrechner findet. Dabei kann sich die Web-Seite im obersten Ordner des Web-Servers (z.B. `/xyz.htm`) oder in einem Unterordner befinden (z.B. `/test/xyz.htm`).

HINWEIS In keinem Fall darf ein Verweis einen Laufwerkbuchstaben enthalten, da ein solches Laufwerk mit dem gleichen Inhalt auf dem Rechner des Besuchers nicht unbedingt vorhanden ist.

Hyperlink-Typen

Mit Dreamweaver können Sie ganz einfach folgende Hyperlink-Typen erstellen:

- Interne Hyperlinks
  Mit ihnen werden Dokumente innerhalb derselben Website verknüpft. Diesen Link-Typ haben Sie bisher verwendet.
- Externe Hyperlinks
  Sie ermöglichen Verknüpfungen zu Dokumenten außerhalb der lokalen Website.
- E-Mail-Verknüpfungen, die das Mail-Modul starten, sofern vorhanden.
- Hyperlinks zu benannten Ankern
  Die Einsatzmöglichkeiten dieses Typs haben Sie bereits bei der Erstellung der Vorlage kennen gelernt.

Externe Hyperlinks

Der Link, den Sie im Folgenden erstellen werden, wird Sie später in die Weite des Internets führen. Markieren Sie mit gedrückter Maustaste den Text `Puppen`. Dieser Text soll später im Browser als Link dargestellt werden.

HINWEIS

Beim Markieren des Textes müssen Sie besonders genau sein. Ein versehentlich markiertes Leerzeichen rechts oder links des Textes sieht als Link gekennzeichnet unschön aus.

Wenn Sie vorher nicht mit Text gearbeitet haben, wechselt spätestens jetzt der Eigenschafteninspektor wieder sein Aussehen, so dass Sie in dem Listenfeld *Hyperlink* die Möglichkeit haben, die Verknüpfung festzuschreiben.

Bei Verknüpfung mit einer Internet-Adresse wird in das Listenfeld *Hyperlink* die vollständige Internet-Adresse eingetragen, z.B.: `http://www.puppentheater.de`.

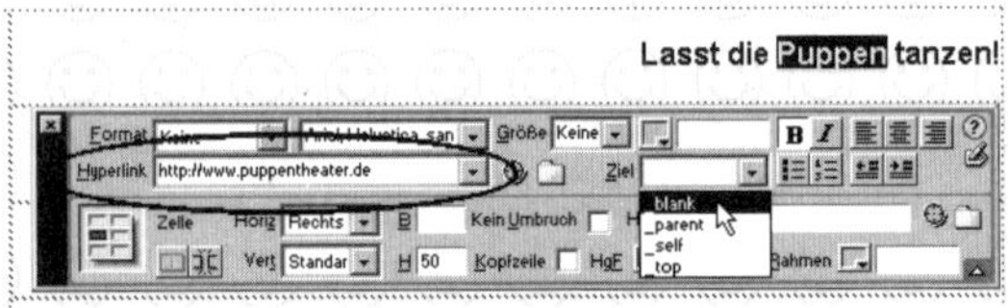

Abb. 6.11: Der Link, der Ihre Website verlässt

Wenn Sie, wie in der vorstehenden Abbildung ersichtlich, aus dem Listenfeld *Ziel* den Listeneintrag *_blank* wählen, stellen Sie sicher, dass die verknüpfte Adresse in einem neuen Browser-Fenster angezeigt wird. Damit bietet man dem Besucher die Möglichkeit, sich die Verknüpfung anzuschauen, ohne ihn dadurch sofort zu verlieren. Allerdings können sich zusätzlich öffnende Browser-Fenster auch störend sein und das Surfen erschweren, wenn hierdurch zehn und mehr Fenster geöffnet werden.

Der Listeneintrag

- *_parent* ist im Zusammenhang mit *Frames* zu sehen. Da Sie erst im Kapitel »*Rahmen des Angebots*« Näheres über Frames erfahren werden, will ich es hier bei dieser kurzen Erklärung bewenden lassen.

- *_self* lädt das verknüpfte Dokument in das aktuelle Fenster. Das ist der Browser-Standard, so dass Sie es in der Regel nicht angeben müssen.
- *_top* lädt das verknüpfte Dokument in das gesamte Browser-Fenster, wobei alle Frames entfernt werden.

Lasst die Puppen tanzen!

Abb. 6.12: Lassen Sie sich von dem Link nicht linken ...

Testen Sie anschließend den Link mit Ihrem Browser. Wenn Sie Ihren Internet-Zugang aktiviert haben, sollten Sie anschließend auf der Homepage des *Puppentheaters Helmholtzstraße* landen. Ist der Internet-Zugang nicht aktiviert, können Sie dennoch den Link testen: In der Statusleiste des Browsers erscheint die Internet-Adresse automatisch, wenn Sie den Mauszeiger über den Link bewegen.

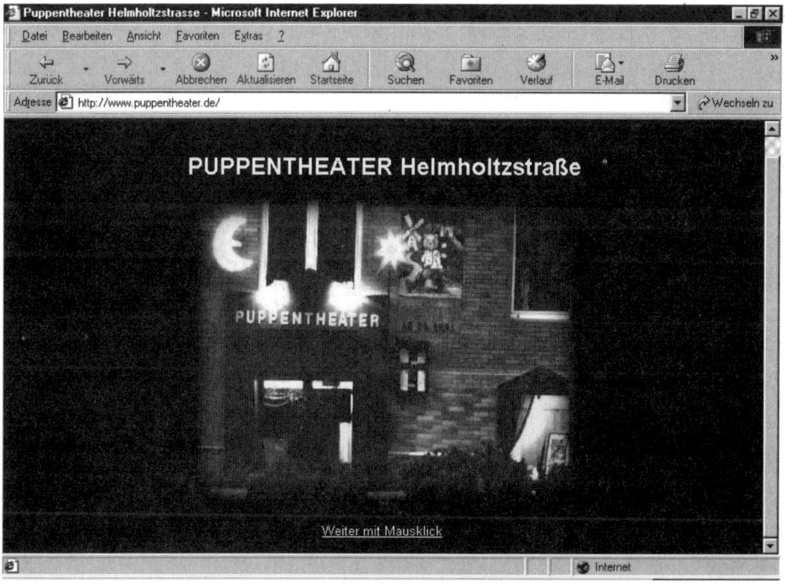

Abb. 6.13: ... es sind andere Puppen, als Sie vielleicht dachten!

Grafik als Hyperlink

Sie haben bereits gesehen, dass auch eine Grafik als Link mit einem anderen Dokument verknüpft werden kann. Zu diesem Zweck markieren Sie einfach die Grafik mit einem Mausklick und tragen den gewünschten Link in das Listenfeld *Hyperlink* ein.

Dieses Mal geben Sie sich damit nicht zufrieden. Sie wollen eine *Imagemap*. Bei einer Imagemap handelt es sich um eine Grafik, der ein bestimmter, abgegrenzter Bereich (*Hotspot*) als Hyperlink zugewiesen wurde. Dabei ist es auch möglich, ausgewählten Bereichen einer Grafik unterschiedliche Hyperlinks zuzuweisen. Leider ist es aber nicht möglich, dem Bären einen Hotspot zu verpassen, so lange er sich in der Tabelle befindet. (Näheres zu diesem grundsätzlichen Problem erfahren Sie in dem Abschnitt *Freikarten in der Statuszeile.*) Um ihn nach außen zu bringen, verschieben Sie ihn mit gedrückter Maustaste unter die Tabelle.

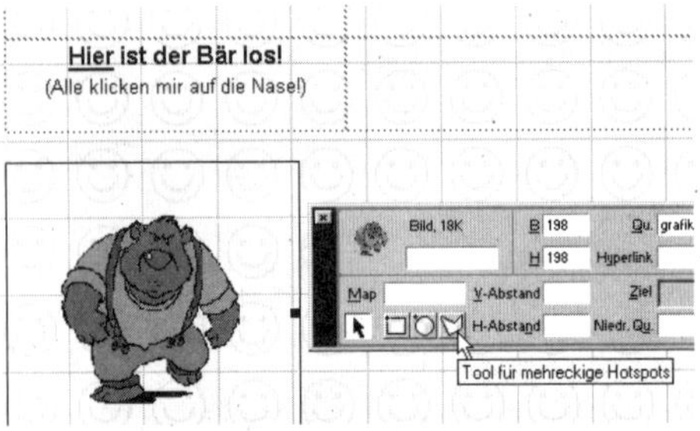

Abb. 6.14: Aus der Grafik wird eine Imagemap

Markieren Sie die Grafik. Geben Sie in das Feld *Map* des Eigenschafteninspektors einen Namen ein. Da es sich bei der Grafik um eine unregelmäßige Form handelt, sollten Sie das *Tool für mehreckige Hotspots* wählen.

Abb. 6.15: Tools für rechteckige, ovale und mehreckige Hotspots

Klicken Sie mit der Maus auf die Umrisse der Bärennase. Dabei wird mit jedem Mausklick ein Eckpunkt gebildet. Zum Schluss klicken Sie auf den Pfeil neben den Tools, um die Form zu schließen.

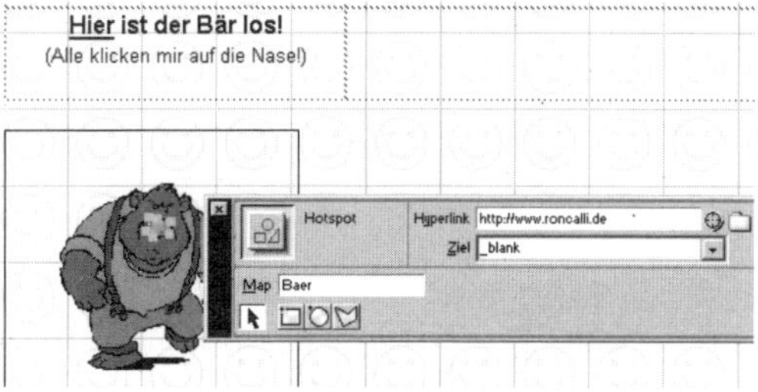

Abb. 6.16: Die Bärennase wird zum Hotspot

Nun wird die gewünschte Verknüpfung definiert, indem Sie in das Feld *Hyperlink* die Internet-Adresse eintragen, z.B. `http://www.roncalli.de`. In das Feld *Alt* tragen Sie den alternativen Text `Zum Circus Roncalli` ein, der für den Hotspot angezeigt werden soll.

In der nachstehenden Abbildung ist das Ergebnis des alternativen Textes sichtbar. Wie Sie bereits wissen, informiert er so auch die Surfer, die die Grafikdarstellung im Browser abgeschaltet haben.

> **HINWEIS**
> Bei Imagemaps, die sich aus mehreren Bereichen zusammensetzen, kann der alternative Text allerdings zum Problem werden. Deshalb sollten Sie ihn in diesen Fällen nur einsetzen, wenn es unbedingt notwendig ist!

Zum Schluss schieben Sie den Bären wieder zurück in die linke Tabellenzelle (siehe Abbildung 6.17).

Testen Sie anschließend auch diesen Link mit Ihrem Browser. Da sich der Bär recht flott bewegt, müssen Sie auch einigermaßen auf Zack sein, um ihm eins auf die Nase zu geben. Wenn Sie Ihren Internet-Zugang aktiviert haben, sollten Sie nach wenigen Sekunden Zirkusluft schnuppern können.

Abb. 6.17: Klick mich!

Es stinkt! Ich mache mal eben das Fenster auf.

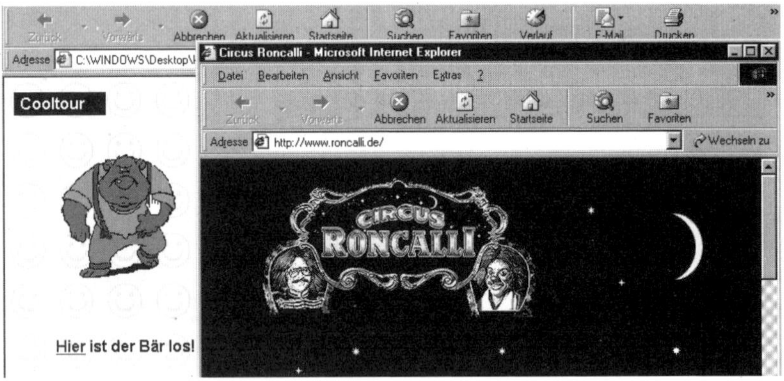

Abb. 6.18: Das Zieldokument im eigenen Fenster

Freikarten in der Statuszeile

Was jetzt noch fehlt, ist etwas, was Sie auf der Cooltour-Seite zu Beginn dieses Kapitels nicht erkennen konnten.

Der Circus Roncalli hat noch Freikarten zu vergeben, und Sie möchten auf dieses freundliche Angebot aufmerksam machen. Natürlich wäre dies als Lauftext innerhalb des Dokumentfensters möglich. Da aber Lauftext generell bei Web-Designern verpönt ist, habe ich ihn etwas unauffälliger in die Statuszeile verbannt. (Für viele Web-Nutzer ist das eigentlich noch schlimmer, da nach ihrer Ansicht der Browser missbraucht wird.)

Lauftext, den beide Browser unterstützen, kann man mit JavaScript realisieren. JavaScript ist eine Programmiersprache, deren Befehle unmittelbar in die HTML-Seite geschrieben werden können.

Den vollständigen HTML-Quelltext zur Erstellung des Lauftextes sehen Sie hier:

```
<HTML>

<HEAD>

<TITLE>News-Ticker</TITLE>

<SCRIPT LANGUAGE=JavaScript>

<!--

i=0

msg="   Freikarten für den Circus Roncalli zu gewinnen - Tel. 02
11 "

meldung="                                                   " + msg

laenge=meldung.length

function ticker()

{

    window.status=meldung.substring(i,50+i);

    i++;

    if (i==laenge) i=0;

    id=setTimeout("ticker()",100)

}
```

```
// -->
</SCRIPT>
</HEAD>
<BODY onLoad="ticker()">
</BODY>
</HTML>
```

> **HINWEIS**
> Zwischen `meldung="` und `" + msg` sorgen entsprechend viele Leerzeichen für den Zeilenumbruch. Drücken Sie nicht stattdessen die [↵]-Taste.

Das Problem, das sich nun für Sie stellt, ist: Wie kommt dieser Quelltext, den Sie im Übrigen auch häufig als so genannte *Listings* in Fachzeitschriften finden, in den bereits von Ihnen bzw. Dreamweaver erarbeiteten Quelltext?

Zu diesem und anderen Zwecken bietet Dreamweaver mehrere Möglichkeiten an:

- Die Bearbeitung mit dem internen Codeinspektor oder der Codeansicht,
- einen externen Codeeditor, der in das Programm Dreamweaver eingebunden werden kann, und den
- Quick Tag Editor.

Interner Codeinspektor und Codeansicht

Betrachten Sie zunächst den internen Codeinspektor. Sie finden ihn auf dem so genannten *Launcher*, mit dem Sie verschiedene Paletten und Inspektoren nach Bedarf ein- und ausblenden können. Sie finden ihn auch rechts unten im Dokumentfenster als *Launcher-Leiste* auf der Statusleiste.

Starten Sie nun den internen Codeinspektor über die entsprechende Schaltfläche.

Abb. 6.19: Den Codeinspektor aufrufen

Der Codeinspektor zeigt den Quelltext des aktuellen Dokuments an. Sie sehen, dass einige Bereiche farbig unterlegt sind.

Sie können im Codeinspektor unmittelbar die HTML-Befehle ändern. Änderungen werden jedoch erst im Dokumentfenster angezeigt, wenn Sie auf eine Stelle außerhalb des Codeinspektors klicken.

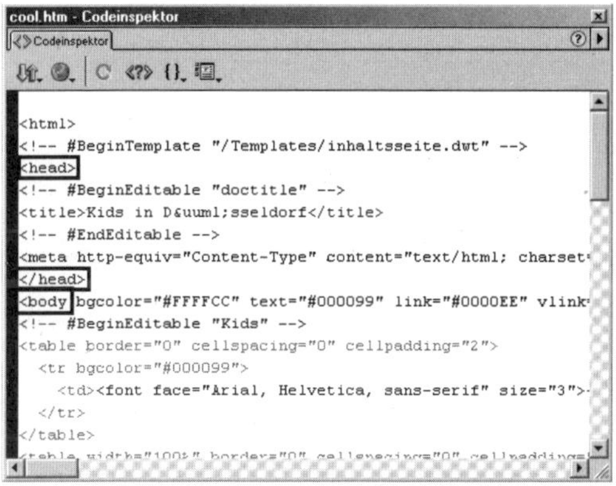

Abb. 6.20: Die Cooltour-Seite im Codeinspektor

Wenn Sie sich jetzt noch einmal den HTML-Quelltext zur Erstellung des Lauftextes genauer anschauen, werden Sie feststellen, dass ein Teil des Listings im so genannten Head-Bereich des Dokumentes untergebracht werden muss (also zwischen den Befehlen/Tags `<head>` und `</head>`), ein anderer Teil dient als Erweiterung des so genannten Body-Tags (`<body ...>`).

Wie bereits erwähnt, sind im Codeinspektor einige Tags farbig unterlegt. In unserem Beispiel sind das der Text und die Befehle, die nicht im bearbeitbaren Bereich der Vorlage liegen. Sie erinnern sich? Sie sehen auch, dass entsprechende Kommentare den Bereich festlegen.

Das hat zur Folge, dass Änderungen in diesen Bereichen über den Codeinspektor nicht möglich sind. Änderungen können zwar eingegeben werden, bei einem erneuten Öffnen des Dokuments sehen Sie jedoch, dass die Änderungen im nicht bearbeitbaren Bereich wieder entfernt wurden.

> **HINWEIS**
>
> Sie können auch über die entsprechende Schaltfläche auf der Symbolleiste in die *Codeansicht* wechseln. Die rechts daneben liegenden Schaltflächen ermöglichen den Wechsel in die *Code- und Entwurfsansicht* (das Dokumentfenster teilt sich entsprechend auf) und zurück in die standardmäßige *Entwurfsansicht*.

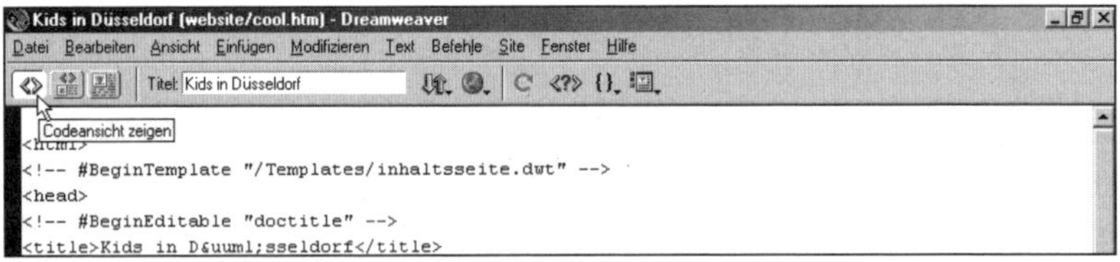

Abb. 6.21: Die Codeansicht im Dokumentfenster

Externer Codeeditor

Widmen wir uns deshalb der zweiten erwähnten Möglichkeit, den Quelltext einzusehen und zu bearbeiten: dem externen Codeeditor.

- Wechseln Sie hierzu über den Menübefehl *Site / Dateien der Site* in die Siteansicht.

Abb. 6.22: Alle Dateien der Site „Kids in Düsseldorf" anzeigen

- Klicken Sie mit der rechten Maustaste die Datei *cool.htm* an und wählen Sie aus dem Kontext die Funktion *Öffnen mit / Durchsuchen*.

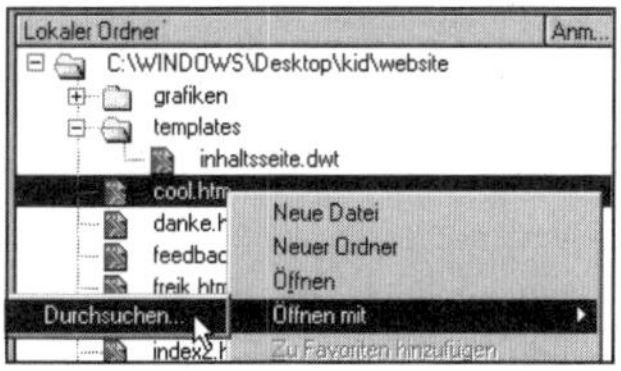

Abb. 6.23: Externen Editor einbinden

- Markieren Sie anschließend im Ordner *Windows* das Programm *Notepad.exe*, um den Windows-Texteditor einzubinden. Klicken Sie auf die Schaltfläche *Öffnen*.

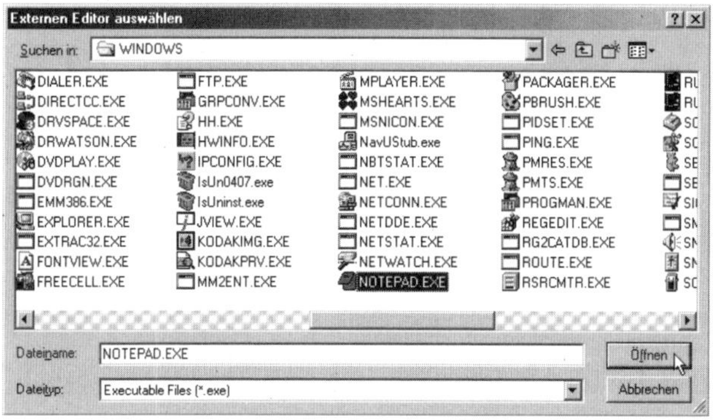

Abb. 6.24: Den Windows-Texteditor einbinden

Der Texteditor startet und lädt das aktuelle Dokument.

> **HINWEIS**
>
> Wenn Sie häufiger mit einem externen Codeeditor arbeiten wollen, können Sie ihn auch dauerhaft über *Bearbeiten / Einstellungen* in der Kategorie *Dateitypen / Editoren* einbinden. Der so eingebundene Editor wird Ihnen dann unter der Funktion *Öffnen mit* entsprechend angeboten.

```
cool.htm - Editor
Datei  Bearbeiten  Suchen  ?

<html>
<!-- #BeginTemplate "/Templates/inhaltsseite.dwt" -->
<head>
<!-- #BeginEditable "doctitle" -->
<title>Kids in D&uuml;sseldorf</title>
<!-- #EndEditable -->
<meta http-equiv="Content-Type" content="text/html;
charset=iso-8859-1">


</head>
<body bgcolor="#FFFFCC" text="#000099" link="#0000EE" vlink="#800080"
background="grafiken/smilie.gif">
<!-- #BeginEditable "Kids" -->
```

Abb. 6.25: Derselbe Quelltext-Ausschnitt wie im Codeinspektor

Analog zum Codeinspektor und zur Codeansicht sehen Sie auch im Windows-Texteditor denselben Quelltext einschließlich der Kommentare für die nicht editierbaren Bereiche.

Hier können Sie jedoch gleich die Änderungen vornehmen, die mit dem Codeinspektor und in der Codeansicht nicht übernommen worden wären.

Setzen Sie den Cursor, wie aus der nachstehenden Abbildung ersichtlich, in das Dokumentfenster des Texteditors und schreiben Sie den Listing-Auszug entsprechend ab.

Erweitern Sie auch den Body-Tag um das Attribut `onLoad="ticker()"` (siehe Abbildung 6.26).

Wenn Sie die Texteingabe abgeschlossen haben, schließen Sie das Fenster *Editor*. Sie werden daraufhin gefragt, ob Sie die vorgenommenen Änderungen speichern wollen (siehe Abbildung 6.27). Selbstverständlich!

Danach macht Dreamweaver auf die Modifizierung der Seite aufmerksam und fragt, ob die Datei neu geladen werden soll (siehe Abbildung 6.28). Na klar!

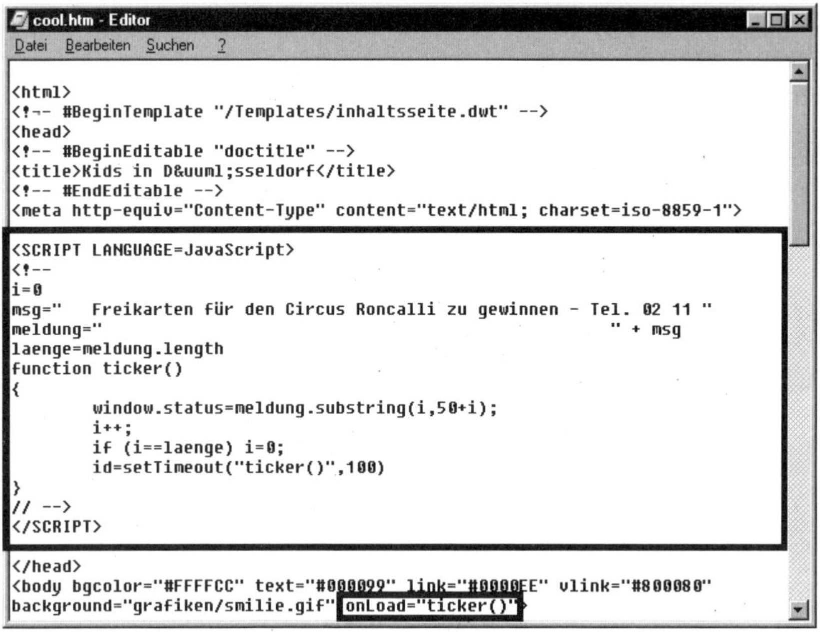

Abb. 6.26: Den Quelltext ergänzen

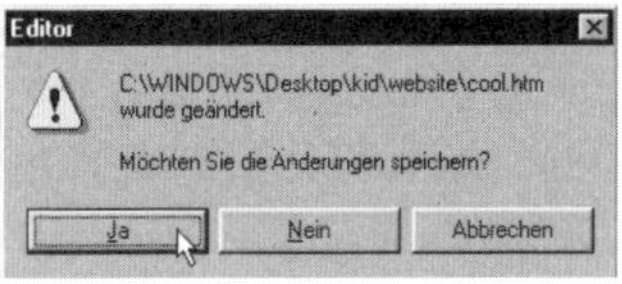

Abb. 6.27: Änderungen des Texteditors speichern

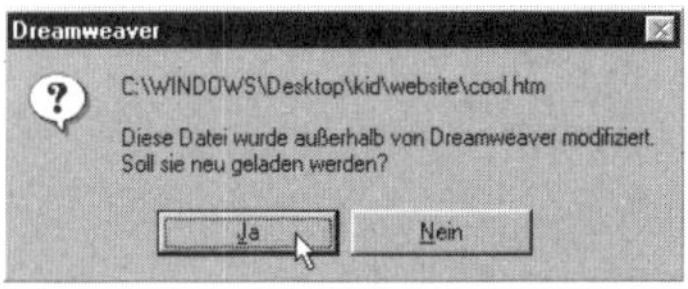

Abb. 6.28: Die Änderungen in Dreamweaver neu laden

Starten Sie die Browser-Vorschau und genießen Sie trotz allem den verpönten Lauftext. Herzlichen Glückwunsch!

Abb. 6.29: Die Freikarten sind schnell vergriffen!

HINWEIS

Wie Sie wissen, haben Sie das Script in den nicht editierbaren Bereich geschrieben. Sie haben soeben erfahren, dass dies mit Hilfe des Windows-Texteditors trotzdem funktioniert hat. Jetzt kommt der Wermutstropfen: Sobald Sie die Vorlage und alle auf der Vorlage basierenden Dokumente ändern, wird das Script vollständig entfernt!

Dagegen hat Dreamweaver jedoch ein Kraut wachsen lassen: Sie können das Dokument von der Vorlage lösen. Nachteil ist jedoch, dass das Dokument anschließend nicht mehr angepasst wird, wenn Sie die zugrunde liegende Vorlage aktualisieren.

Um ein Dokument von der Vorlage zu lösen,

- öffnen Sie das betreffende Dokument und
- wählen den Menübefehl *Modifizieren / Vorlagen / Von Vorlage lösen*.

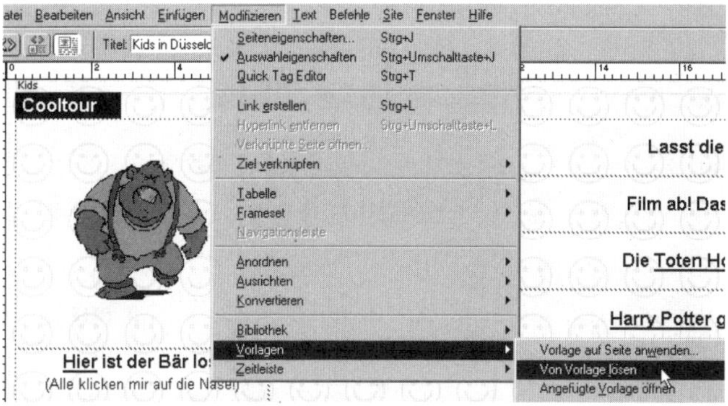

Abb. 6.30: Die Bärenseite von der Vorlage lösen

Danach ist die Seite von der Vorlage abgekoppelt und alle Bereiche sind editierbar.

6.2 Zusammenfassung, Fragen und Übungen

Zusammenfassung

- Sie haben erfahren, dass bei einer animierten GIF-Datei, kurz: animated GIF, mehrere Bilder in einem Stapel übereinander liegen. Der Browser arbeitet bei der Anzeige den Stapel ab, indem er die verschiedenen Einzelbilder in schnellem Wechsel hintereinander zeigt.
- Sie kennen bereits folgende Hyperlink-Typen:
  - Interne Hyperlinks. Mit ihnen werden Dokumente innerhalb derselben Website verknüpft.
  - Externe Hyperlinks. Sie ermöglichen Verknüpfungen zu Dokumenten außerhalb der lokalen Website.

Zusammenfassung

- E-Mail-Verknüpfungen, die das Mail-Modul starten.
- Hyperlinks zu benannten Ankern, um beispielsweise schnell vom Ende eines langen Dokuments an den Anfang springen zu können.

- Bei einer Imagemap handelt es sich um eine Grafik, der ein bestimmter, abgegrenzter Bereich (*Hotspot*) als Hyperlink zugewiesen wurde. Dabei ist es auch möglich, ausgewählten Bereichen einer Grafik unterschiedliche Hyperlinks zuzuweisen.
- Zur Ansicht und zur Bearbeitung des Quelltextes bietet Dreamweaver zwei Möglichkeiten an:
  - Die Bearbeitung mit dem internen Codeinspektor bzw. der Codeansicht oder mit
  - einem externen Editor, der in das Programm Dreamweaver eingebunden werden kann.

Fragen und Übungen

1. Laden Sie eine Grafik Ihrer Wahl aus dem World Wide Web auf Ihren Rechner herunter!
2. Stellen Sie aus der heruntergeladenen Grafik eine Imagemap her, der zwei Bereiche mit unterschiedlichen Hyperlinks zugewiesen werden!
3. Erstellen Sie auf der Cooltour-Seite frei nach Wahl einen weiteren externen Hyperlink! Stellen Sie dabei sicher, dass die verknüpfte Adresse in einem neuen Browser-Fenster angezeigt wird.
4. Ändern Sie den Lauftext für die Browser-Statuszeile wie folgt ab: `Keine weiteren Freikarten mehr zu gewinnen!`

Feedback-Formular

7 Feedback-Formular

Neben der Tatsache, dass im Web unzählige Web-Seiten durch Hyperlinks miteinander verknüpft sind, ist die zweite Besonderheit des Internets die Möglichkeit zur Interaktivität. Bieten Sie den Besuchern Ihrer Seiten, wenn immer es sinnvoll erscheint, die Möglichkeit, in Kontakt mit Ihnen zu treten. Das setzt natürlich voraus, dass Sie auch in der Lage sind, auf die Anfragen zu reagieren.

Eine Möglichkeit, die Verbindung zwischen Ihnen und Ihren Besuchern herzustellen, ist die Bereitstellung eines Kontaktformulars, dessen Inhalte dann letztlich in Ihrem E-Mail-Posteingang landen.

Ein Formular bietet folgende Vorteile:

- Durch die standardisierte Form wird dem Besucher die Kontaktaufnahme erleichtert. Die Handhabung ist sehr einfach: Man muss nur die Felder ausfüllen und auf *Abschicken* klicken. Kein Mail-Programm muss erst einmal gestartet werden und stört so den Surf-Fluss. Außerdem kann man bestimmte Inhalte in Listen zur Auswahl anbieten.
- Der Anbieter kann die Anfragen und Hinweise seiner Besucher steuern. Durch den einheitlichen Aufbau aller Anfragen sind diese recht übersichtlich und lassen sich gegebenenfalls sogar automatisiert auswerten. Außerdem ist die Wahrscheinlichkeit größer als bei einer frei formulierten E-Mail, dass er alle Informationen erhält, die er benötigt. Dies erreicht man insbesondere dann, wenn man die Eingabefelder mit Plausibilitätsprüfungen auf richtige und vollständige Eingabe versieht.

Sie werden ein Formular erstellen, das dem Besucher die Möglichkeit bietet, ein kurzes Feedback zu Ihrer Seite zu übermitteln. Sie werden sehen, wie man die Eingaben so umleitet, dass sie an eine beliebige Mail-

Adresse verschickt werden. Damit Sie auch alle wichtigen Informationen erhalten, werden Sie einzelne Felder mit einer Eingabepflicht versehen.

So soll das Formular aussehen:

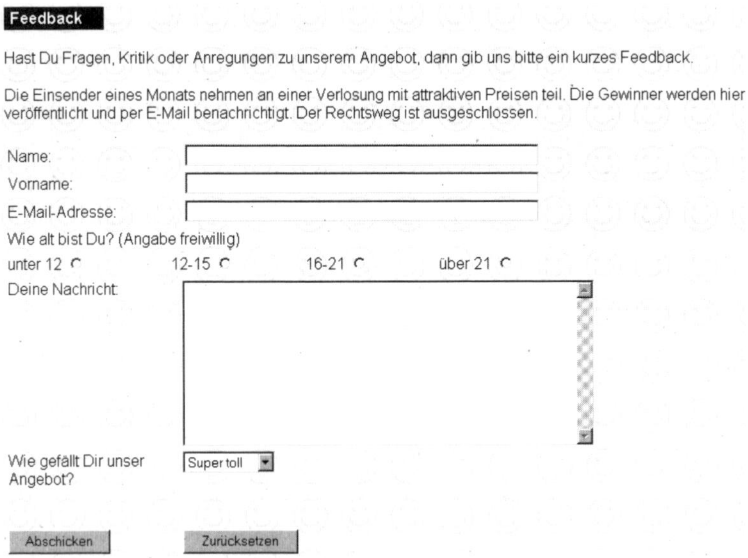

Abb. 7.1: Ein einfaches Kontaktformular

7.1 Formular erstellen

Wieder muss die Vorlage für die Inhaltsseite herhalten. Das ist mittlerweile eine Ihrer leichtesten Übungen.

Vorlage benutzen

Rufen Sie die Funktion *Datei / Neu von Vorlage* auf. Wählen Sie die Vorlage *inhaltsseite* aus. Ändern Sie den Text, der die Seite bezeichnet, von `Home` nach `Feedback`.

Abb. 7.2: Anderer Text

Klicken Sie in den Freiraum unterhalb der Tabelle und geben Sie den nachfolgenden Text ein, markieren Sie ihn und verpassen Sie ihm die Schriftart *Arial* mit den bekannten Ersatzschriften.

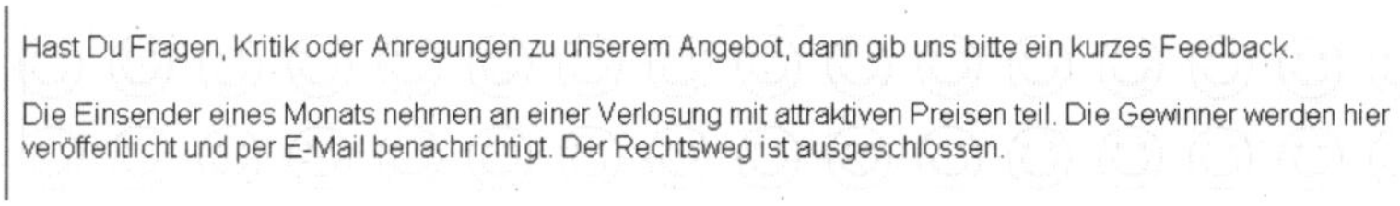

Abb. 7.3: Wenn Sie etwas haben wollen, müssen Sie auch etwas geben

Formular einfügen

Fügen Sie über die [↵]-Taste nach dem Text einen neuen Absatz ein. Wechseln Sie dann auf der Objektpalette in die Kategorie *Formulare*.

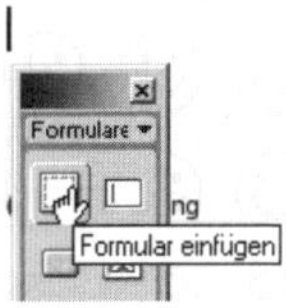

Abb. 7.4: Ein neues Formular

Die erste Schaltfläche auf der Palette erzeugt ein neues Formular. Klicken Sie sie an. Eine rote, gestrichelte Linie wird im Dokumentfenster angezeigt. Alle Elemente, die von ihr umschlossen werden, gehören zum Formular. Diese Festlegung des Formularbereichs ist deswegen erforderlich, weil man auf einer Web-Seite auch mehrere Formulare einfügen kann.

HINWEIS

Ist die rote Linie nicht zu sehen, liegt das wahrscheinlich daran, dass die *Unsichtbaren Elemente* über das Menü *Ansicht / Visuelle Hilfsmittel* ausgeblendet sind. Rufen Sie die Funktion einfach erneut auf, um diese Elemente einzublenden.

Im Eigenschafteninspektor geben Sie dem Formular zuerst einmal den Namen `feedback`.

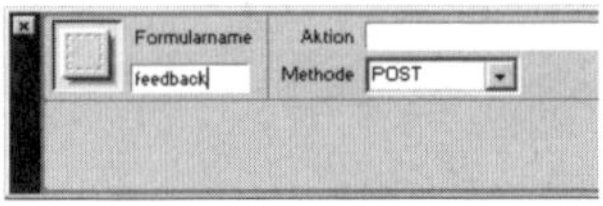

Abb. 7.5: Ein schöner Name

Auf das Feld *Aktion* werden Sie später noch stoßen. Speichern Sie die Web-Seite im Stammordner Ihrer Site unter dem Namen *feedback.htm* ab.

7.2 Formularobjekte hinzufügen

Nach der Erstellung ist das Formular erst einmal leer. Fügen Sie im ersten Schritt eine Tabelle ein, in die Sie die Elemente des Formulars hineinpacken.

Tabelle als Formulargerüst

Wählen Sie in der Objektpalette dazu wieder die Kategorie *Allgemein* aus, und klicken Sie auf das Symbol *Tabelle einfügen*. Die Angaben zu Dimension und Breite können Sie der nachfolgenden Abbildung entnehmen.

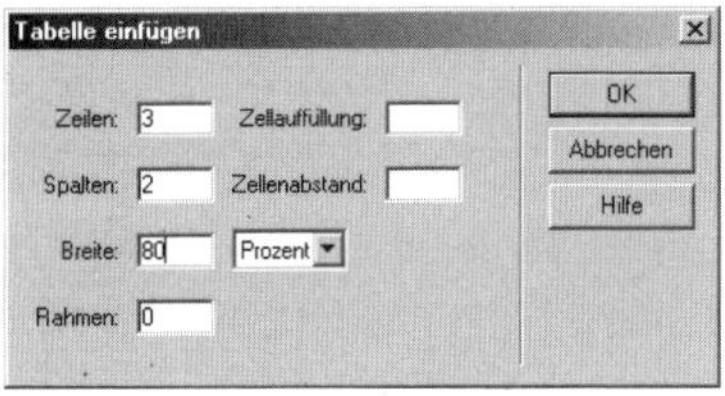

Abb. 7.6: Angaben zur Tabelle

Die erste Spalte könnte schon etwas schmaler sein. Bewegen Sie den Mauszeiger knapp über diese Spalte. Sobald sich der Mauszeiger in einen schwarzen, nach unten gerichteten Pfeil verwandelt, sollten Sie klicken, um die Spalte zu markieren. Geben Sie im Eigenschafteninspektor bei *B* einen Wert von `30%` ein.

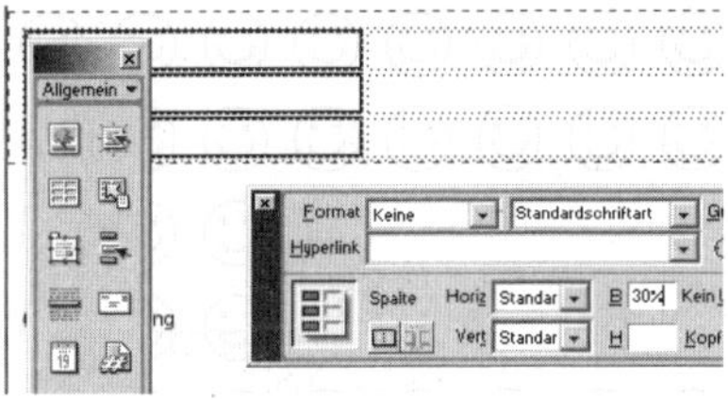

Abb. 7.7: Jetzt ist die Spalte schlanker

Geben Sie in die Felder der ersten Spalte untereinander folgende Texte ein:

- `Name:`
- `Vorname:`
- `E-Mail-Adresse:`

Klicken Sie das Wort `Name` doppelt an, um es zu markieren, und weisen Sie als Schriftart *Arial* zu. Auch die beiden anderen Texte sollen in dieser Schriftart ihr weiteres Dasein fristen. Hier verwenden Sie aber eine besondere Funktion. Markieren Sie nacheinander die Texte und drücken Sie jeweils die Tastenkombination [Strg] + [Y]. Wie von Zauberhand wird der Text ebenfalls »arialisiert«. Sie haben nämlich den Befehl *Bearbeiten / Wiederholen* aufgerufen und, wie es dieser Befehl verspricht, wird der jeweils letzte Arbeitsschritt wiederholt. Da ich ein bequemer Mensch bin, verwende ich diese Funktion sehr häufig.

Einzeiliges Textfeld

Jetzt werden Sie Eingabefelder in das Formular einfügen. Wählen Sie auf der Objektpalette wieder die Kategorie *Formulare* aus. Stellen Sie den Cursor in die erste Tabellenzelle der zweiten Spalte. Ein so genanntes Textfeld wird über die gleichnamige Schaltfläche eingefügt.

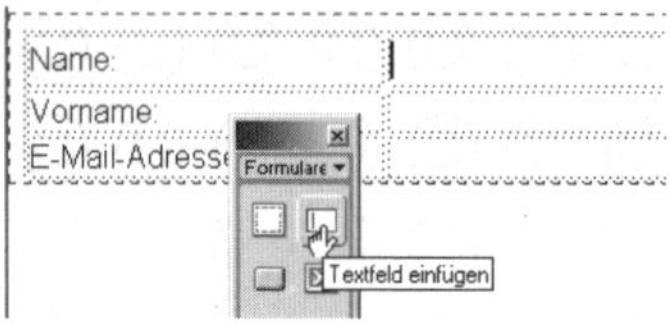

Abb. 7.8: Textfeld einfügen

Solange das Textfeld markiert ist (gestrichelter Rahmen wird angezeigt), können die Vorgaben über den Eigenschafteninspektor verändert werden.

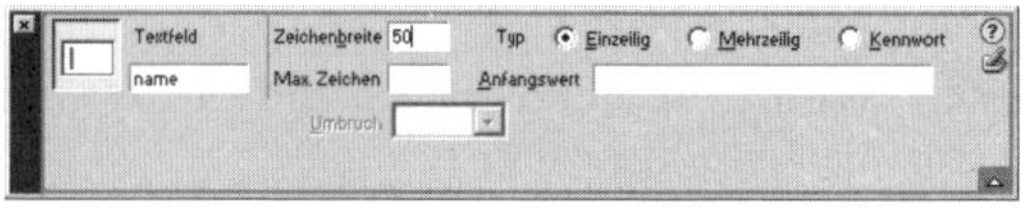

Abb. 7.9: Einstellungen für das Textfeld

- Ganz links geben Sie den Namen des Feldes an. Der Name sollte keine Umlaute, Leerzeichen oder Sonderzeichen enthalten und nicht zu lang sein. Geben Sie als Namen für das erste Textfeld `name` ein.
- Legen Sie die Breite des Textfeldes bei *Zeichenbreite* auf `50` fest.
- Standardmäßig kann der Benutzer des Formulars so viel Text in das Feld eingeben, wie er möchte. Bei *Max. Zeichen* könnten Sie seine Eingabelust durch Beschränkung auf die dort eingegebene Anzahl von Zeichen zügeln. Machen Sie aber nicht.

Klicken Sie jetzt in die beiden Tabellenzellen darunter und legen Sie die entsprechenden Textfelder mit den Namen `vorname` und `email` an. Auch diese beiden Felder sollen jeweils 50 Zeichen breit sein.

Optionsschalter

Für die Abfrage des Alters fügen Sie eine neue Tabelle hinter die erste ein.

> **HINWEIS**
> Da manche Browser den Inhalt einer Tabelle immer erst anzeigen, wenn er komplett geladen ist, macht es durchaus Sinn, anstatt einer großen Tabelle mehrere aufeinander folgende kleine Tabellen zu verwenden.

Neue Tabelle erstellen

So gehen Sie vor:

- Klicken Sie rechts neben die bereits eingefügte Tabelle.
- Wählen Sie in der Objektpalette die Kategorie *Allgemein* aus.
- Erstellen Sie eine neue Tabelle mit einer Spalte und zwei Zeilen. Die Tabelle soll ebenfalls 80% der zur Verfügung stehenden Breite in Anspruch nehmen.
- Geben Sie in die erste Zeile der neuen Tabelle den Text `Wie alt bist Du? (Angabe freiwillig)` ein. Markieren Sie den Text und ändern Sie die Schrift nach *Arial*.

Tabellenzelle teilen

Die untere Zeile soll in vier Spalten aufgeteilt werden. Klicken Sie mit der rechten Maustaste in die untere Zeile. Rufen Sie dann im Kontextmenü die Funktion *Tabelle / Zelle teilen* aus.

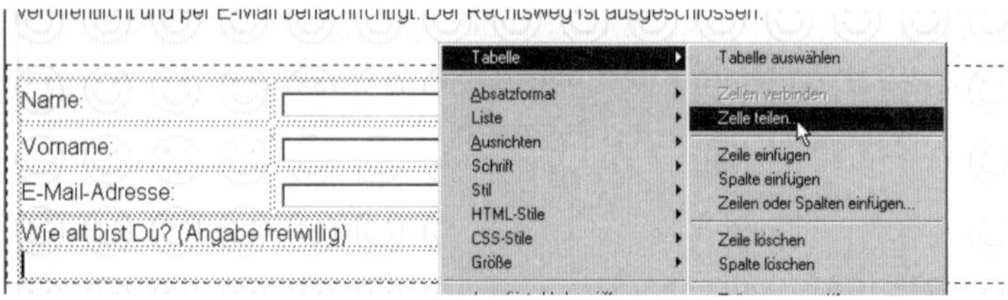

Abb. 7.10: Das Arbeiten mit dem Kontextmenü bietet sich bei Tabellen an

Nehmen Sie die folgenden Einstellungen vor:

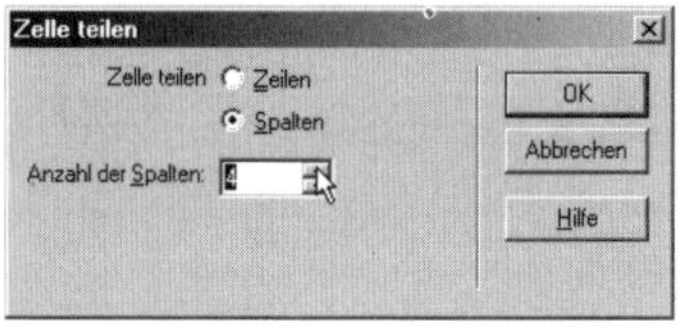

Abb. 7.11: Teilen in vier Spalten

Über *OK* wird die Zelle in vier gleich große Spalten aufgeteilt. Geben Sie in die nebeneinander liegenden Zellen folgende Texte ein:

- `unter 12`
- `12-15`
- `16-21`
- `über 21`

Auch diese Texte sollen in *Arial* formatiert werden. Wenn Sie bisher etwas gelernt haben, dann ist es wohl das ;-).

Optionsschalter einfügen

Schalten Sie jetzt die Objektpalette wieder auf die Kategorie *Formulare* um. Die Optionsschalter (unter Windows auch Radiobuttons genannt) erlauben eine Alternativauswahl zwischen mehreren Optionen. Fügen Sie hinter die Texte für die Altersgruppen, jeweils durch ein Leerzeichen getrennt, Optionsschalter ein, indem Sie die entsprechende Schaltfläche in der Objektpalette anklicken.

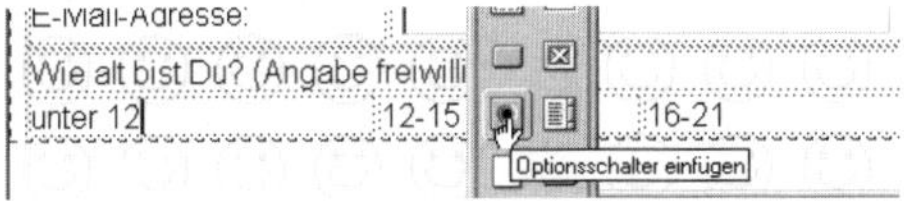

Abb. 7.12: Vier Optionsschalter werden eingefügt

Über den Eigenschafteninspektor nehmen Sie dann den Feinschliff vor.

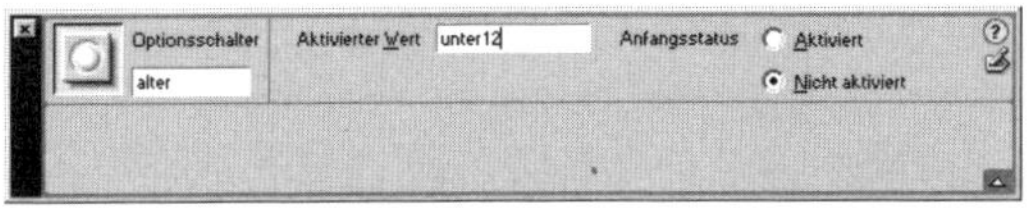

Abb. 7.13: Einstellungen für einen Optionsschalter

- Unter *Optionsschalter* geben Sie den Namen `alter` ein. Alle vier Schalter müssen hier denselben Namen erhalten, damit sie als eine Gruppe erkannt werden. Auf diese Weise ist sichergestellt, dass vom Benutzer zu einem Zeitpunkt immer nur ein Schalter der Gruppe aktiviert werden kann. Es können beliebige andere Gruppen von Optionsschaltern auf der gleichen Web-Seite untergebracht werden. Sie müssen dann nur einen anderen Namen für die jeweilige Gruppe verwenden.
- Bei *Aktivierter Wert* geben Sie für jeden Optionsschalter einen anderen Text ein. Wenn das Formular abgeschickt wird, wird der Wert des zu diesem Zeitpunkt aktivierten Schalters mit übertragen. Geben Sie als Werte bei den vier Optionsschaltern `unter12`, `12-15`, `16-21` und `ueber21` ein. Die Werte haben Sie bewusst aussagekräftig gewählt. Verwenden Sie bei der Festlegung der Werte keine Umlaute oder andere länderspezifische Zeichen.
- Bei *Anfangsstatus* können Sie angeben, dass der Optionsschalter beim Aufruf des Formulars bereits aktiviert ist. Innerhalb einer Grup-

pe sollten Sie die Aktivierung natürlich nur bei einem Schalter vornehmen.

So sollte Ihr Formular jetzt aussehen:

Abb. 7.14: Es wird doch schon

Mehrzeiliges Textfeld

Geben Sie dem Kontaktwilligen jetzt noch die Möglichkeit, Nachrichtentext einzugeben. Das Eingabefeld soll eine größere Menge Text über mehrere Zeilen zulassen.

Klicken Sie wieder rechts neben die letzte Tabelle. Schalten Sie die Objektpalette auf *Allgemein* um, und erstellen Sie eine neue Tabelle mit den Werten: 1 Zeile, 2 Spalten und 80% Breite.

Stellen Sie wie oben beschrieben die erste Spalte über den Eigenschafteninspektor auf eine Breite von 30% ein.

Geben Sie in die erste Spalte der neuen Tabelle den Text `Deine Nachricht:` ein und formatieren Sie ihn in der Schrift, deren Namen ich an dieser Stelle schon gar nicht mehr auszuschreiben wage.

Stellen Sie den Cursor in die zweite Spalte der Tabelle. Wechseln Sie in der Objektpalette zur Kategorie *Formulare* und fügen Sie ein Textfeld ein. Im Eigenschafteninspektor passen Sie das Feld jetzt an Ihre Bedürfnisse an.

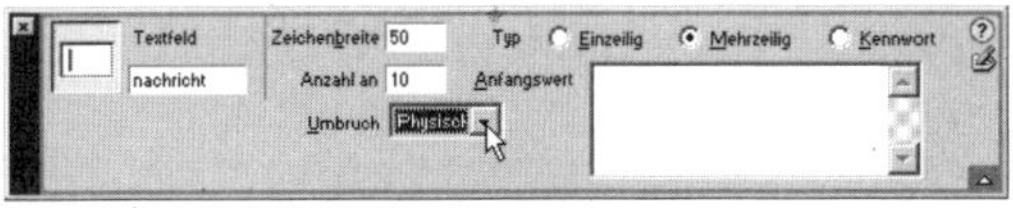

Abb. 7.15: Ein mehrzeiliges Textfeld

- Unter *Textfeld* geben Sie den Namen `nachricht` für das Feld ein.
- Wählen Sie bei *Typ* die Option *Mehrzeilig*.
- Stellen Sie die *Zeichenbreite* des Textfeldes auf `50` ein.
- Bei *Anzahl an* (hätte wohl „Anzahl an Zeilen" heißen sollen) geben Sie die Höhe des Textfeldes mit `10` Zeilen an.
- In der Liste für den *Umbruch* entscheiden Sie sich für den Eintrag *Physisch*. Über diese Einstellung legen Sie fest, wie der Text bei der Eingabe in das Textfeld umbrochen und beim Abschicken übertragen werden soll.
  - Nach Auswahl von *Aus* kann man so viel Text in das Feld eingeben, wie man möchte, die Eingabe wird so lange in der ersten Zeile fortgesetzt, bis der Eingebende die [↵]-Taste betätigt. Es gibt also keinen automatischen Zeilenumbruch.
  - Die Einstellung *Standard* überlässt dem Browser die Entscheidung, wie er es haben möchte. Der Internet Explorer bricht standardmäßig um, der Netscape Navigator denkt gar nicht daran.
  - Bei *Virtuell* brechen die Browser den Text bei der Eingabe in das Textfeld auf dem Bildschirm zwar automatisch um, die Zeilenumbrüche werden beim Abschicken der Formulardaten jedoch nicht mit übertragen.
  - *Physisch* sorgt dafür, dass bei der Eingabe automatisch umbrochen wird und die Zeilenumbrüche auch beim Empfänger der Formulardaten ankommen. In allen vier Fällen kann der Benutzer des Formulars aber immer über die [↵]-Taste einen festen Zeilenumbruch einfügen.

- Bei *Anfangswert* könnte man das Textfeld mit einem beliebigen Text vorbelegen.

Standardmäßig wird der Inhalt von Tabellenzellen zwischen dem oberen und unteren Rand zentriert. Bei `Deine Nachricht:` sieht das aber nicht so toll aus. Klicken Sie daher in die Tabellenzelle und stellen Sie im Eigenschafteninspektor die Ausrichtung bei *Vert* auf *Oben* ein.

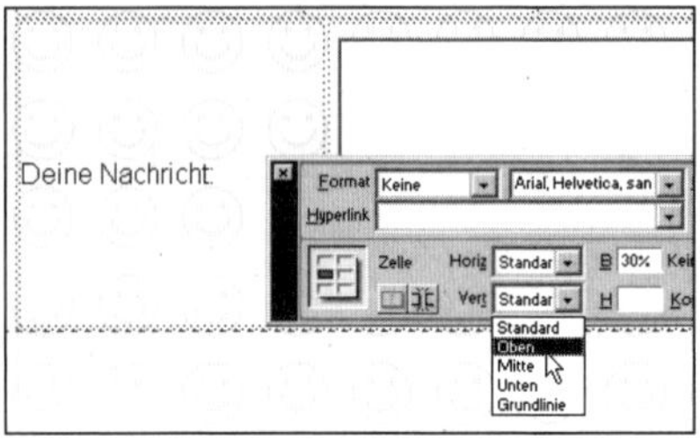

Abb. 7.16: Das Auge guckt mit

Auswahlliste

Für Kritik sind Sie jederzeit offen. Daher sollen Ihre Besucher das Angebot ruhig schonungslos beurteilen können. Die Bewertungskategorien wollen Sie in einer Liste vorgeben.

Tabellenzellen anhängen

Sie benötigen dazu noch zwei weitere Reihen, die Sie an die dritte Tabelle anhängen werden. Hier gibt es zwei Möglichkeiten:

- Klicken Sie in die letzte Zelle der Tabelle und drücken Sie mehrmals die [⇆]-Taste oder
- klicken Sie mit der rechten Maustaste in die letzte Zeile der Tabelle (nicht auf ein Objekt) und wählen Sie aus dem Kontextmenü den Eintrag *Tabelle / Zeilen oder Spalten einfügen* aus. Nehmen Sie dann folgende Einstellungen vor, bevor Sie das Fenster mit *OK* schließen.

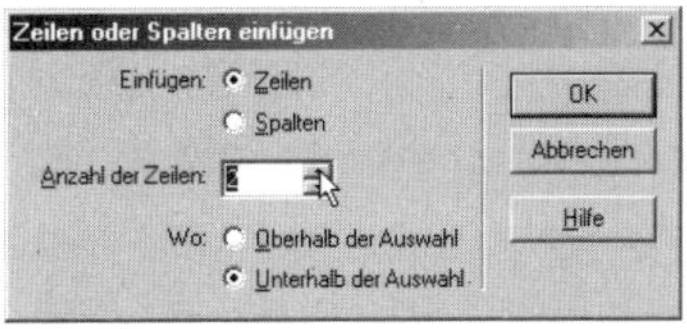

Abb. 7.17: Zwei Zeilen unterhalb der letzten Zeile einfügen

Geben Sie in die erste Zelle des neuen Bereichs den Text `Wie gefällt Dir unser Angebot?` ein. Da war doch noch was mit der Schrift ...

Liste einfügen

Positionieren Sie den Cursor in die zweite Spalte. Über den Eigenschafteninspektor stellen Sie die vertikale Ausrichtung bei *Vert* auf *Oben* ein. Fügen Sie ein Listenfeld über die entsprechende Schaltfläche in der Objektpalette ein.

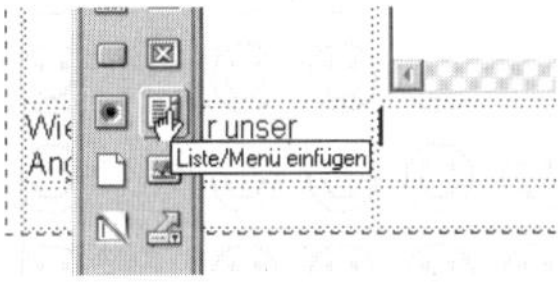

Abb. 7.18: Schaltfläche zum Einfügen einer Liste

Geben Sie der Liste über den Eigenschafteninspektor den Namen `bewertung`, und belassen Sie es bei der Auswahl von *Menü* bei der Option *Typ*. In diesem Fall wird die Liste als so genannte Popup-Liste erstellt (aufklappbar).

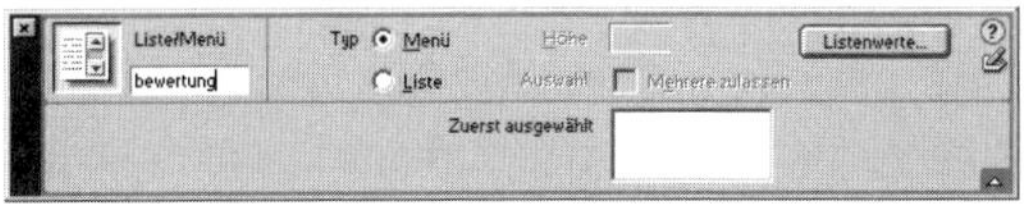

Abb. 7.19: Eigenschaften

HINWEIS

Bei Auswahl von *Liste* können Sie zusätzlich die Höhe der Liste (Anzahl der Einträge) angeben und die Auswahl mehrerer Einträge zulassen. Bei einer Angabe für die *Höhe* von mehr als 1 klappt die Liste nicht mehr auf; sie kann dann mit einem Rollbalken bedient werden.

Eingabe der Listenwerte

Klicken Sie auf die Schaltfläche *Listenwerte*, um die Einträge für die Liste einzugeben.

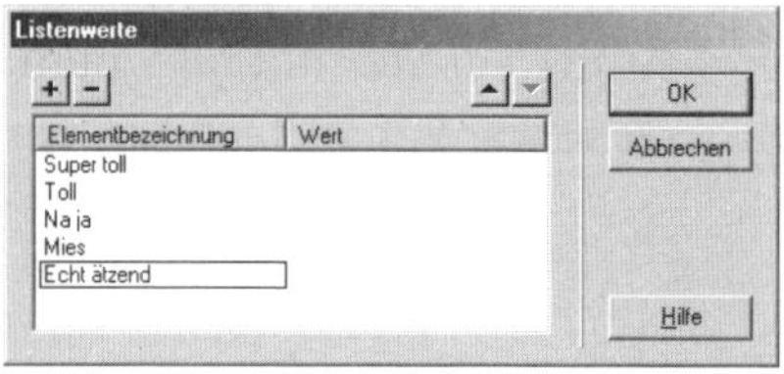

Abb. 7.20: Geben Sie die oben stehenden Texte ein

Für einen neuen Eintrag in der Liste müssen Sie jeweils auf das Pluszeichen klicken und die *Elementbezeichnung* eingeben. Mit der Minustaste löschen Sie den aktuell ausgewählten Eintrag. Über die Pfeiltasten oberhalb der Liste können Sie die Position des gerade ausgewählten Eintrags innerhalb der Reihenfolge ändern.

Beim Abschicken des Formulars wird die Elementbezeichnung des zu diesem Zeitpunkt ausgewählten Eintrags versandt.

HINWEIS

Haben Sie bei jedem Eintrag zusätzlich einen Wert angegeben, so wird dieser übertragen. Das ist immer dann sinnvoll, wenn die Daten von einem auf dem Server liegenden Programm weiterverarbeitet werden sollen und das Programm z.B. Zahlenwerte als Eingabe erwartet.

Über *OK* schließen Sie die Eingabe der Listenwerte ab. Bei *Zuerst ausgewählt* können Sie jetzt noch den Eintrag der Liste anklicken, der beim Start des Formulars zuerst angezeigt werden soll. Natürlich markieren Sie den Eintrag `Super toll`, um den Surfern die Wahl leichter zu machen.

Formular-Schaltflächen

Die Eingabefelder und die Liste sind fertig. Jetzt benötigen Sie noch eine Schaltfläche, über die die eingegebenen Daten an den Server abgeschickt werden können. Erzeugen Sie einen Abstand, indem Sie hinter `Wie gefällt Dir unser Angebot?` mit der [↵]-Taste einen Absatz einfügen.

Abschicken

Stellen Sie den Cursor in die erste Spalte der zweiten Tabellenzeile. Klicken Sie dann auf das Symbol *Schaltfläche einfügen* in der Objektpalette.

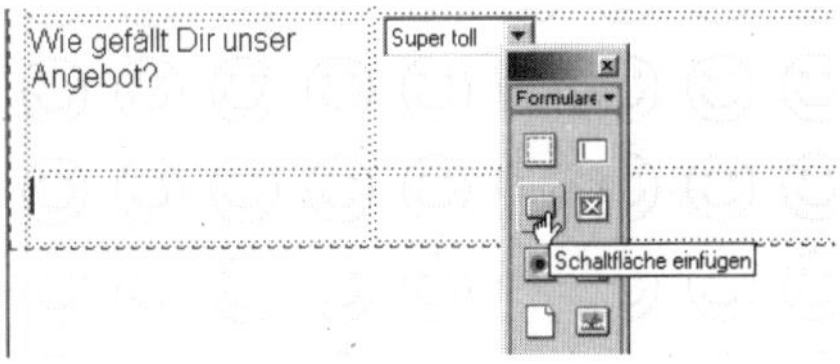

Abb. 7.21: Schaltfläche einfügen

Im Eigenschafteninspektor können Sie die Einstellungen für die Schaltfläche vornehmen. Sie können aber auch die Vorgaben, die Dreamweaver hier anbietet, akzeptieren. Der Name und die *Beschriftung* der Schaltfläche sind z.B. bereits voreingestellt.

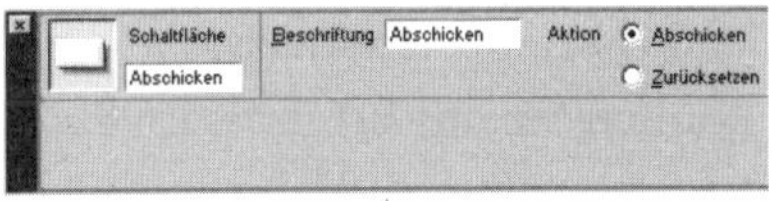

Abb. 7.22: Alles schon drin

Sie können die Angaben übernehmen oder auch jeden anderen beliebigen Text eingeben. Durch Auswahl von *Abschicken* bei *Aktion* wird festgelegt, dass diese Schaltfläche die Übertragung der Daten starten soll.

> **HINWEIS**
> Wenn Sie bei *Aktion* die Option *Keine* auswählen, müssen Sie die Schaltfläche auf andere Art mit einer Funktion belegen. Hier werden Sie noch die *Verhaltensweisen* kennen lernen.

Zurücksetzen

Auch wenn über den Sinn der Schaltfläche unter Experten kontrovers diskutiert wird, haben die meisten Formulare eine Taste, über die man die Eingabefelder auf den Ausgangswert zurücksetzen kann. Sie werden ebenfalls eine solche Taste in Ihr Formular einfügen.

Klicken Sie in die zweite Spalte der Tabelle. Fügen Sie dann über die Objektpalette erneut eine Schaltfläche ein. Wählen Sie im Eigenschafteninspektor bei *Aktion* die Option *Zurücksetzen* aus.

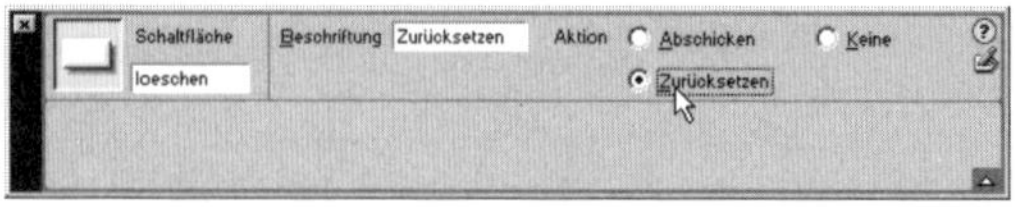

Abb. 7.23: Eigenschaften für Zurücksetzen

Die vorgegebene Beschriftung akzeptieren Sie. Beim Namen geben Sie jedoch `loeschen` ein.

Das fertige Formular

Die Gestaltung des Formulars ist abgeschlossen. Speichern Sie die Web-Seite mit [Strg] + [S] zwischen. Mit [F12] können Sie das Ergebnis im Standard-Browser betrachten.

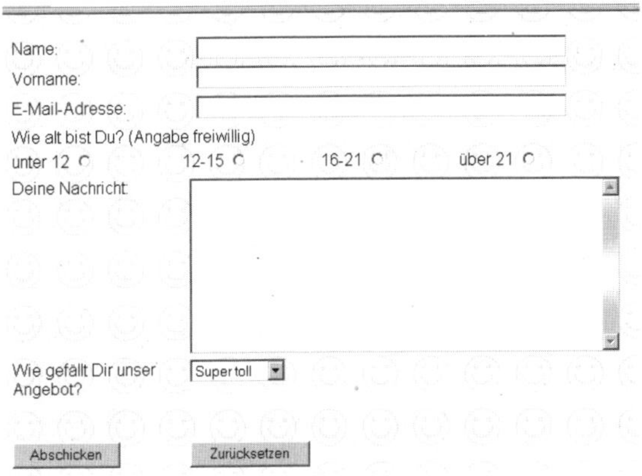

Abb. 7.24: Die Schnittstelle zu Ihren Besuchern

Die Feedback-Seite kann sich sehen lassen. Ruhen Sie sich aber noch nicht auf Ihren Lorbeeren aus. Das Formular wird Sie noch einige Seiten beschäftigen.

7.3 Formulareingaben überprüfen

Es ist immer wieder frustrierend: Man bekommt eine Anfrage über ein Formular zugeschickt und der Absender hat vergessen, den Namen oder die eigene E-Mail-Adresse einzugeben. Hier können Sie vorbeugen. Sie werden die Felder für den Namen und die E-Mail-Adresse so einrichten, dass sie ausgefüllt werden müssen. Außerdem werden Sie beim Feld *E-Mail-Adresse* Eingaben nur dann zulassen, wenn sie annähernd nach einer gültigen Adresse aussehen.

Was sind Verhalten?

Die Überprüfung der Benutzereingaben soll immer dann durchgeführt werden, wenn der Besucher auf die Schaltfläche *Abschicken* klickt. Man verwendet für diese Überprüfung *Verhalten*.

Ein *Verhalten* ist die Kombination aus einem Ereignis und einer Aktion. Das Ereignis kann das Überfahren eines Bildes mit der Maus sein oder auch das Abschicken eines Formulars. Die Aktion ist ein JavaScript-Programm, das bei Eintritt des Ereignisses ausgeführt wird. Mögliche Aktionen sind z.B. das Austauschen des Bildes beim Mausüberfahren oder in unserem Fall die Überprüfung des Inhalts eines Textfeldes.

HINWEIS

JavaScript ist eine Programmiersprache, deren Befehle unmittelbar in den Quelltext einer Web-Seite eingebunden werden können. Über die Sprache hat man Zugriff auf die Elemente der Seite (Grafiken, Formularobjekte etc.) und auf Funktionen des Browsers. Außerdem bietet diese Skriptsprache alle Merkmale einer herkömmlichen Programmiersprache, wie z.B. verschiedene Variablentypen, Bedingungen, Schleifen.

Fast alle Elemente einer Web-Seite verfügen über Ereignisse, denen Aktionen zugeordnet werden können. Weit verbreitete Ereignisse sind zum Beispiel das Anklicken (*onClick*), das Überfahren mit der Maus (*onMouseover*) oder das Verlassen eines Bereiches mit der Maus (*onMouseout*). Manche Elemente einer Seite haben sehr spezifische Ereignisse. Ein Formular verfügt z.B. über das Ereignis *Abschicken* (*onSubmit*). Ein Ereignis kann auch mehrere Aktionen auslösen.

HINWEIS

Für viele Aufgaben bietet Dreamweaver fertige Aktionen an. Sie können aber auch weitere Aktionen bei Macromedia oder anderen Anbietern aus dem Web herunterladen. Letztendlich haben Sie auch die Möglichkeit, JavaScript zu lernen und sich Ihre Aktionen selbst zu programmieren.

Wir werden uns darauf beschränken, die fertigen Lösungen anzuwenden, die Dreamweaver uns anbietet.

Formular beim Abschicken überprüfen

Das Ereignis *onSubmit* ist ein Ereignis des Formulars, das durch Anklicken der Schaltfläche *Abschicken* ausgelöst wird. Die benötigten Verhalten müssen also dem Formular zugeordnet werden.

Aktion festlegen

Markieren Sie das Formular, indem Sie auf die gestrichelte rote Begrenzung klicken, oder klicken Sie im Tag-Selektor am unteren Bildschirmrand auf den Befehl `<form>`.

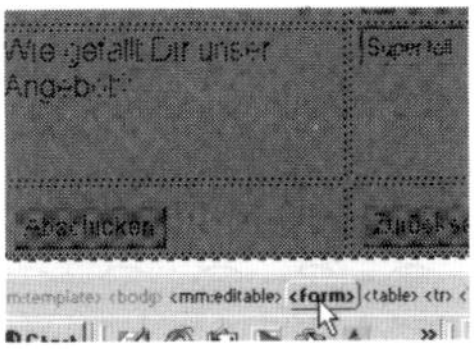

Abb. 7.25: Formular auswählen über den Tag-Selektor

> **HINWEIS**
>
> Der Tag-Selektor wird nur in der Entwurfsansicht angezeigt und enthält immer gerade die HTML-Befehle, die Auswirkungen auf die aktuelle Cursor-Position haben.

Wenn das Fenster *Verhalten* noch nicht geöffnet ist, müssen Sie jetzt im Launcher auf *Verhalten* klicken oder den Menüpunkt *Fenster / Verhalten* auswählen.

Abb. 7.26: Das Fenster *Verhalten* einblenden

Leider werden nicht alle bekannten Ereignisse von allen Browsern und Browser-Versionen unterstützt. Dreamweaver lässt Sie jetzt aber nicht im Stich, sondern bietet Ihnen die Möglichkeit, selbst zu entscheiden, mit welchen Browser-Versionen Ihre Lösung noch funktionieren soll. Klicken Sie auf das Pluszeichen am linken Rand des Fensters *Verhalten*. Öffnen Sie in dem aufklappenden Menü das Untermenü *Ereignisse zeigen für*.

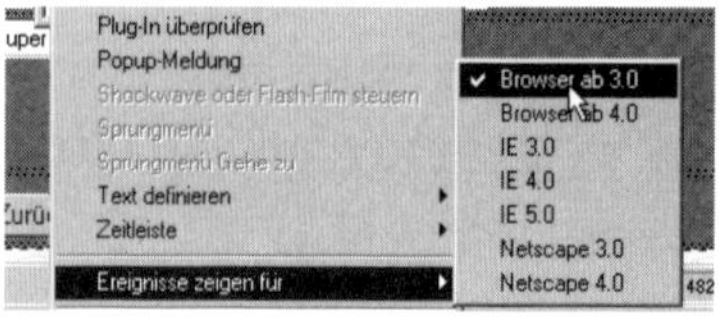

Abb. 7.27: Verhalten auf die Browserversionen abstimmen

Über die angezeigte Liste können die Verhalten auf bestimmte Browsertypen und -versionen abgestimmt werden. Belassen Sie es beim Eintrag *Browser ab 3.0*. Damit sprechen Sie den größtmöglichen Besucherkreis an. Sie sollten nicht ohne Not Benutzer spezieller Browser oder älterer Versionen von Funktionen Ihres Angebots ausschließen.

Klicken Sie jetzt noch einmal auf das Pluszeichen, um die gewünschte Aktion auszuwählen.

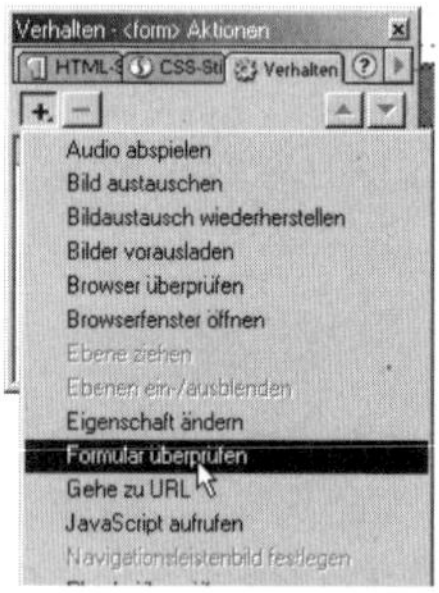

Abb. 7.28: Aktion *Formular überprüfen*

Da Sie die Formulareingaben überprüfen möchten, benötigen Sie die Aktion *Formular überprüfen*. Im folgenden Dialogfenster werden alle

Felder des aktuellen Formulars mit Namen aufgeführt. Für jedes Feld können Sie eine individuelle Überprüfung einstellen.

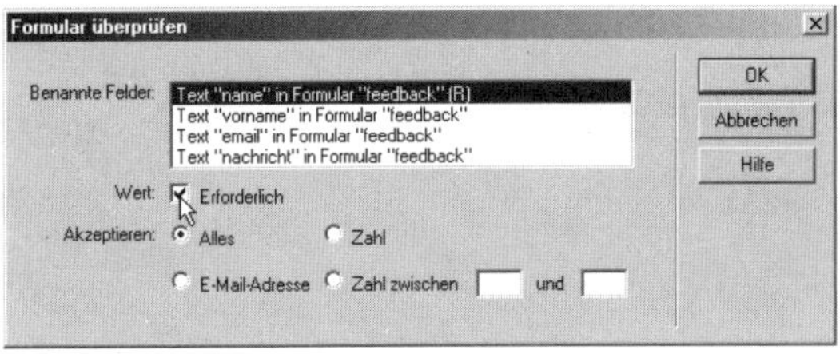

Abb. 7.29: Name soll erforderlich sein

Markieren Sie den Eintrag für das Feld *Name* und aktivieren Sie das Kästchen *Erforderlich*. Das Feld *Name* soll in jedem Fall ausgefüllt werden müssen.

Klicken Sie dann den Eintrag für das Feld *email* an. Hier aktivieren Sie nicht nur die Option *Erforderlich*, sondern Sie wählen auch aus, dass bei der Eingabe nur eine *E-Mail-Adresse* akzeptiert wird.

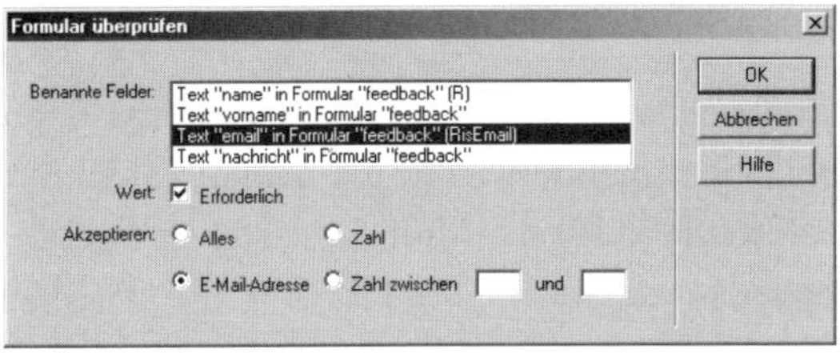

Abb. 7.30: Über *OK* wird das Verhalten eingefügt

Im Fenster *Verhalten* werden die Verhalten des gerade markierten Elementes der Web-Seite aufgelistet. Jedes Verhalten setzt sich aus einem Ereignis und einer Aktion zusammen (siehe Abbildung 7.31).

Durch Doppelklick auf den Eintrag in der Liste können Sie ein Verhalten bearbeiten, über die Minus-Taste können Sie es löschen.

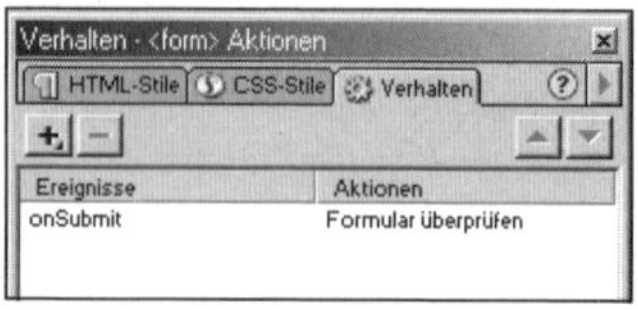

Abb. 7.31: Bei *onSubmit* wird das Formular überprüft

Verhalten testen

Speichern Sie die Seite mit Strg + S zwischen, und starten Sie den Browser über F12. Geben Sie in das Textfeld nichts ein, und schicken Sie das Formular ab.

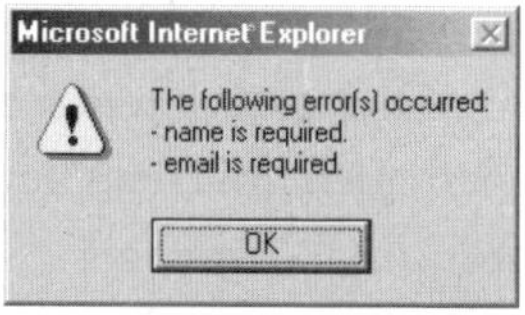

Abb. 7.32: Name und E-Mail-Adresse werden verlangt

Sehr schön. In korrektem Englisch wird darauf hingewiesen, dass noch Daten einzugeben sind. Geben Sie irgendetwas in die beiden Felder ein (beim zweiten Feld bitte noch keine gültige E-Mail-Adresse), und schikken Sie das Formular erneut ab.

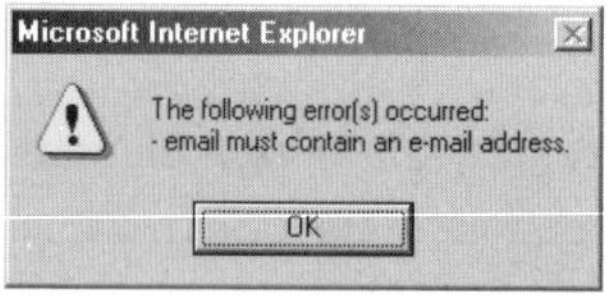

Abb. 7.33: Die Eingabe muss eine E-Mail-Adresse sein

Jetzt wird nach der Eingabe einer E-Mail-Adresse verlangt. So sollte es auch sein.

Meldungstexte anpassen

Wenn Sie lieber deutsche Meldungstexte verwenden möchten, müssen Sie in den Quellcode der Web-Seite einsteigen. Gehen Sie dabei sehr vorsichtig vor!

Schalten Sie in die Codeansicht um. Suchen Sie im Quelltext nach den Formulierungen der oben dargestellten Meldungen. Über den Rollbalken am rechten Rand können Sie im Text blättern. Sie können aber auch die Suchfunktion über *Bearbeiten / Suchen und ersetzen* verwenden.

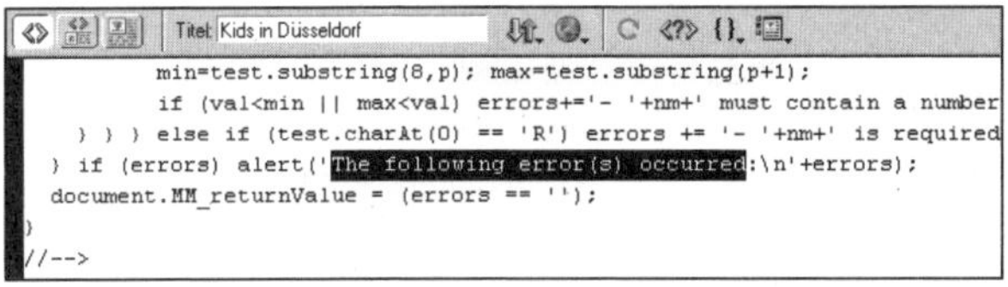

Abb. 7.34: Meldungstext gefunden

Tippen Sie für die englischen Texte sehr vorsichtig die deutsche Übersetzung ein. Beschädigen Sie dabei jedoch nicht den JavaScript-Programmcode.

HINWEIS

Ein Problem möchte ich Ihnen an dieser Stelle jedoch nicht verschweigen. Wenn Sie später einmal die Vorlage für die Inhaltsseiten ändern, werden Sie beim Speichern gefragt, ob alle verknüpften Dokumente aktualisiert werden sollen. Sobald Sie dies bestätigen, lädt Dreamweaver wieder die Original-Skripte in die Feedback-Seite. Auf diese Weise gehen die deutschen Übersetzungen verloren. Sie können das verhindern, wenn Sie die Web-Seite über *Modifizieren / Vorlagen / Von Vorlage lösen* von der Vorlage abkoppeln. Dies hat dann jedoch in jedem Fall den Nachteil, dass diese Seite bei grundlegenden Layoutänderungen einzeln angepasst werden muss.

Bei der Eingabe prüfen

Um die Vielzahl der in Dreamweaver enthaltenen Verhalten kennen zu lernen, hilft nur Ausprobieren. Bei unserem Formular hätte man z.B. auch anders vorgehen können. Es gibt ein Ereignis *onBlur*, das eintritt, wenn man ein Textfeld verlässt. Diesem Ereignis hätte man auch die Formularüberprüfung zuordnen können. Dazu hätte man das Textfeld markieren müssen. Die weiteren Schritte wären identisch mit der oben dargestellten Vorgehensweise gewesen.

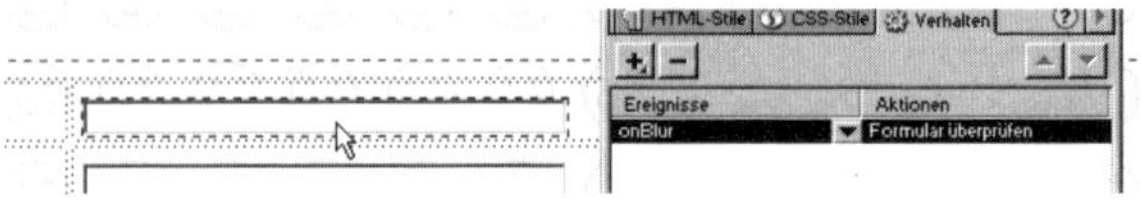

Abb. 7.35: Feldinhalt beim Verlassen des Feldes (onBlur) überprüfen

7.4 Formulareingaben als E-Mail weiterleiten

Sie haben jetzt das Feedback-Formular erstellt und dafür gesorgt, dass alle notwendigen Eingaben getätigt werden müssen. Klickt ein Besucher auf die Schaltfläche *Abschicken*, passiert aber noch nichts.

CGI – Common Gateway Interface

Es fehlt noch die Aktion, die die eingegebenen Daten zusammen mit dem Aufruf eines so genannten CGI-Programms an den Web-Server weiterleitet (siehe Abbildung 7.36).

CGI bedeutet ***C**ommon **G**ateway **I**nterface* und stellt eine Schnittstelle dar, über die ein Browser ein Programm auf einem Web-Server aufrufen kann. Über die gleiche Schnittstelle kann das Programm seine Ausgabe (in der Regel eine HTML-Datei) an den Browser zurückschicken.

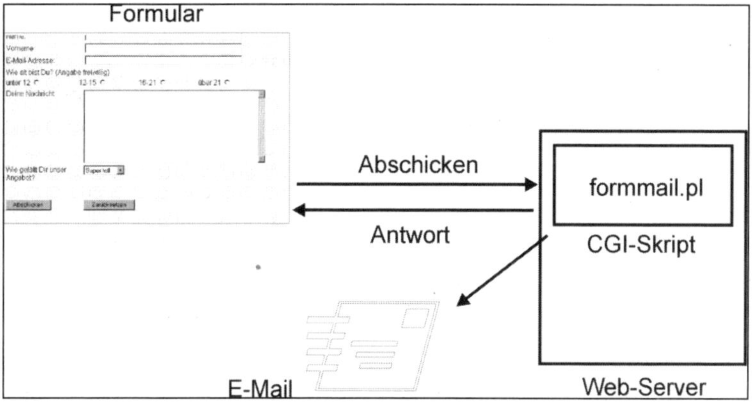

Abb. 7.36: Verarbeitung der Formulareingaben durch ein CGI-Programm

Beim Abschicken des Formulars werden die eingegebenen Daten als Parameter an den Aufruf des CGI-Programms angehängt. Das Programm auf dem Web-Server wird gestartet, verarbeitet die angehängten Daten und gibt die Ergebnisse oder auch einfach nur eine Bestätigung an den Browser zurück. Gleichzeitig kann das CGI-Programm z.B. auch ein weiteres Programm auf dem Server starten, das dann die Daten als E-Mail an einen angegebenen Empfänger weiterleitet.

Damit Sie die Formulardaten per E-Mail an eine Empfängeradresse weiterleiten können, müssen Sie also die Möglichkeit haben, auf einem Web-Server ein CGI-Programm so abzulegen, dass es ausgeführt werden kann. Hier gibt es folgende Alternativen:

- Große Internet Service Provider bieten ihren Kunden eine solche CGI-Unterstützung an (T-Online leider nicht und AOL nur eingeschränkt). Meist werden auch fertige CGI-Programme für die unterschiedlichsten Aufgaben zur Verfügung gestellt. In der Regel ist darunter dann auch ein Programm, mit dem man Formulareingaben als E-Mail weiterleiten kann.
- Im Web gibt es diverse Gratis-E-Mail-Dienste (z.B. *www.formmailer.com*), die Ihnen genau den Service anbieten, den Sie für die Weiterleitung der Formulardaten an Ihre E-Mail-Adresse benötigen.

- Sie können auch einen Provider suchen, der Ihnen uneingeschränkte CGI-Unterstützung mit E-Mail-Anbindung bietet. Dann müssen Sie nur noch in einer der vielen, oft kostenlosen Skriptsammlungen das für Sie geeignete Skript heraussuchen (z.B. das weitverbreitete FORMMAIL.PL). Oder Sie lernen als Nächstes Perl oder eine der anderen Programmiersprachen, mit denen man üblicherweise CGI-Programme erstellt, und schreiben sich Ihr Skript selbst.

Aktion eingeben

Bei allen drei Alternativen halten Sie am Ende den Pfad und den Dateinamen des aufzurufenden CGI-Programms in den Händen. Tragen Sie diese Informationen jetzt in das Aktionsfeld des Browsers ein. Klicken Sie dazu auf den roten Rahmen des Formulars. Es wird markiert. Bei *Aktion* im Eigenschafteninspektor geben Sie für den Aufruf des CGI-Programms z.B. `/cgi-bin/formmail.pl` ein. Das kostenlose Skript FORMMAIL.PL können Sie u.a. bei *www.scriptarchive.com* herunterladen. Das Skript ist sehr verbreitet. Geben Sie den Namen einfach mal in eine Suchmaschine ein. Sie werden sich wundern, wie viele Informationen dazu im Web zu finden sind.

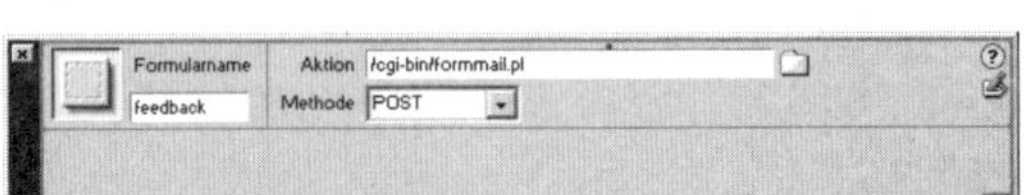

Abb. 7.37: Aktion eingeben

Bei *Methode* wählen Sie *POST* aus. Die Aktion wird ausgeführt, wenn ein Besucher auf die Schaltfläche *Abschicken* des Formulars klickt.

HINWEIS

Übrigens, das Skript wird nicht aufgerufen, wenn die Web-Seite von Ihrer Festplatte im Browser geöffnet wurde. Sie müssen die Seite über den Web-Server laden, damit das CGI-Programm in Aktion treten kann.

Versteckte Felder

Neben den Daten, die man in das bereits erstellte Formular eingeben kann, müssen in der Regel noch weitere Informationen an das CGI-Programm übergeben werden (z.B. die E-Mail-Adresse, an die die Eingaben verschickt werden sollen). Der Benutzer des Feedback-Formulars soll davon aber nichts mitbekommen. Daher werden diese Informationen üblicherweise in versteckten Formularfeldern abgelegt.

Klicken Sie vor das Wort `Name` zu Beginn Ihres Formulars. Fügen Sie über die Kategorie *Formulare* der Objektpalette ein *Verstecktes Feld* in das Formular ein.

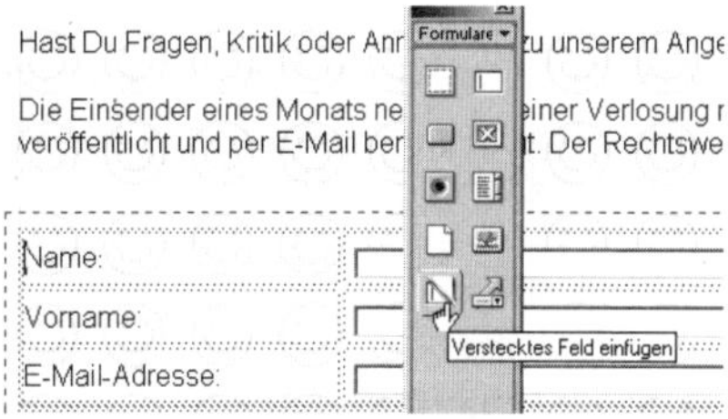

Abb. 7.38: Verstecktes Feld einfügen

Von Ihrem Provider erhalten Sie die Information, welche Angaben das CGI-Skript benötigt. Meist sind dies ganz bestimmte Feldnamen mit den dazu passenden Werten. So könnte z.B. die Angabe der Mail-Adresse aussehen:

Abb. 7.39: Empfängeradresse

Weitere denkbare Felder wären z.B. die Angabe des Betreffs für die zu versendende E-Mail (Name: `subject`, Wert: `Feedback`) und/oder die Angabe der Adresse einer Web-Seite, die als Bestätigungsmeldung angezeigt wird

(Name: `redirect`, Wert: `http://www.kids-in-duesseldorf.de/danke.htm`). Diese Seite muss dann natürlich noch erstellt werden.

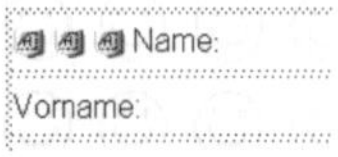

Abb. 7.40: Drei versteckte Felder

> **HINWEIS**
>
> Die versteckten Felder sind nur in Dreamweaver zu sehen. Der Browser wird sie nicht anzeigen.

Sie haben es geschafft: Ihr Feedback-Formular ist fertig. Speichern Sie alles ab, und gönnen Sie sich eine ausgiebige Erholungspause. Wer weiß, wie lange es noch so ruhig sein wird, wenn das Formular erst einmal online geht.

7.5 Zusammenfassung, Fragen und Übungen

Zusammenfassung

- Durch ihre standardisierte Form erleichtern Formulare die Kontaktaufnahme.
- Über die Objektpalette können das Formular und seine Elemente in die Web-Seite eingefügt werden.
- Formulare werden in der Regel mit einer Tabelle in Form gebracht.

Zusammenfassung

- Ein Formular kann u.a. einzeilige und mehrzeilige Textfelder, Listen und Optionsschaltflächen enthalten. Es verfügt fast immer über Schaltflächen zum Abschicken der Daten und zum Zurücksetzen der Eingabefelder.
- Über Verhalten können Sie die Eingaben in Textfeldern überprüfen.
- Die Auswertung eines Formulars kann ein CGI-Programm auf dem Web-Server übernehmen.
- Über versteckte Formularfelder können zusätzliche Informationen an das CGI-Programm übergeben werden.

Fragen und Übungen

1. Wie kann man die Breite eines Textfeldes festlegen?
2. Wann werden mehrere Optionsschalter als eine Gruppe behandelt?
3. Was bedeutet bei einem mehrzeiligen Textfeld die Angabe *physisch* bei der Option *Umbruch*?
4. Wann werden die Daten eines Formulars an den Web-Server gesendet?
5. Was bezeichnet man in Dreamweaver als *Verhalten*?

G
A
L
13
12
11
10
9
8

Kontaktseite

7
6
5
4
3
2
1
»

8 Kontaktseite

Erstellen Sie nun die letzte Seite des Projektes »Kids in Düsseldorf«, die Kontaktseite. Auf dieser Seite erfahren die Besucher, wie Sie zu erreichen sind, per Telefon, Telefax und E-Mail. Außerdem bieten Sie die Möglichkeit an, einen Lageplan herunterzuladen.

Abschließend sehen Sie, wie einfach es ist, ein Gästebuch in die Web-Seite einzubinden. Viel Spaß!

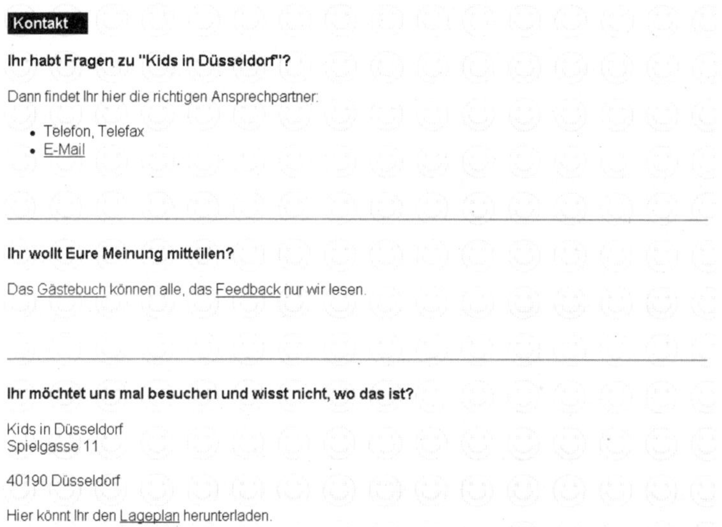

Abb. 8.1: Die Kontaktseite

8.1 Seitenerstellung

Auch für die letzte Seite unseres Projektes dient die Vorlage *Inhaltsseite*, die Sie mittlerweile blind über den Menübefehl *Datei / Neu von Vorlage* wählen können.

Die Textformatierungen kennen Sie inzwischen; Sie sollten da einfach mal werkeln. Haben Sie jedoch wider Erwarten Probleme, blättern Sie ein paar Kapitel zurück. Dort können Sie alles im Hinblick auf Formatierungen nachlesen.

Nachdem Sie den Text `Dann findet Ihr hier die richtigen Ansprechpartner:` geschrieben haben, werden Sie eine Liste erstellen, um anschließend die Kommunikationsmöglichkeiten aufführen zu können. Selbstverständlich geben Sie an den jeweiligen Stellen eine richtige Telefon- und Faxnummer an! (Ich habe nur deshalb Platzhalter gewählt, weil ich keine Lust hatte, mir irgendwelche fiktiven Nummern auszudenken, die dann möglicherweise doch Telefonanschlüssen zugeordnet sind oder künftig werden.)

Abb. 8.2: Eine geordnete und eine ungeordnete Liste

Aufzählungspunkte

Die Aufzählungspunkte erstellen Sie mit Hilfe von Listen. Es stehen Ihnen hierfür nummerierte Listen, Listen mit Listenpunkten und Definitionslisten zur Verfügung. Listen können entweder mit bereits vorhandenem Text oder mit dem Text, den Sie anschließend neu eingeben, erstellt werden.

- ▶ Setzen Sie als Erstes den Cursor in die Zeile, in die Sie die Liste mit unseren Kommunikationsmöglichkeiten einfügen möchten.
- ▶ Anschließend klicken Sie im Eigenschafteninspektor auf die Schaltfläche *Ungeordnete Liste*, und es erscheint automatisch ein nach rechts eingerückter Listenpunkt als Aufzählungszeichen!

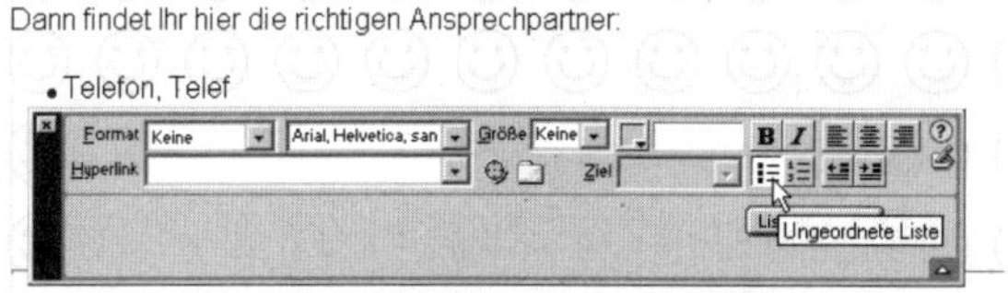

Abb. 8.3: Eine ungeordnete Liste erstellen

- Schreiben Sie den vorgegebenen Text ab. Wenn Sie mit der Eingabe fertig sind, drücken Sie die ↵-Taste, und schon können Sie den nächsten Listeneintrag erstellen.
- Wenn Sie die Liste fertig haben, drücken Sie zweimal die ↵-Taste. Fertig!

Für den Fall, dass Sie den Text bereits geschrieben hatten, bevor Sie wussten, wie das Problem mit der Aufzählung angegangen wird, sei auch hier die Lösung erwähnt:

- Markieren Sie zunächst mit gedrückter Maustaste den bereits geschriebenen Text, der als Liste wiedergegeben werden soll.

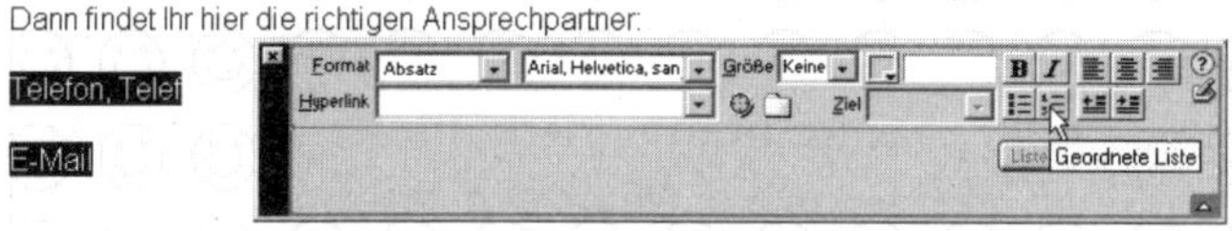

Abb. 8.4: Eine geordnete Liste nachträglich erstellen

- Anschließend klicken Sie im Eigenschafteninspektor auf die Schaltfläche *Geordnete Liste.* Es erscheint die gewünschte Nummerierung (siehe Abbildung 8.5).

Vielleicht ist es Ihnen eben bereits aufgefallen: Sobald Sie die Schaltflächen *Ungeordnete Liste* oder *Geordnete Liste* anklicken, wird auch die Schaltfläche *Listenelement* aktiv. Über diese Schaltfläche öffnen Sie das Fenster *Listeneigenschaften*. Über die Listeneigenschaften bestimmen Sie das Aussehen der Liste als Ganzes, aber auch das Aussehen ausgewählter Listenelemente.

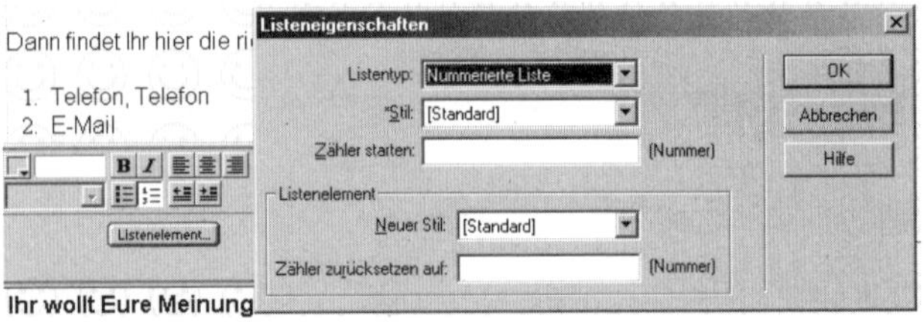

Abb. 8.5: Listeneigenschaften

Klicken Sie einmal auf die Schaltfläche *Listenelement*, und schauen Sie sich in Ruhe an, was hier alles geboten wird. Abhängig vom aktiven *Listentyp* sind die nachstehenden Optionen möglich:

- Über das Listenfeld *Listentyp* bestimmen Sie, ob Sie eine nummerierte Liste, Gliederung, Menüliste oder Ordnerliste erstellen wollen.
- Mit dem Listenfeld *Stil* legen Sie den Stil der Liste fest. So können Sie auch statt des Listenpunkts in unserem Beispiel ein Quadrat oder einen Kreis als Aufzählungszeichen definieren. Alle Aufzählungspunkte innerhalb der Liste werden dann in diesem Stil formatiert.
- In das Eingabefeld *Zähler starten* können Sie den Wert für den ersten Aufzählungspunkt in einer nummerierten Liste festlegen. Das kann dann sinnvoll sein, wenn Sie innerhalb einer nummerierten Liste eine Erläuterung geben wollen, um anschließend die Liste fortzusetzen. Wenn Sie die eben erwähnte Möglichkeit nicht hätten, würde die Liste wieder mit der Nummer 1 beginnen.

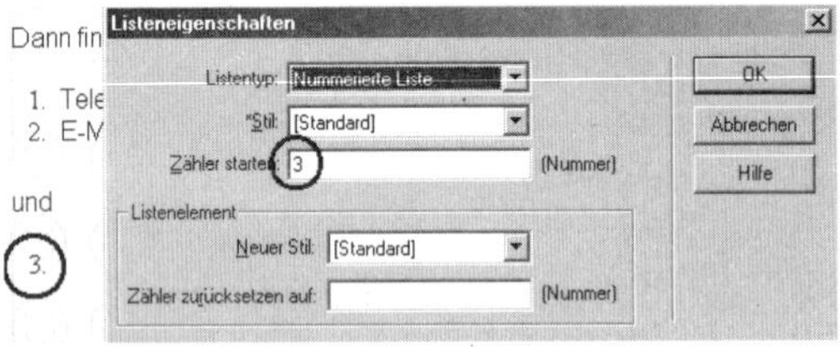

Abb. 8.6: Dem Zähler das Zählen beibringen

- Über das Listenfeld *Neuer Stil* definieren Sie einen neuen Stil für ein Listenelement innerhalb der Liste. So ist es möglich, aus unserer arabischen 3 eine römische iii zu zaubern.
- Über das Eingabefeld *Zähler zurücksetzen auf* können Sie eine andere als die nächsthöhere Zahl für die Nummerierung definieren.

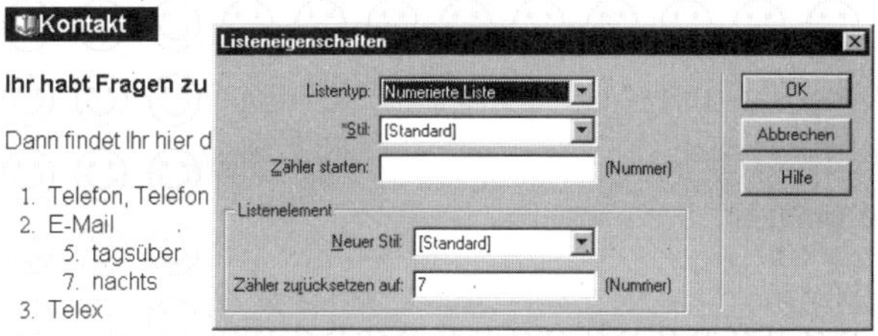

Abb. 8.7: Na, jetzt haben Sie ihn aber durcheinander gebracht!

Text und Aufzählungen einrücken

Spätestens jetzt werden Sie sich möglicherweise fragen, wie ich die Einrückungen bei den Ziffern 5 und 7 hingekriegt habe.

Es handelt sich hierbei um Texteinzüge, die Sie mit Hilfe der entsprechenden Schaltfläche auf dem Eigenschafteninspektor erzwingen können.

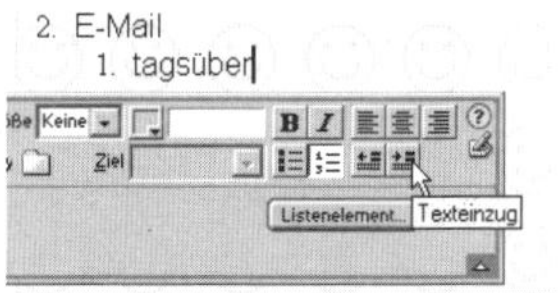

Abb. 8.8: Der Text-Einzug; links daneben der Text-Negativeinzug

Diese Texteinzüge sind möglich bei »normalen« Texten, aber auch bei Listen, um eine verschachtelte Liste darzustellen. Über die Schaltfläche *Text-Negativeinzug* heben Sie die Verschachtelung wieder auf.

Horizontale Linien

Kehren Sie nun zu der Erstellung der Kontaktseite zurück, und widmen Sie sich dem Einfügen einer horizontalen Linie. Mit Hilfe der horizontalen Linien lassen sich Dokumente gut gliedern und so übersichtlicher darstellen.

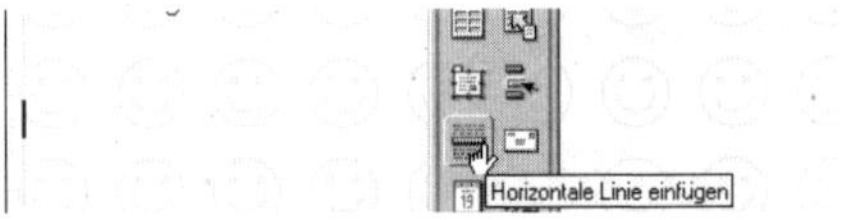

Abb. 8.9: Horizontale Linie einfügen

Um eine horizontale Linie einzufügen,

- setzen Sie den Cursor an die Stelle, an der Sie die horizontale Linie einfügen möchten, und
- klicken Sie in der Objektpalette auf die Schaltfläche *Horizontale Linie einfügen*.

Abb. 8.10: So sieht sie aus, die horizontale Linie (Teilansicht von oben)!

Ist die horizontale Linie markiert, zeigt der Eigenschafteninspektor die nachfolgenden Optionen:

Abb. 8.11: Eigenschaften der Horizontalen Linie

- Mit den Eingabefeldern *B* und *H* legen Sie die Höhe und Breite der Linie in Pixeln oder als Prozentsatz fest.

- Das Listenfeld *Ausrichten* lässt es zu, die Linie neben der Standardeinstellung auch links, rechts oder zentriert darzustellen. Jedoch machen die drei letztgenannten Einstellungen nur Sinn, wenn die horizontale Linie schmaler als das Browser-Fenster ist.
- Mit Hilfe des Optionskästchens *Schattierung* legen Sie fest, ob die Linie im 3-D-Look dargestellt wird. Wollen Sie eine Linie ohne 3-D-Effekt, dann deaktivieren Sie diese Option mit einem Mausklick.

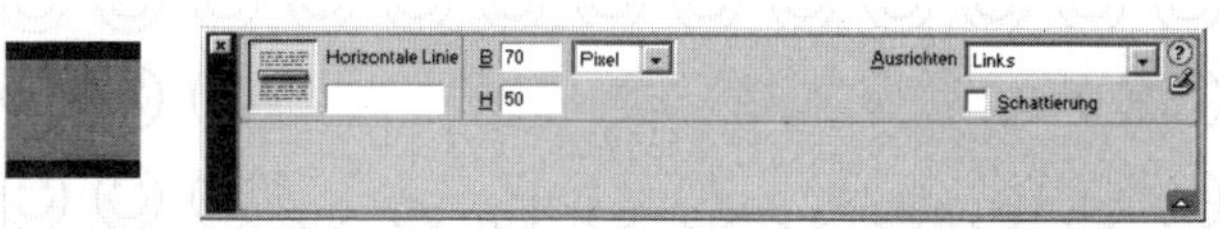

Abb. 8.12: Was für eine hässliche schmale, dicke, linke Linie – ohne Schatten!

Nun habe ich Ihnen so viel erklärt, dass ich mal wieder eine Pause vertragen könnte. Halt – Sie nicht! Während ich mich kurz frisch mache und andere wichtige Dinge erledige, sollten Sie die Zeit nutzen, um den noch fehlenden Text der Kontaktseite abzuschreiben:

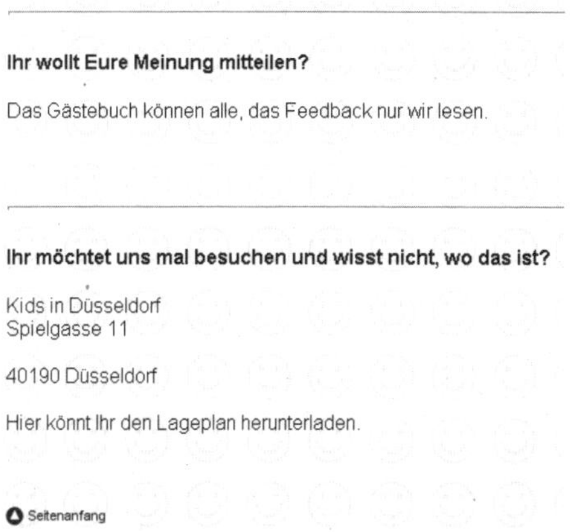

Abb. 8.13: Vergessen Sie nicht, die horizontalen Linien einzufügen!

So, da bin ich wieder. Scheint ja gut geklappt zu haben, so zufrieden wie Sie aussehen. Werden Sie nur nicht übermütig!

Sie werden sich erinnern, dass Sie bereits bei der Erstellung der Vorlage und der anderen Seiten die ersten Hyperlinks angelegt haben. Nur noch einmal zur Vertiefung: Es handelte sich hierbei um

- Hyperlinks zu einem benannten Anker,
- externe Hyperlinks, mit denen Dokumente außerhalb der eigenen Website verknüpft werden.

Link auf die E-Mail

Nun werden Sie eine E-Mail-Verknüpfung erstellen, die automatisch das E-Mail-Programm auf dem PC Ihres Homepage-Besuchers startet, sobald der Link aktiviert wird. Dabei wird Ihre E-Mail-Adresse automatisch als Empfängeradresse eingetragen.

Der einfachste, wenn auch nicht unbedingt praktischste Weg, um eine E-Mail-Verknüpfung zu erstellen, führt über die Objektpalette.

- Nachdem Sie zunächst den Text markiert haben, der später als Link dargestellt werden soll, klicken Sie in der Tafel *Allgemein* der Objektpalette die Schaltfläche *E-Mail-Verknüpfung einfügen* an.

Abb. 8.14: ***E-Mail-Verknüpfung einfügen***

Sie sehen in dem sich nachfolgend öffnenden Fenster *E-Mail-Verknüpfung einfügen*, dass in dem Eingabefeld *Text* der von Ihnen markierte Text automatisch vorgetragen wird. Sofern Sie an dieser Stelle den Eintrag bearbeiten wollen, wird sich die Änderung auch auf die Darstellung im Dokument auswirken.

- Tragen Sie nun in das Eingabefeld *E-Mail* die E-Mail-Adresse ein, an die die E-Mail gesendet werden soll.

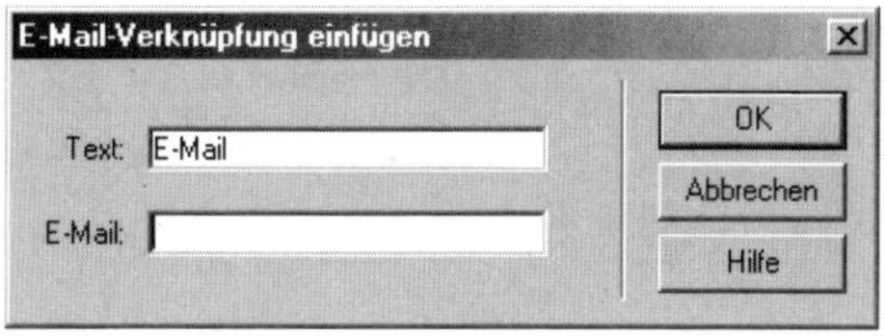

Abb. 8.15: Auf die richtige Adresse achten, damit die E-Mail auch ankommt

Geben Sie Ihr *OK*.

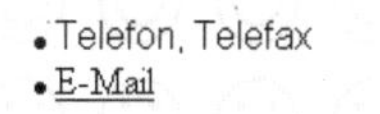

Abb. 8.16: Die falsche Schriftartkombination ...

Wenn Sie sich nun Ihr Dokument anschauen, werden Sie bemerken, dass hier etwas nicht stimmt. Ganz genau! Die von Ihnen gewählte Schriftartkombination musste der Standardschrift weichen. Selbstverständlich können Sie jetzt den Link mit der Maus markieren und die richtige Schriftartkombination wählen.

Meines Erachtens gestaltet sich die E-Mail-Verknüpfung über den Eigenschafteninspektor etwas einfacher, wenn Sie folgendermaßen verfahren:

- Markieren Sie mit der Maus den Text `E-Mail`.
- In das Feld *Hyperlink* des Eigenschafteninspektors schreiben Sie den HTML-Befehl `mailto:`. Dann geht es sofort ohne Leertaste weiter, indem Sie die E-Mail-Adresse des Empfängers eintragen.

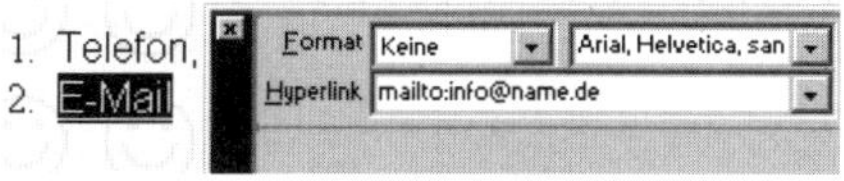

Abb. 8.17: Komm heil an, Maily!

Wenn Sie sich jetzt das Dokument ansehen, werden Sie bemerken, dass die vorgewählte Schriftartkombination beibehalten wurde.

Abb. 8.18: So ist es besser!

Testen Sie diesen Link in Ihrem Browser. Sofern Sie alles richtig gemacht haben, sollte sich das E-Mail-Fenster öffnen.

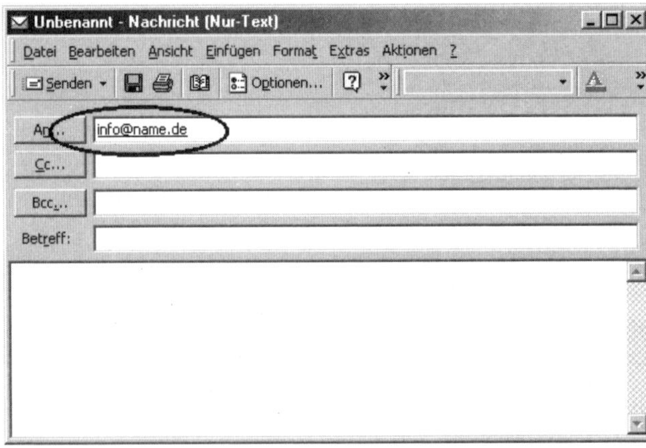

Abb. 8.19: Das E-Mail-Fenster mit der Empfängeradresse

Hyperlink zum Feedback-Formular

Um von der Kontaktseite aus das Feedback-Formular aufrufen zu können, erstellen Sie einen internen Hyperlink. Mit internen Hyperlinks werden Dokumente innerhalb der eigenen Website verknüpft.

- Markieren Sie das Wort `Feedback`.
- Klicken Sie im Eigenschafteninspektor auf das Ordnersymbol *Datei suchen* rechts neben dem Listenfeld *Hyperlink*.

HINWEIS

Wenn Sie erst einmal Erfahrungen gesammelt haben und bereits ganz sicher sind, wie der Name des Hyperlinks lautet, dann können Sie den Namen selbstverständlich sofort in das Listenfeld eintragen. In unserem Beispiel wäre das feedback.htm.

Abb. 8.20: Wer suchet, der findet ...

Im Fenster *Datei auswählen* klicken Sie auf den Namen der Datei `feedback.htm`, da diese mit dem Link `Feedback` verknüpft werden soll.

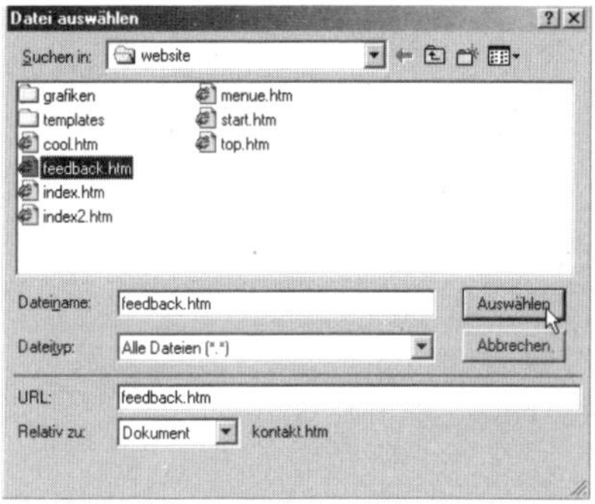

Abb. 8.21: ... und wer anklicket, dem wird ausgewählt

Ich habe es Ihnen ja gesagt: Es passiert nicht mehr, als hätten Sie den Namen des Hyperlinks sofort selbst eingetragen. Aber stellen Sie sich einmal vor, Sie entwickeln eine Website, bestehend aus mehreren hundert Web-Seiten. Da haben Sie die Dateinamen nicht mehr alle im Kopf.

Abb. 8.22: Interner Hyperlink, kurz vor der Vollendung

Auch diesen Link sollten Sie sofort in der Browser-Vorschau testen.

Hyperlink zum Lageplan

Der vorletzte Link, den Sie auf dieser Seite erstellen werden, ist ein Link, über den Sie den Lageplan zum Download angeboten haben. Schauen Sie sich an, was Sie für den Download veranlassen müssen.

- Markieren Sie das Wort `Lageplan`.
- Schreiben Sie in das Listenfeld *Hyperlink* des Eigenschafteninspektors das Protokoll `ftp://`. Nach den beiden Schrägstrichen wird ohne Einfügen eines Leerzeichens die vollständige FTP-Adresse eingetragen, also `ftp.kids-in-duesseldorf.de/plan.tif`.

> **HINWEIS**
>
> Mit dem Protokoll FTP (*File* ***Transfer*** ***Protocol***) wird keine Web-Seite aufgerufen. Vielmehr wird beim Anklicken des Links der FTP-Dienst gestartet.

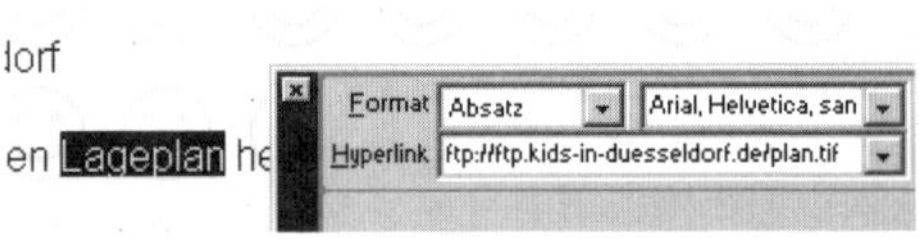

Abb. 8.23: Hyperlink für den Download des Lageplans

8.2 Gästebuch

Der letzte Hyperlink, der Ihnen für diese Web-Seite noch fehlt, ist ein externer Link, der das Gästebuch aufruft.

Gästebücher werden im World Wide Web wie Sauerbier angeboten. Ein kostenloses und äußerst individuell einzurichtendes Gästebuch finden Sie unter der Adresse *http://www.guestbook4free.com/de/*.

HINWEIS

Da ein Gästebuch Bestandteil der Homepage ist, trägt man auch die Verantwortung für das, was dort geschrieben steht. Nutzt beispielsweise eine bedauernswerte Person Ihr Gästebuch dazu, zu einem Rechtsbruch aufzurufen, sollten Sie den Eintrag möglichst umgehend entfernen. Diese Möglichkeit ist Ihnen als Verwalter des Gästebuchs gegeben.

Abb. 8.24: Kostenloses Gästebuch *Guestbook4free*

- Klicken Sie auf den Link *Neues Gästebuch anlegen*.
- Auf der folgenden Seite wird Ihnen das Gästebuch näher erläutert. Nachdem Sie sich alles in Ruhe durchgelesen haben, klicken Sie auf den Link *Weiter zu Schritt 1*.

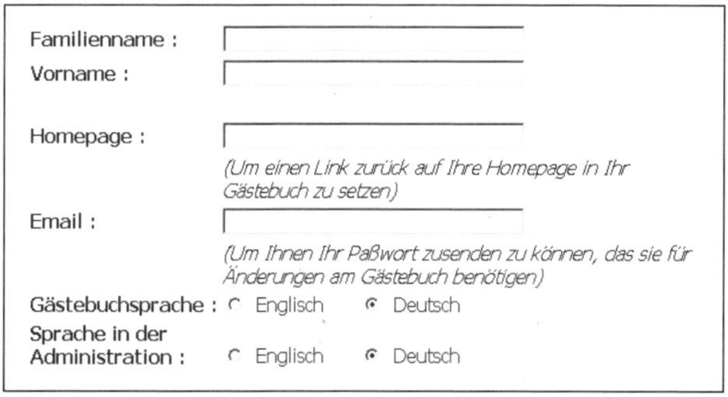

Abb. 8.25: Formular für die Anlage eines Gästebuchs

▶ Tragen Sie die gewünschten Angaben in das Formular ein. Anschließend klicken Sie auf die Schaltfläche *Nächster Schritt>>*.

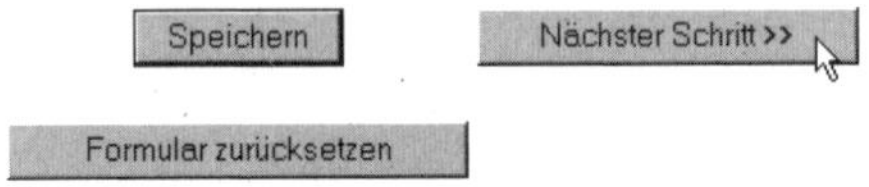

Abb. 8.26: In wenigen Schritten zum Gästebuch

> **HINWEIS**
>
> Wenn Sie die Schaltfläche *Speichern* oder *Nächster Schritt>>* anklicken, wird automatisch jede Eingabe auf der Seite gespeichert. Über die Schaltfläche *Formular zurücksetzen* löschen Sie alle Einträge in einem Formular.

▶ Sie beginnen mit der Überschrift für Ihr Gästebuch. Wie Sie sehen, stehen Ihnen für die Textformatierung viele Gestaltungselemente zur Verfügung.

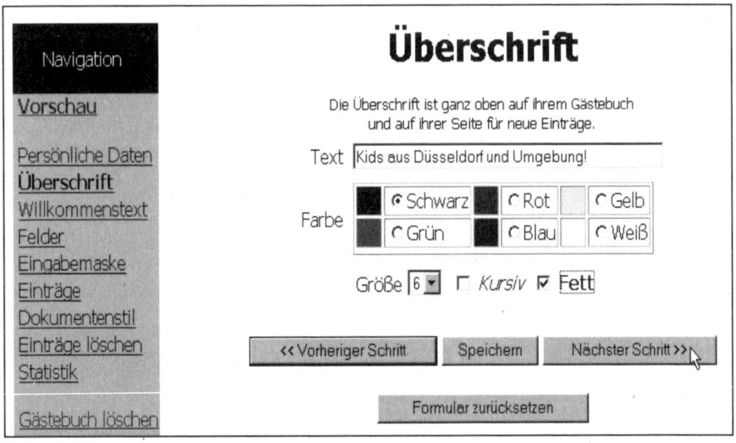

Abb. 8.27: Links die Navigationshilfe – rechts die persönliche Gestaltung

▶ Unter die Überschrift können Sie einen Willkommenstext schreiben.

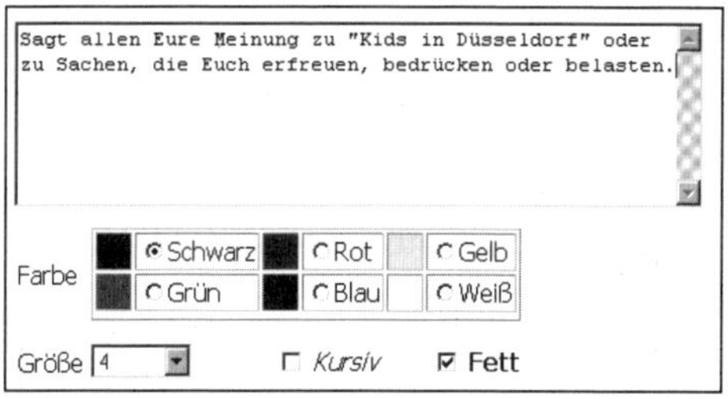

Abb. 8.28: Willkommenstext

- Jetzt wird es sehr interessant! Ein Gästebucheintrag besteht aus mehreren Feldern, die Sie beliebig benennen können (z.B.: *Ihr Name, Ihr Kommentar*). Anhand dieser Benennungen erkennt der Besucher Ihres Gästebuchs später sofort, welche Art von Einträgen Sie wünschen. Bei der Anzahl der Felder gibt es keine Beschränkung.

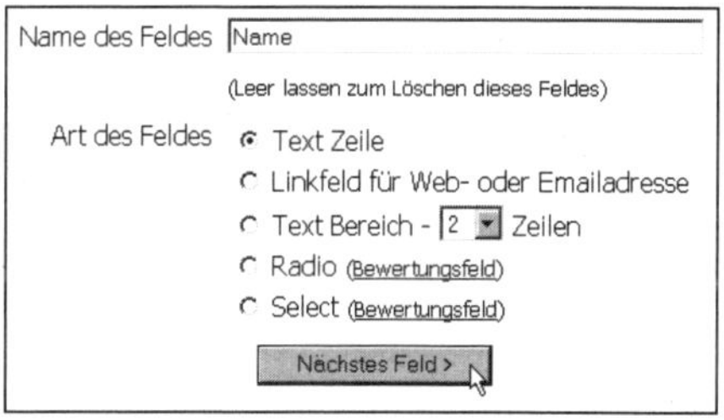

Abb. 8.29: Ein Feld für den Namen des Besuchers

- Das erste Feld, das Sie anlegen, sollten Sie *Name* nennen, damit Sie später wissen, wie die kleinen Rangen heißen, die immer die unflätigen Kommentare hinterlassen (aber ob Sie sich auf den Eintrag immer verlassen können). Über *Art des Feldes* legen Sie mit Hilfe der Optionsfelder die Eigenschaft des Feldes fest:
  - Die Option *Text Zeile* lässt Raum für eine Zeile Text.
  - Ein *Linkfeld für Web- oder Emailadresse* richten Sie ein, wenn Sie möchten, dass der Besucher seine eigene Internet- (sofern er überhaupt eine eigene Homepage hat und sich outet) und E-Mail-Adresse nennt.

- Über *Text Bereich – x Zeilen* passen Sie nach Bedarf die Größe eines Textbereichs an. Das ist der Bereich, in dem sich der Besucher verbal austoben kann.
- I-Tüpfelchen bei diesem Gästebuch sind die Bewertungsfelder *Radio* bzw. *Select*. Hierüber bieten Sie dem Besucher die Möglichkeit, beispielsweise von Ihnen definierte Aussagen in Schulmanier zu bewerten.

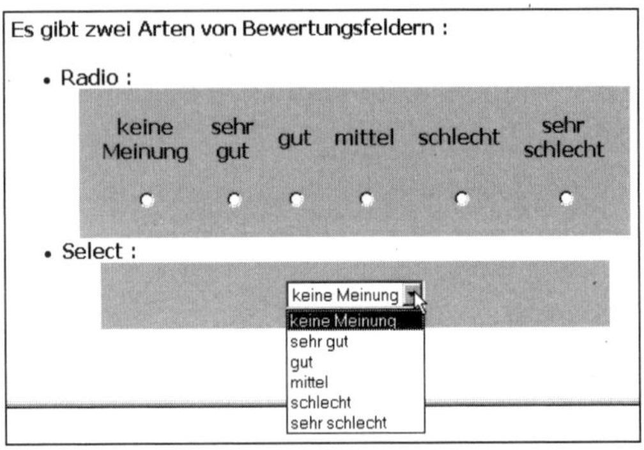

Abb. 8.30: Die zwei Arten von Bewertungsfeldern

- Nachdem Sie Felder Ihrer Wahl eingerichtet haben, können Sie die Eingabemaske formatieren. Die Eingabemaske ist der Teil der Eingabeseite, der die Felder enthält, in die sich Ihre Besucher einschreiben können.

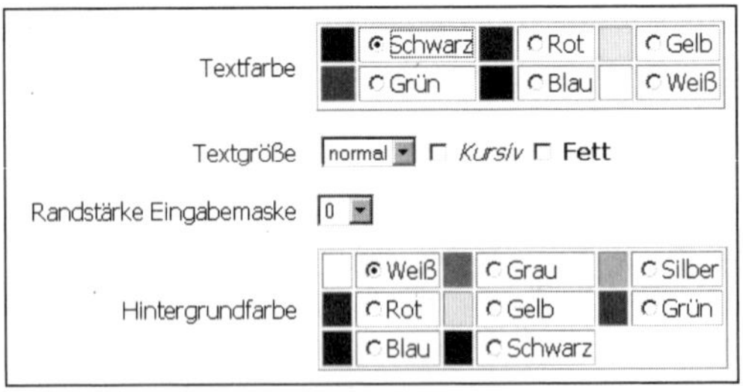

Abb. 8.31: Die Eingabemaske definieren

- Auf der Eintragungsseite werden Einträge vorgenommen, die dann in Ihrem Gästebuch gezeigt werden. Wie die Einträge in Ihrem Gästebuch aussehen sollen, bestimmen Sie als Nächstes.

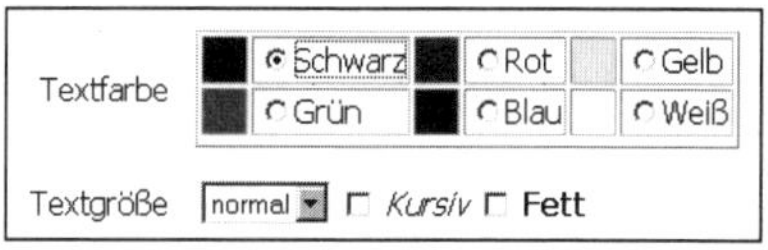

Abb. 8.32: Die Darstellung der Einträge

- Nun können Sie die Hintergrundfarbe und das Hintergrundbild festlegen. Wenn aus irgendeinem Grund das Hintergrundbild nicht im Browser angezeigt wird, erscheint stattdessen die Hintergrundfarbe.

Abb. 8.33: Hintergrundfarbe bekennen

- Wenn Sie sich für ein Hintergrundbild entscheiden, sollten Sie hier die Adresse der Datei eintragen, die auch sonst den Hintergrund Ihrer Web-Seiten darstellt. Dadurch erreichen Sie, dass das Gästebuch Ihrem Website-Design angepasst wird. In unserem Beispiel tragen Sie also `http://www.kids-in-duesseldorf.de/grafiken/smilie.gif` ein (siehe Abbildung 8.34).
- Wenn Sie jetzt wieder auf die Schaltfläche *Nächster Schritt*>> klicken, erhalten Sie zur Bestätigung den Hinweis, dass Ihr Gästebuch ab sofort benutzt werden kann! Allerdings muss erst noch eine Textzeile, die dem Hinweis zu entnehmen ist, als Link in den Quelltext Ihrer Homepage eingefügt werden. Parallel erhalten Sie eine E-Mail, in der alle für Sie wichtigen Daten und Adressen noch einmal zusammengefasst sind (siehe Abbildung 8.35).

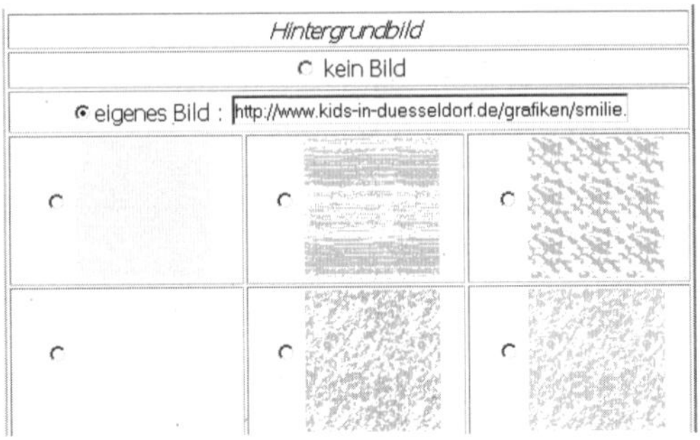

Abb. 8.34: Eigenes Hintergrundbild oder Muster einbinden

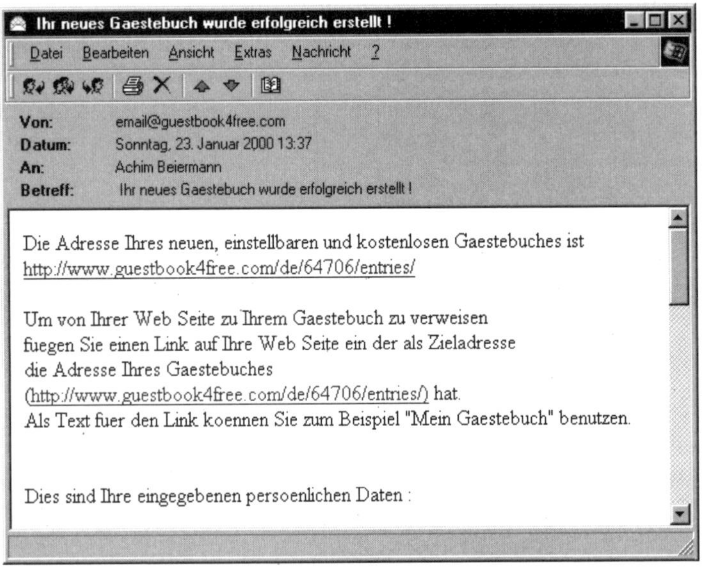

Abb. 8.35: Bestätigung für das Gästebuch

Jetzt fehlt nur noch der Link auf Ihrer Kontaktseite, über den das Gästebuch aufgerufen werden kann.

- Markieren Sie das Wort `Gästebuch`.
- Tragen Sie als Hyperlink die Adresse Ihres Gästebuchs ein, die Ihnen soeben per E-Mail mitgeteilt wurde.

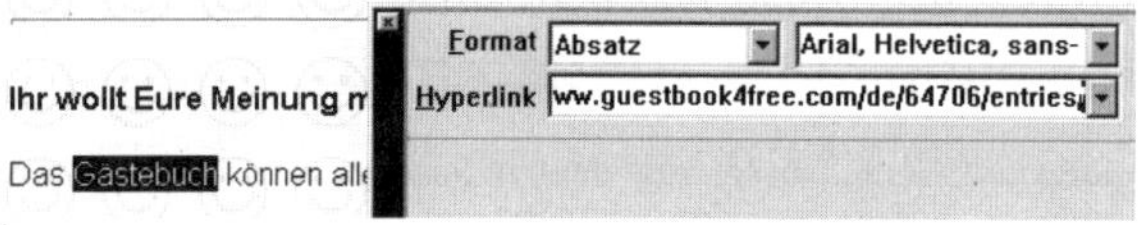

Abb. 8.36: Der einzutragende Hyperlink wurde Ihnen per E-Mail mitgeteilt

Testen Sie auch diesen Link. Das Gästebuch sollte sich den Kids aus Düsseldorf und Umgebung so darstellen:

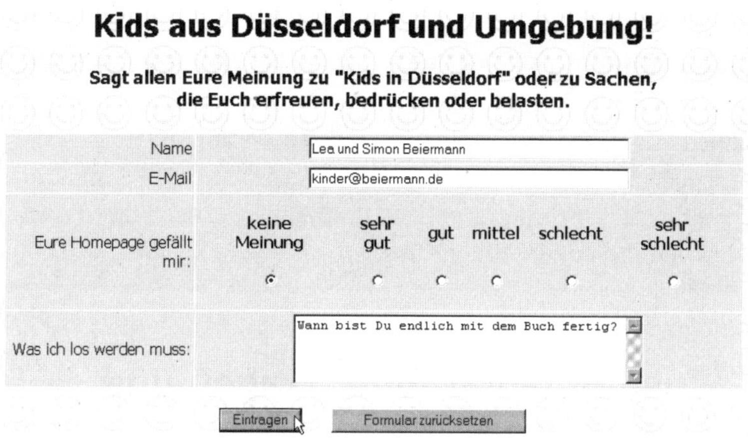

Abb. 8.37: Eintrag ins Gästebuch

Sobald die Kids die Schaltfläche *Eintragen* gedrückt haben, erhalten sie den freundlichen Hinweis (dass die lieben Kleinen gesiezt werden, kann leider nicht vermieden werden, aber es wird ihnen im Zweifel gut tun):

Abb. 8.38: Gerne geschehen!

Die nächsten Besucher des Gästebuchs können alle vorherigen Einträge lesen (es sei denn, Sie haben die unflätigsten inzwischen alle gelöscht und durch eigene, durchweg wohlwollende ersetzt ...):

Abb. 8.39: Der fertige Gästebuch-Eintrag

HINWEIS

Sofern Sie Ihre Website noch mit weiteren Funktionen anreichern wollen, empfehle ich Ihnen unser Buch „Pep fürs Web" aus dem gleichen Verlag. In diesem Buch erfahren Sie anhand praktischer Beispiele alles zu den Themen Bestellformulare, GIF-Animationen, Grafik-Optimierung, CSS, Java-Applet, Chatraum, Foren, Newsletter, Sound, PDF u.v.m.

8.3 Zusammenfassung, Fragen und Übungen

Zusammenfassung

- Für Aufzählungspunkte stehen Ihnen nummerierte Listen, Listen mit Listenpunkten und Definitionslisten zur Verfügung. Listen können entweder mit bereits vorhandenem Text oder mit dem Text, den Sie anschließend neu eingeben, erstellt werden.
- Mit Hilfe von horizontalen Linien lassen sich Dokumente gut gliedern und übersichtlicher darstellen.

Zusammenfassung

- Sie haben eine E-Mail-Verknüpfung erstellt, die automatisch das E-Mail-Programm auf dem PC Ihres Homepage-Besuchers startet, sobald der Link aktiviert wird. Die E-Mail-Adresse wird dabei automatisch als Empfängeradresse eingetragen.
- Ein Gästebuch ist Bestandteil der Homepage. Daher trägt man auch die Verantwortung für das, was dort geschrieben steht. Für den Fall, dass »Gäste« dort zum Rechtsbruch aufrufen oder andere Personen diffamieren, sollten Sie den Eintrag umgehend entfernen. Diese Möglichkeit haben Sie als Verwalter des Gästebuchs.

Fragen und Übungen

1. Beschreiben Sie, wie Sie Texteinzüge erzielen!
2. Ändern Sie die ungeordnete Liste in Ihrem Dokument so, dass daraus eine geordnete Liste mit Kleinbuchstaben wird!
3. Ändern Sie die E-Mail-Adresse innerhalb der E-Mail-Verknüpfung so ab, dass die E-Mail an Sie persönlich gesendet würde.
4. Wie können Sie sich leicht einen Überblick über angebotene Gästebücher verschaffen?

G
A
L
13
12
11
10
9

Rahmen für das Angebot

8
7
6
5
4
3
2
1
»

9 Rahmen für das Angebot

Sie haben in den bisherigen Kapiteln die Inhaltsseiten Ihres Angebots erstellt. Jetzt werden Sie Ihrem Angebot einen Rahmen verpassen, damit der Besucher nicht den Überblick über Ihre Website verliert.

Dazu verwenden Sie *Frames*. Was Frames sind und wie man sie erstellt, werden Sie in diesem Kapitel erfahren.

9.1 Allgemeines zu Frames

Bevor Sie sich auf das Frame-Gerüst für Ihr Web-Angebot stürzen, möchte ich Ihnen einen kurzen Überblick über die Funktionsweise von Frames geben.

Bisher haben Sie immer nur eine Web-Seite in das Browser-Fenster geladen. Beim Anklicken eines Hyperlinks wurde die bisherige Seite durch die aufgerufene Seite ersetzt.

Mit der Frame-Technik kann man mehrere HTML-Seiten gleichzeitig im Browser-Fenster anzeigen. Das Browser-Fenster wird dabei in Bereiche (*Frames* = Rahmen) unterteilt, die jeder für sich eine eigene Web-Seite enthalten können.

Die Frames erhalten jeweils einen Namen. Über Hyperlinks in einem Frame kann man den Inhalt eines anderen Frames austauschen. Dazu muss man zusätzlich zur Adresse der zu ladenden Seite den Namen des Ziel-Frames angeben.

Man kann statische Frames anlegen, deren Inhalte nie ausgetauscht werden, und dynamische Frames, deren Inhalte z.B. über die Auswahl in einem Menü variabel gehalten werden können.

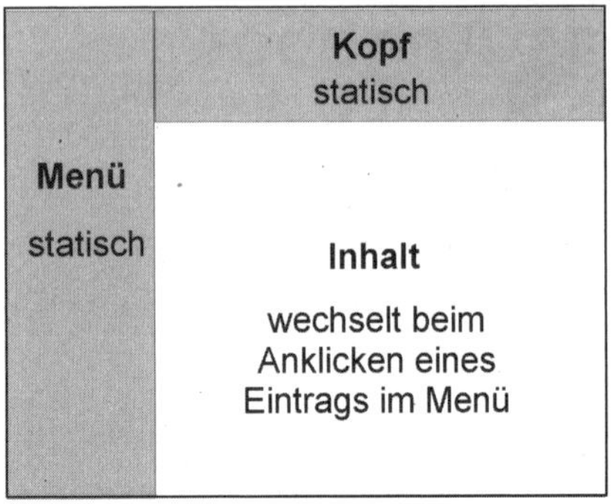

Abb. 9.1: Klassische Aufteilung eines Browser-Fensters in Frames

Die Aufteilung des Browser-Fensters in Frames wird *Frameset* genannt. Wie bei einer Tabelle wird das Browser-Fenster in Spalten und Zeilen unterteilt. Einzelne Frames können sich über mehrere andere Frames erstrecken, so dass verschachtelte Strukturen entstehen.

Ein Frameset wird in einer separaten HTML-Datei gespeichert und enthält Angaben zur Größe, zur Anordnung und zum Inhalt der einzelnen Frame-Bereiche. Die Frames werden mit normalen Web-Seiten gefüllt, die in separaten Dateien gespeichert sind.

Über die Funktionen im Menü *Modifizieren / Frameset* können Sie die Aufteilung des Browser-Fensters in Frames individuell vornehmen.

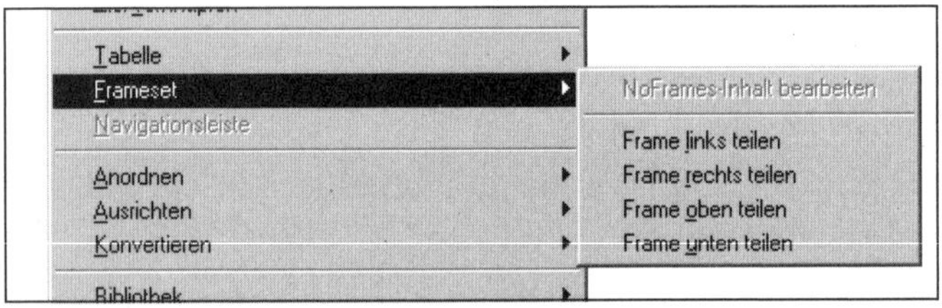

Abb. 9.2: Funktionen zum Teilen von Frames im Menü *Modifizieren*

Einfacher ist es jedoch, wenn Sie ein vordefiniertes Frameset aus der Kategorie *Frames* der Objektpalette verwenden. Dort werden Sie in der Regel ein auf Ihre Bedürfnisse zugeschnittenes Frameset finden.

9.2 Frame-Gerüst festlegen

Beim Web-Angebot »Kids in Düsseldorf« soll im oberen Bereich das Logo ständig angezeigt werden. Links soll eine Menüleiste erscheinen, über die dann die Seiten mit den Inhalten angesteuert und im größeren Bereich rechts angezeigt werden können.

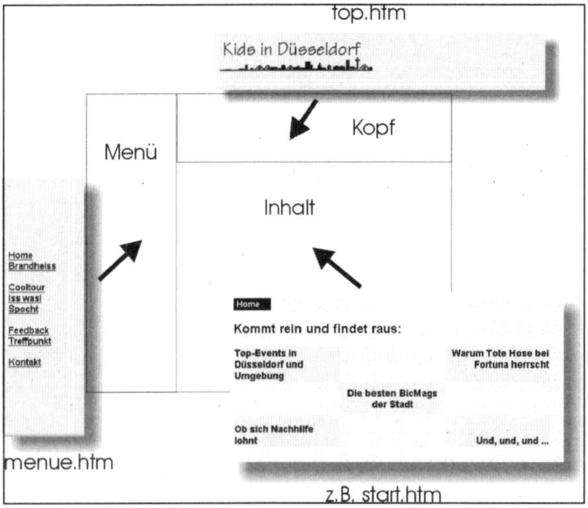

Abb. 9.3: Das Frame-Gerüst der »Kids«-Homepage

Die Inhaltsseiten haben Sie in den vorangegangenen Kapiteln erstellt. Die Seiten für das Menü und den Kopf werden Sie gleich anlegen.

Frameset erstellen

Also ran an das Frameset für das Angebot. Das Dokumentfenster in Dreamweaver sollte leer sein. Wechseln Sie auf der Objektpalette in die Kategorie *Frames*.

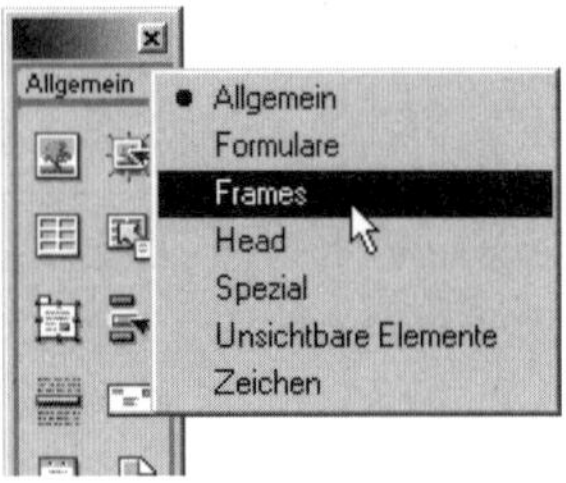

Abb. 9.4: Frame-Funktionen auf der Objektpalette

Es werden einige vordefinierte Frame-Aufteilungen angeboten. Sie finden dort auch die Anordnung, die Sie für Ihre Website benötigen.

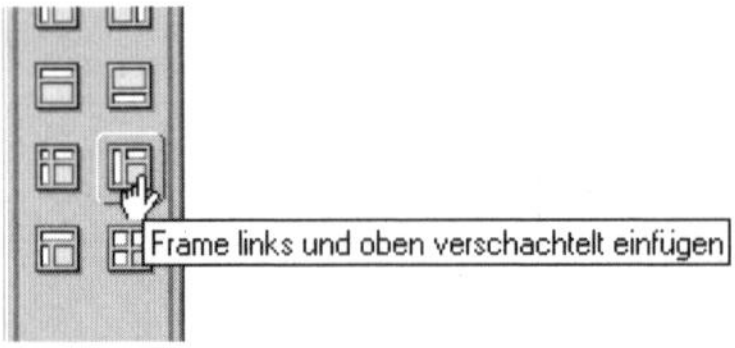

Abb. 9.5: Frame links und oben

Der blaue Bereich des Musters in der Palette zeigt an, wo das aktuelle Dokument bzw. das aktuelle Frame in das einzufügende Frameset eingebunden wird. Alle weißen Bereiche werden als neue Frames hinzugefügt. Klicken Sie das für Ihre Seite passende Frameset (siehe vorstehende Abbildung) an.

HINWEIS

Bei der Arbeit mit Frames ist es sinnvoll, über *Ansicht / Visuelle-Hilfsmittel / Frame-Rahmen* Linien zur optischen Trennung der Frame-Bereiche einzuschalten. So erkennt man auf einen Blick, in welchem Frame man gerade werkelt. Diese Linien werden nicht im Browser angezeigt.

Unmittelbar nach dem Einfügen ist das Frameset ausgewählt. Man erkennt dies daran, dass der Frame-Rahmen von gestrichelten Linien überlagert wird. Sollte das Frameset nicht mehr markiert sein, müssen Sie nur auf irgendeine Stelle des Frame-Rahmens klicken.

Im Eigenschafteninspektor können Sie die Einstellungen zum gerade eingefügten Frameset vornehmen.

Abb. 9.6: Frameset konfigurieren

- Bei *Rahmen* haben Sie die Wahl zwischen *Ja, Nein* und *Standard.* Entscheiden Sie sich für *Nein*.
    - Bei Auswahl von *Ja* werden im Browser-Fenster Begrenzungslinien zwischen den Frames angezeigt. Dieser Rahmen ist zu unterscheiden vom Rahmen, den Sie über den Menübefehl *Ansicht / Visuelle Hilfsmittel / Frame-Rahmen* für die bessere Orientierung in Dreamweaver einblenden können.
    - Bei Auswahl von *Nein* wird das Frameset nicht mit einem Rahmen versehen.
    - Die Einstellung *Standard* überlässt es dem Browser, ob er die Linien anzeigt oder nicht. Die gängigen Browser mögen es lieber, wenn der Rahmen angezeigt wird.
- Da der Rahmen ausgeschaltet ist, kann bei *Rahmenbreite* der Wert 0 stehen bleiben. Ein Wert größer als 0 legt bei eingeschaltetem Rahmen die Breite in Pixeln fest.
- Die Angabe der *Rahmenfarbe* macht natürlich nur dann Sinn, wenn der Rahmen auch eingeblendet wird.

HINWEIS

> Die Rahmeneinstellungen kann man auch für jedes Frame einzeln vornehmen. Diese Angaben haben dann Vorrang vor den Eingaben beim Frameset.

Speichern Sie das Frame-Gerüst erst einmal ab. Rufen Sie dazu die Funktion *Datei / Frameset speichern unter* auf. Als Dateiname geben Sie `index2.htm` ein. Da ist ja endlich die Seite, die ich Ihnen schon vor einigen Kapiteln versprochen hatte.

Sie haben gerade nur das Frameset, also die Aufteilung des Browser-Fensters, abgespeichert. Wie man die Frames als solche mit Inhalt füllt und abspeichert, werden Sie gleich erfahren.

Seiteneigenschaften

Da im Browser bei einer Aufteilung in Frames immer nur der Titel der Datei mit dem Frameset angezeigt wird, ist es ganz wichtig, für diese Datei auch einen Titel anzugeben.

Rufen Sie die Funktion *Modifizieren / Seiteneigenschaften* auf, und geben Sie den nachfolgenden Titel ein.

Abb. 9.7: Seiteneigenschaften für das Frameset

Geben Sie an dieser Stelle auch ein Hintergrundbild sowie die Farben für Hintergrund, Text und Links ein. Sie werden den Grund dafür in Kürze erfahren.

Breite und Höhe eines Frames

Die Frame-Bereiche für das Menü und das Logo sind zu schmal. Sie werden dies jetzt ändern. Klicken Sie auf den rechten Rand des Menü-Frames.

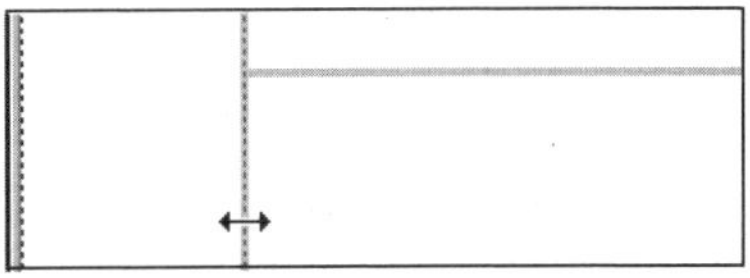

Abb. 9.8: Spalte auswählen

Geben Sie bei *Spalte* den Wert 150 ein. Damit ist die Breite des linken Frames gemeint.

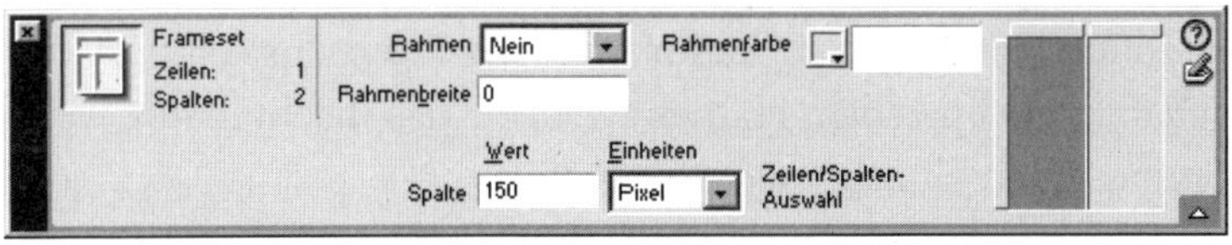

Abb. 9.9: Spaltenbreite: 150 Pixel

Anders als bei den Tabellen, die Sie bereits erstellt haben, geben Sie hier bewusst absolute Werte (in Pixeln) und keine Prozentwerte an.

Um die Höhe für den Kopf-Frame anzugeben, müssen Sie auf dessen unteren Rand klicken.

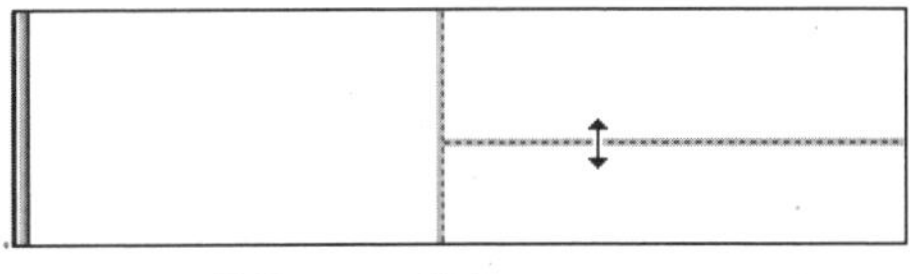

Abb. 9.10: Zeile auswählen

Geben Sie für die *Zeile* den Wert 110 ein. Jetzt ist damit die Höhe des Frames gemeint.

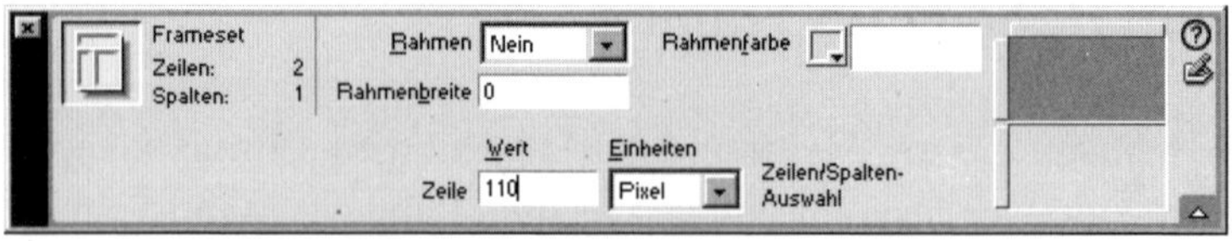

Abb. 9.11: Der Kopfbereich ist 110 Pixel hoch

Die Grundeinstellungen für das Frame-Gerüst haben Sie jetzt vorgenommen. Speichern Sie die Änderungen des Framesets über *Datei / Frameset speichern* zwischen.

Einstellungen für die einzelnen Frames

Um die einzelnen Frames später gezielt mit Inhalten füllen zu können, müssen Sie ihnen Namen geben. Dafür muss der Eigenschafteninspektor die Eigenschaften der einzelnen Frames anzeigen. das macht er nur, wenn man die Frames auch einzeln auswählt.

Hier gibt es zwei Methoden:

- Klicken Sie einfach mit gedrückter [Alt]-Taste in das jeweilige Frame,
- oder rufen Sie alternativ dazu über *Fenster / Frames* den *Frameinspektor* auf (Tastenkombination: [⇧] + [F2]). Dort können Sie dann jedes Frame einfach anklicken, um es auszuwählen.

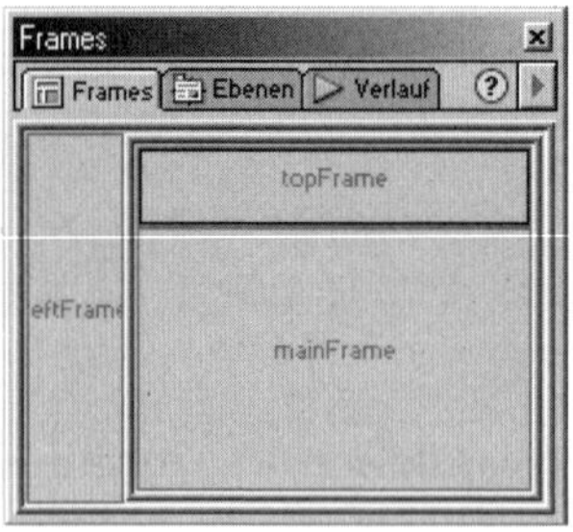

Abb. 9.12: Der Frameinspektor zeigt das Frameset an

Menü-Frame

Markieren Sie zuerst das linke Menü-Frame.

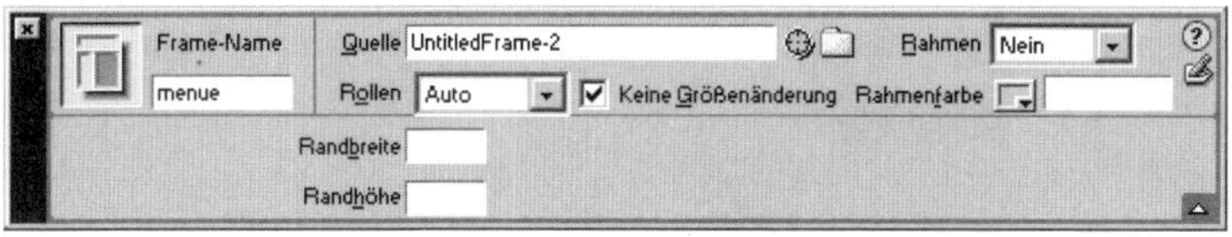

Abb. 9.13: Menüeinstellungen

Geben Sie im Eigenschafteninspektor bei *Frame-Name* den Namen `menue` für das Frame an.

HINWEIS

Der Frame-Name sollte ein einziges Wort sein, das weder Punkt, Leerzeichen noch Bindestrich enthält. Auch Umlaute und das scharfe S sind verpönt. Ein Unterstrich ist zugelassen. Beginnen Sie den Namen mit einem Buchstaben und verwenden Sie keine reservierten JavaScript-Wörter. Wenn Sie die gar nicht kennen, sollten Sie einfach auf die Wahl englischer Begriffe verzichten.

Neben dem Namen sind die folgenden Einstellungen für das Frame anzugeben:

- Bei *Rollen* wählen Sie *Auto* aus. Mit dieser Einstellung stellen Sie sicher, dass der Besucher Ihrer Seite immer dann einen Rollbalken zum Blättern angeboten bekommt, wenn das Frame zu klein für den Inhalt ist. In den meisten Fällen ist die Auswahl von *Nein* bei dieser Option problematisch. Die Inhalte werden bei einer niedrigen Bildschirmauflösung oder bei einem verkleinerten Browser-Fenster abgeschnitten. Wenn dann kein Rollbalken zur Verfügung steht, bleiben sie für den Betrachter unerreichbar. Bei Menüeinträgen ist dies besonders nachteilig, da in einem solchen Fall ganze Bereiche des Angebots nicht aufgesucht werden können.

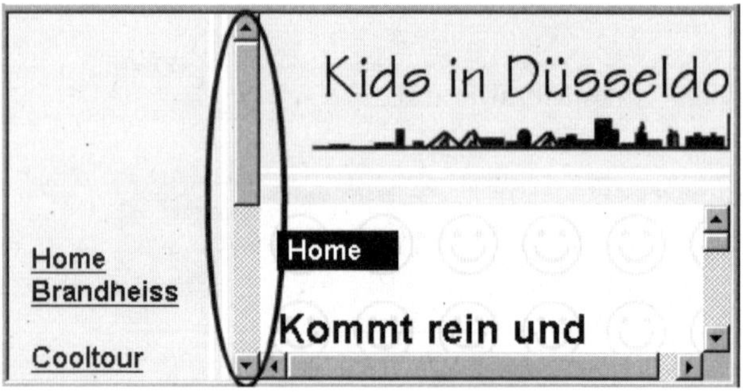

Abb. 9.14: Rollbalken wird bei Bedarf eingeblendet

- Durch das Ankreuzen von *Keine Größenänderung* verhindern Sie, dass der Betrachter Ihrer Seite im Browser an den Trennlinien ziehen und damit die Größen der Frame-Bereiche verändern kann. Diese Einstellung macht in der Regel nur Sinn, wenn Sie auch einen Rahmen für das Frameset festgelegt haben.
- Und genau das können Sie durch die Auswahl von *Ja* bei der Option *Rahmen*. Sie wollen aber, wie bereits gesagt, keinen Rahmen anzeigen lassen. Wählen Sie daher *Nein* aus. Diese Einstellung blendet jedoch nur dann den Rahmen aus, wenn alle angrenzenden Frames ebenfalls keine Rahmen besitzen.

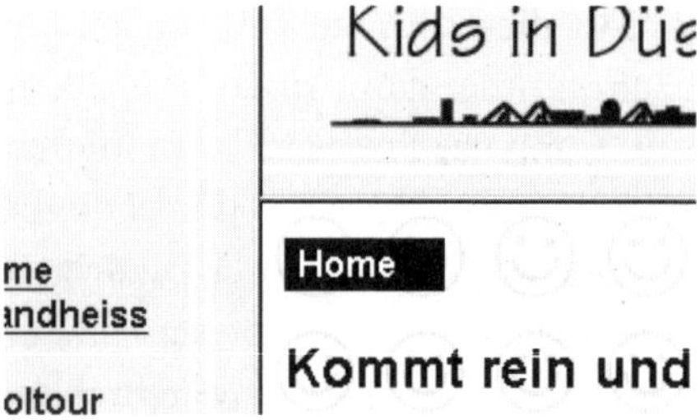

Abb. 9.15: So sieht ein Rahmen zwischen den Frames im Browser aus

- Über *Randbreite* und *Randhöhe* können Sie den Abstand zwischen dem Inhalt des Frames und seinem linken und rechten bzw. oberen und unteren Rand in Pixeln angeben.

▶ Bei *Quelle* kann man die HTML-Datei angeben, mit der das Frame gefüllt werden soll. Diese Einstellung lassen Sie erst einmal unberührt, da Sie die Seite für den Menübereich noch erstellen müssen.

Kopf-Frame

Wählen Sie jetzt das Frame für den Kopf aus. Sie wissen schon: [Alt]-Taste drücken und in das Frame klicken.

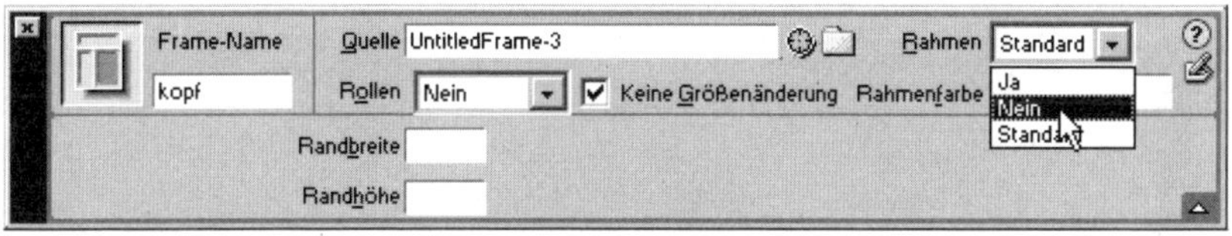

Abb. 9.16: Eigenschaften des Kopf-Frames

▶ Geben Sie bei *Frame-Name* den Namen `kopf` ein.

▶ Bei *Rollen* wählen Sie *Nein* aus, da der Kopfbereich keine besonderen Inhalte oder Navigationselemente enthalten wird, die die Anzeige eines Rollbalkens erforderlich machen würden.

▶ Ein Rahmen soll für das Frame auch nicht angezeigt werden.

Auch in diesem Fall lassen Sie die Angabe bei *Quelle* vorerst unberührt.

Inhalts-Frame

Klicken Sie nun noch bei gedrückter [Alt]-Taste auf das Inhalts-Frame (siehe Abbildung 9.17).

▶ Geben Sie als Namen für das Frame `inhalt` an.

▶ Wieder möchten Sie keinen Rahmen haben.

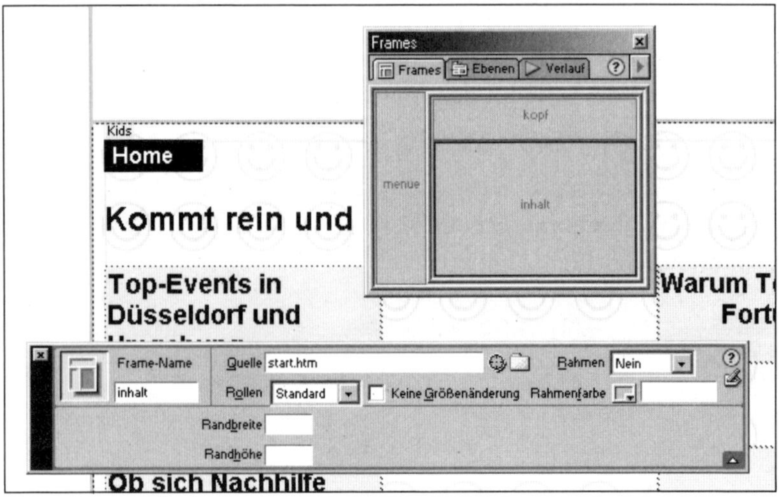

Abb. 9.17: Einstellungen für das Inhalts-Frame

- Die Startseite für den Inhaltsbereich haben Sie schon erstellt. Sie können die entsprechende Datei über das Ordnersymbol neben dem Eingabefeld *Quelle* im Dateisystem suchen. Die Datei befindet sich im Stammordner und heißt *start.htm*. Unabhängig davon, dass man den Inhalt später dynamisch austauschen kann, soll das Frameset immer mit dieser Datei gestartet werden. Sobald Sie die Datei bei *Quelle* eingetragen haben, wird ihr Inhalt im Frame angezeigt.

Speichern Sie das Frameset über *Datei / Frameset Speichern* zwischen.

Browser, die keine Frames kennen

Bestimmte Browser-Typen und -Versionen unterstützen keine Frames. Damit Besucher mit solchen Browsern nicht ganz ohne Information von dannen ziehen, sollten Sie einen so genannten *Noframes*-Bereich festlegen.

Rufen Sie die Funktion *Modifizieren / Frameset / NoFrames-Inhalt bearbeiten* auf. Das Smiley lächelt Sie aus dem Hintergrund an. Jetzt wissen Sie auch, warum Sie eben bei den Seiteneigenschaften der Frameset-Datei neben dem Titel auch die Einstellungen für die Farben und das Hintergrundbild vorgenommen haben. Diese Angaben waren für die *Noframes*-Seite gedacht.

Den *Noframes*-Bereich können Sie wie eine Web-Seite mit Inhalten versehen und gestalten. Alle Eingaben, die Sie hier vornehmen, werden nicht in einer separaten Datei, sondern mit der Frameset-Datei gespeichert. So könnte die Seite aussehen:

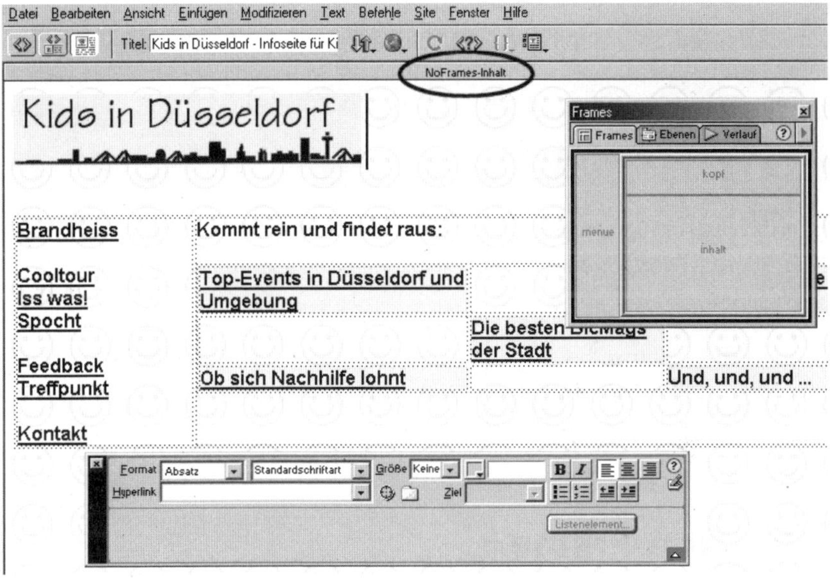

Abb. 9.18: Anzeige für Browser, die keine Frames darstellen können

Dass Sie die *Noframes*-Seite bearbeiten, erkennen Sie an der Angabe *NoFrames-Inhalt* über dem Bearbeitungsfenster.

Halten Sie die Seite ziemlich einfach. Ich habe zuerst das Logo eingefügt und dann das Menü in einer Tabelle untergebracht. Die Links führen auf die Inhaltsseiten, die Sie bereits erstellt haben. Auf diesen Seiten gibt es jetzt aber keine Hyperlinks, die auf die Startseite zurückführen. Die Navigation ist also ein wenig beeinträchtigt. Eine Lösung dieses Problems wäre, dass Sie alle Seiten des Angebots doppelt erstellen. Eine Version für das Frameset und die andere für die Navigation ohne Frames. Ich denke das wäre aber zu viel des Guten. Mit dem oben beschriebenen Mittelweg werden Sie wohl den meisten Besuchern gerecht werden.

HINWEIS

Sie müssen keinen Kopfstand machen, um auch noch Surfer mit Browsern ohne Frame-Unterstützung zufrieden zu stellen. Verfallen Sie aber auch nicht in das andere Extrem, indem Sie diese Besucher einfach mit der Meldung abspeisen, sie mögen sich doch einen neuen Browser zulegen. Nur für Ihre Seite werden das wohl die wenigsten tun.

Um die Bearbeitung des *Noframes*-Bereichs zu beenden, müssen Sie den Menübefehl *Modifizieren / Frameset / NoFrames-Inhalt bearbeiten* erneut aufrufen.

Speichern Sie dann die Änderungen über *Datei / Frameset Speichern* ab. Wie gesagt, die *Noframes*-Seite wird in der Datei *index2.htm* abgelegt, in der sich auch die Definition des Framesets befindet.

9.3 Top-Frame

Sie haben beim Inhalts-Bereich gesehen, dass man in ein Frame eine bereits fertige Seite laden kann. Man kann aber auch ein leeres Frame bearbeiten und anschließend die Eingaben als eigenständige Web-Seite abspeichern.

Nehmen Sie sich zuerst den Kopfbereich vor. Er soll das Logo und ein Hintergrundbild enthalten.

Frame speichern

Bevor Sie Grafiken einbinden, sollte das Frame in einer Datei abgespeichert werden.

- Klicken Sie im Bearbeitungsfenster das Kopf-Frame an.
- Rufen Sie die Funktion *Datei / Frame speichern unter* auf. Sie sollten im Stammordner *website* des Projektes landen.
- Geben Sie bei Dateiname `top` ein und klicken Sie auf *Speichern*.
- Wenn Sie jetzt im Frameinspektor (oder mit gedrückter [Alt]-Taste) auf das obere Frame klicken, sehen Sie im Eigenschafteninspektor bei *Quelle*, dass das Frame mit *top.htm* gefüllt ist.

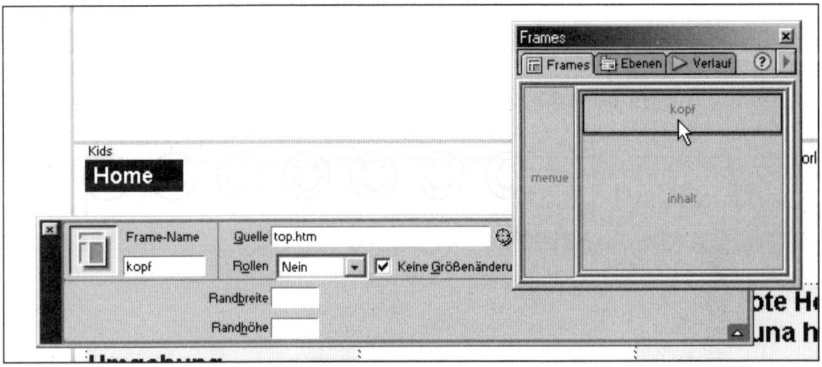

Abb. 9.19: Die Kopfseite ist jedoch noch leer

Hintergrundbild und Logo

Den Titel der Seite und die Hintergrundgrafik fügen Sie über *Modifizieren / Seiteneigenschaften* ein.

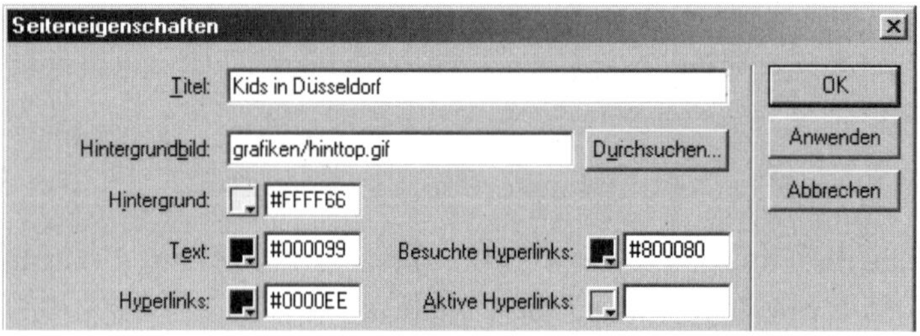

Abb. 9.20: Seiteneigenschaften für das Kopf-Frame

Wählen Sie als *Hintergrundbild* die Grafik *hinttop.gif* im Ordner *grafiken* aus. Der Titel und die Farbeinstellungen für Text, Hintergrund und Links sind Ihnen mittlerweile vertraut. Das Hintergrundbild wird nebeneinander gekachelt, so dass der Eindruck von durchgezogenen Linien entsteht.

Das Logo *grafiken/logo.gif* laden Sie über *Einfügen / Bild* in das Frame.

Legen Sie folgende Eigenschaften für das Bild fest:

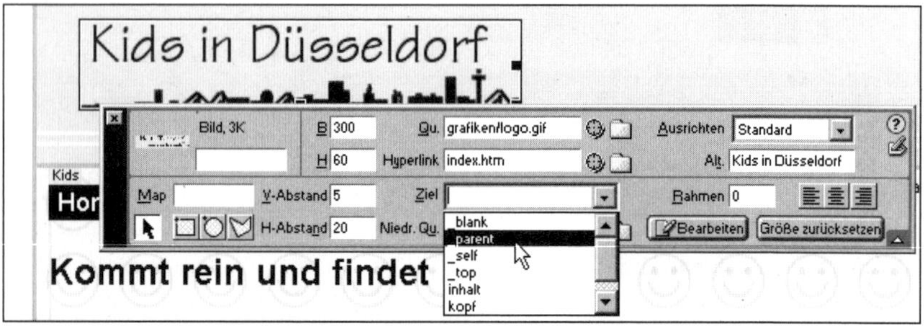

Abb. 9.21: Eine ganze Menge Eigenschaften

▶ Als Alternativtext geben Sie `Kids in Düsseldorf` ein.

- Wenn man das Logo anklickt, soll die Begrüßungsseite aufgerufen werden. Über die Eingabe von `index.htm` bei *Hyperlink* erreichen Sie dieses Ziel.
- Damit im Browser-Fenster kein störender *Rahmen* das gelinkte Bild umgibt, sollten Sie diesen mit `0` ausschalten.
- Durch die Eingabe von `5` und `20` bei *V-Abstand* und *H-Abstand* verschafft sich das Bild den nötigen Freiraum nach oben und unten bzw. rechts und links (in Pixeln).

Für den Fall, dass Sie nur den oberen Teil des Eigenschafteninspektors angezeigt bekommen, müssen Sie das Fenster über die Pfeiltaste ganz rechts erweitern.

Abb. 9.22: Erweitern, um alle Eigenschaften zu sehen

Wenn man das Logo anklickt, soll die Begrüßungsseite nicht im Kopf-Frame, sondern ohne Frames im gesamten Browser-Fenster erscheinen. Bei der Erstellung der Cooltour-Seite haben Sie bereits gesehen, dass man zu einem Link auch noch das Ziel angeben kann.

Bei *Ziel* bedeutet

- *_blank*, dass ein zusätzliches Browser-Fenster mit der zu ladenden Seite geöffnet wird.
- *_parent*, dass die Seite bei verschachtelten Framesets im übergeordneten Frameset desselben Browser-Fensters angezeigt wird. Existiert zum aktuellen Frameset kein übergeordnetes, dann lädt der Browser die Seite in das ganze Browser-Fenster.

- *_self*, dass die Seite in das aktuelle Frame geladen wird.
- *_top*, dass das gleiche Browser-Fenster benutzt wird und die Seite dieses immer komplett ausfüllen darf.

Wählen Sie bei *Ziel _parent* aus, und speichern Sie das Frame über *Datei / Frame Speichern*.

9.4 Menü-Frame

Wenden Sie sich jetzt dem Menü Ihres Angebots zu. Über dieses Menü im linken Frame sollen die Inhaltsseiten in das rechte Frame geladen werden können.

Frame speichern

Klicken Sie mit der Maus in das linke Frame für das Menü. Rufen Sie die Funktion *Datei / Frame Speichern unter* auf und speichern Sie den Inhalt des Frames unter dem Namen *menue.htm* im Stammordner der Site ab.

Stellen Sie die Seiteneigenschaften über *Modifizieren / Seiteneigenschaften* wie beim Kopf-Frame ein. Halt! Einen Unterschied müssen Sie beachten. Als Hintergrundgrafik verwenden Sie diesmal die Datei *hintmen.gif*, die Sie im Ordner *grafiken* finden.

Bitte Abstand halten

Die Menüeinträge sollen immer den gleichen Abstand zur Oberkante des Browser-Fensters einhalten.

Abb. 9.23: Abstand muss sein

Nun könnte man auf die Idee kommen, so viele Absätze über die [↵]-Taste einzugeben, bis das Menü die nötige Distanz hält. Diese Lösung scheint auch auf den ersten Blick zu helfen. Wenn der Betrachter dieser Seite im Browser aber eine beliebige Größe für die Schriftanzeige einstellt, wird sich der Abstand auch entsprechend ändern, da die Zeilenhöhe bei unterschiedlicher Schriftgröße variiert.

Ein anderer Lösungsansatz wirkt da viel versprechender. Man könnte die Menütexte in die zweite Zeile einer Tabelle packen und die Zeilenhöhe der ersten Zeile in festen Pixeln angeben.

- Klicken Sie im Register *Allgemein* der Objektpalette auf das Symbol *Tabelle einfügen*.

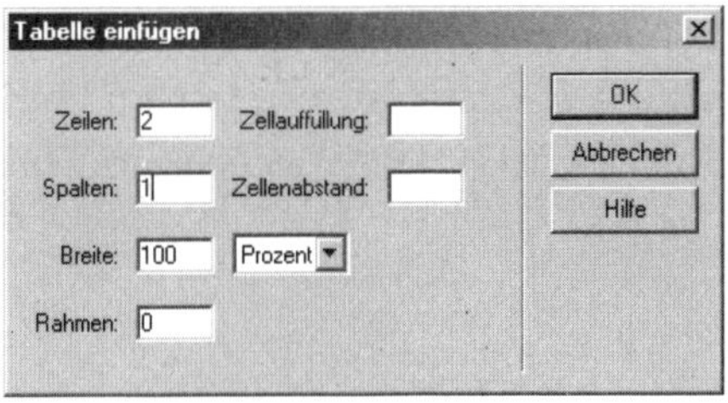

Abb. 9.24: Mal wieder eine Tabelle

- Erstellen Sie eine »blinde« Tabelle mit zwei Zeilen und einer Spalte, die die Breite des Frames zu 100% ausnutzt.

Klicken Sie in die obere Zeile der Tabelle und stellen Sie die Höhe der Zeile über den Eigenschafteninspektor auf 100 Pixel ein.

Abb. 9.25: Feste Zeilenhöhe angeben

Bei neueren Browsern wird Sie das Ergebnis zufrieden stellen. Ältere Browser kennen die Angabe für die Tabellenhöhe jedoch nicht. Die Menütexte würden in diesen Browsern nach oben rücken.

Eine Lösung wäre nun, die Zeilenhöhe mit *Cascading* ***S****tyle* ***S****heets* (CSS, mehr dazu im Kapitel *»Weitere Dreamweaver-Funktionen«*) einzustellen. So lange aber noch in größerer Zahl ältere Browser eingesetzt werden, die CSS nicht einheitlich bzw. im ganzen Umfang unterstützen, werden Sie um den folgenden Trick nicht herum kommen.

Der Trick mit dem Blind-GIF

Im Kapitel *»Grafiken für die Website«* haben Sie gesehen, wie man ein Blind-GIF erstellt. Fügen Sie über *Einfügen / Bild* die Datei *grafiken/ blind.gif* in die erste Zeile der Tabelle ein. Die Grafik ist zwar nur ein Pixel hoch, Sie stellen im Eigenschafteninspektor bei *H* (Höhe) jedoch den Wert 110 ein.

Abb. 9.26: Strecken einer Grafik

Damit wird die Grafik gestreckt. Da sie aber transparent ist, wird man sie im Browser-Fenster nicht sehen. Wie ein Stützbalken hält die Grafik die Zeile in der Höhe auseinander, egal, welche Kapriolen Sie mit dem Browser-Fenster veranstalten. Im Eigenschafteninspektor wird der Wert für die Höhe des Bildes fett angezeigt. So weist Dreamweaver darauf hin, dass die Angabe von den tatsächlichen Bildmaßen abweicht.

> **HINWEIS**
>
> Das gleiche Ergebnis hätten Sie auch erreicht, wenn Sie anstatt der Höhe beim vertikalen Abstand 54 eingegeben hätten. Da der vorgegebene Abstand oben und unten eingehalten wird, müssen Sie nur den halben Wert eingeben.

Sie werden bei der Web-Seiten-Entwicklung immer mal wieder an den Punkt kommen, wo nur noch der Trick mit dem Blind-GIF weiterhilft.

Menüeinträge als Hyperlinks

Geben Sie jetzt die Texte für die Menüeinträge ein. Einen Zeilenumbruch erhalten Sie dabei über ⇧ + ↵. Ein Absatz (etwas größerer Abstand) wird über die ↵-Taste eingefügt. Markieren Sie die Texte und formatieren Sie sie mit der Schrift Arial und fett.

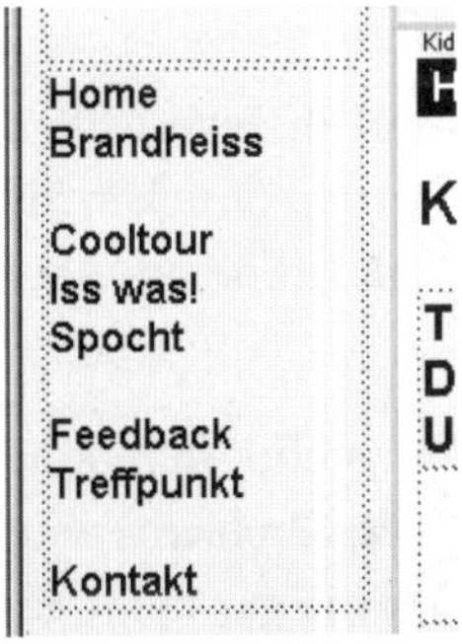

Abb. 9.27: Menütexte

Markieren Sie jeden Link einzeln und ordnen Sie ihm die passende Web-Seite für den Hyperlink zu.

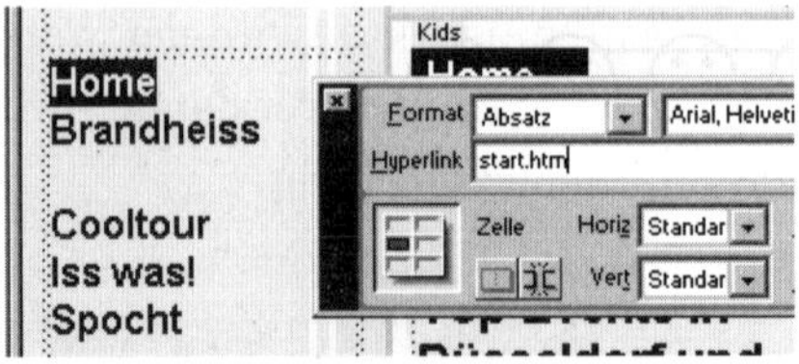

Abb. 9.28: Web-Seite in das Feld *Hyperlink* eingeben

Für die Seiten, die wir in den vorausgegangenen Kapiteln erstellt haben, können Sie die Dateinamen der nachfolgenden Tabelle entnehmen. Bei den anderen Menüeinträgen können Sie einen Fantasienamen eingeben.

Text	Link
Home	*start.htm*
Cooltour	*cool.htm*
Feedback	*feedback.htm*
Kontakt	*kontakt.htm*

Tab. 9.1: Die Menüeinträge und die dazugehörigen Web-Seiten

Speichern Sie die Eingaben über *Datei / Frame Speichern* ab. Jetzt wollen Sie das Ergebnis aber sicher einmal über den Browser testen. Drücken Sie dazu auf die Taste [F12]. Klicken Sie dann den ersten Link *Home* an. Aber was ist das?

Die Startseite wird in den Bereich des Menüs geladen (siehe Abbildung 9.29). So macht das natürlich keinen Sinn. Die Lösung des Problems wird Ihnen aber schnell einleuchten: Sie haben dem Browser ja gar nicht gesagt, in welches Frame er die Seite laden soll. Darum lädt er sie in das Frame, in dem sich die aufrufende Seite befindet.

Abb. 9.29: Das war ja wohl nix

Ziel-Frame angeben

Sie müssen also noch ein wenig nachbessern. Markieren Sie noch einmal den Text `Home`.

Abb. 9.30: Sie müssen das Ziel angeben

Bei *Ziel* können Sie angeben, in welches Frame die referenzierte Seite geladen werden soll. Es werden dort alle Namen der Frames des aktuellen Framesets angezeigt.

Müssen Sie das Ziel jetzt für jeden Link einzeln angeben? Nein, müssen Sie nicht. Man kann für eine Web-Seite auch ein so genanntes *Basisziel* angeben. Jeder Link, der nicht ausdrücklich in einen anderen Bereich laden soll, wird die verlinkte Seite im Basisziel-Frame präsentieren. Rufen Sie den Menübefehl *Einfügen / Head-Tags / Basis* auf.

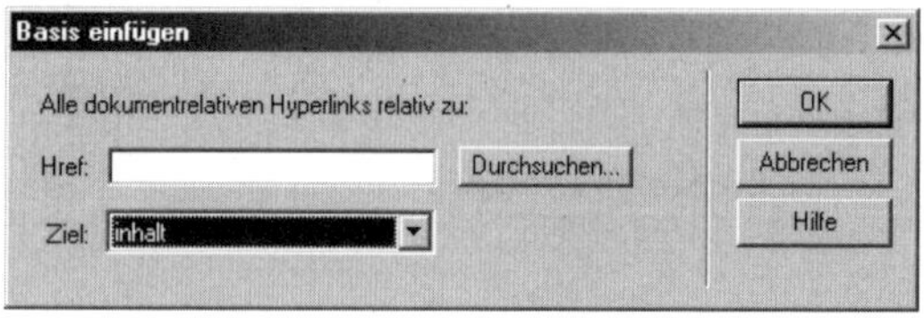

Abb. 9.31: Ein Ziel für alle Gelegenheiten

Bei *Ziel* wählen Sie *inhalt* aus. Das ist der Name unseres rechten Frames. Über *OK* wird das Basisziel festgelegt.

Es wäre nun aber zu schön, um wahr zu sein, wenn es das schon gewesen wäre. Leider macht Dreamweaver an dieser Stelle einen Fehler. Obwohl Sie bei *Href* im Fenster *Basis einfügen* gar nichts eingegeben haben, fügt das Programm diesen Parameter in den Quelltext ein. Und schon funktioniert unser Basisziel nicht.

Aber auch in diesem Fall muss man sich nur zu helfen wissen.

- Klicken Sie irgendwo in das Menü-Frame.
- Schalten Sie zur Codeansicht um.

Abb. 9.32: Aufrufen der Codeansicht

- Ganz oben im Quelltext der Seite finden Sie den Befehl `<base href="" target="inhalt">`.

- ▶ Löschen Sie den Text `href=""`, indem Sie ihn markieren und die [Entf]-Taste drücken.

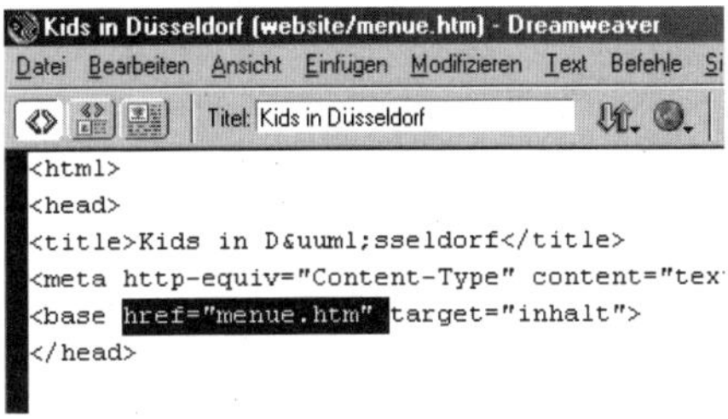

Abb. 9.33: Überflüssigen Parameter löschen

- ▶ Schalten Sie dann wieder zur Entwurfsansicht um.

Sie haben es geschafft! Der Rahmen für Ihr Angebot steht. Speichern Sie jetzt schnell alles mit der Funktion *Datei / Alle Frames speichern* ab. Starten Sie die Seiten mit [F12] im Browser und klicken Sie sich einmal quer durch das Angebot. Habe ich auch gemacht. Nur mein Sohn stand dabei zufällig hinter mir. Seitdem muss ich immer den Bären zeigen, der so komisch läuft.

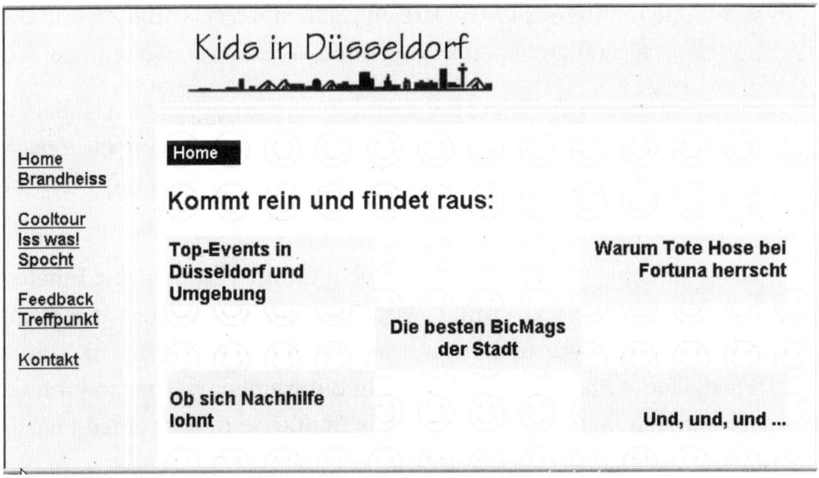

Abb. 9.34: Das Ergebnis kann sich doch sehen lassen

9.5 Hinweise zur Verwendung von Frames

Der Einsatz von Frames ist unter Web-Entwicklern nicht unumstritten. Neben den Vorteilen, die diese Technik bietet, gibt es auch einige Nachteile, die man kennen sollte. Setzen Sie Frames immer dann ein, wenn nach Ihrer Ansicht die Vorteile überwiegen.

Nachteile von Frames

- Wie bereits gesagt, gibt es einige Browser (ältere Versionen oder Browser für andere Betriebssysteme als Windows), die keine Frames unterstützen. Sie könnten sich auf den Standpunkt stellen, dass Sie auf Kunden mit solchen Browsern keinen Wert legen. Wenn Sie sich aber dazu entschließen, dieser Klientel eine Alternativlösung anzubieten, bedeutet das immer einen größeren Aufwand für die Erstellung und Pflege Ihrer Seiten.
- Durch die Frame-Technik wird die Ladezeit etwas länger, da für eine Web-Seite mehrere HTML-Dateien geladen werden müssen und die Kommunikation zwischen Browser und Web-Server aufwendiger ist.
- Frames nehmen viel Platz auf dem Bildschirm in Anspruch. Bei einer niedrigen Auflösung von 640 x 480 Bildpunkten bleibt je nach Größe der Frames für das Menü oder den Seitenkopf wenig Platz für das Frame mit den eigentlichen Informationen.
- Wenn jemand aus seinem Web-Angebot unmittelbar auf eine Inhaltsseite Ihres Angebots verlinkt, wird Ihre Frame-Struktur umgangen. Die Navigation dürfte dann nur unzureichend möglich sein. Andererseits kann man Ihr Frameset nicht ohne größeren Aufwand mit einer anderen Seite als der vorgegebenen Startseite über einen Hyperlink aufrufen.

- Lesezeichen lassen sich auf einfache Weise nur auf das Frameset setzen. Eine HTML-Datei innerhalb eines untergeordneten Frames kann nur mit besonderem Aufwand zur Liste der Lesezeichen hinzugefügt werden.

Vorteile von Frames

- Bei richtigem Einsatz ermöglichen Frames einen sehr schnellen Zugriff auf die einzelnen Themen eines Web-Angebots, da z.B. das Menü ständig eingeblendet werden kann. Die Orientierung innerhalb des Angebots wird für den Besucher erleichtert, indem Links zum Ausgangspunkt und zu anderen definierten Punkten innerhalb des Angebots im Browser-Fenster fixiert werden können. Eine Navigation mit der Frame-Technik zu realisieren, ist in der Regel aber nur bei sehr umfangreichen Projekten (wie z.B. »Kids in Düsseldorf«) sinnvoll. Für kleinere Projekte wirkt der Einsatz häufig überdimensioniert.
- Man kann auch ein Web-Angebot realisieren, bei dem das Menü ohne Frame-Technik auf jede Web-Seite eingefügt wird. Auf den Seiten, die mehr Text enthalten, als der Bildschirm auf einmal anzeigen kann, verschwindet dann das Menü beim Blättern über die Bildlaufleiste aus dem Browser-Fenster. Das würde mit Frames natürlich nicht passieren.
- Bei einer Frame-Struktur ist das Menü innerhalb des Projektes nur in einer Datei gespeichert. Wählt man hingegen die Alternative ohne Frames, bei der ein Menü auf jede Web-Seite eingefügt wird, dürfte das Gesamtvolumen aller Dateien des Projektes etwas größer sein

HINWEIS

Die Frame-Technik kann auch missbraucht werden. So ist es möglich, dass man über das Menü nicht nur eigene Web-Seiten in den Inhaltsbereich des Framesets lädt, sondern auch Seiten ande-

HINWEIS

rer Web-Angebote. Da diese Seiten dann unter einem fremden Kopf firmieren, entsteht der Eindruck, dass sie zu dem aufrufenden Angebot gehören. Das wäre ein klarer Verstoß gegen die ungeschriebenen Regeln des Webs. Um nicht in den Verdacht des Diebstahls zu geraten, sollte immer klar erkennbar sein, dass Sie externe Angebote aufrufen, und Sie sollten die fremde Seite über die Angabe des Ziels *_parent* oder *_blank* beim Hyperlink komplett in ein eigenes Browser-Fenster laden.

9.6 Zusammenfassung, Fragen und Übungen

Zusammenfassung

- Mit Frames kann man im Browser-Fenster mehrere Web-Seiten gleichzeitig anzeigen lassen. Die Aufteilung des Fensters in Frames nennt man Frameset.
- Jedes Frame erhält einen Namen. Bei einem Verweis kann dieser Name dann als Ziel angegeben werden, um die aufgerufene Seite in das jeweilige Frame zu laden.
- Die Angabe des Ziels beim jeweiligen Hyperlink kann entfallen, wenn man ein Basisziel festlegt.
- Dreamweaver stellt vordefinierte Framesets zur Verfügung.
- Über den Frameinspektor lassen sich Frames einfach auswählen.

Zusammenfassung

- Für Browser, die keine Frames unterstützen, kann ein so genannter *Noframes*-Bereich festgelegt werden.
- Mit einem Blind-GIF kann man Abstände zwischen Objekten auf der Web-Seite erzwingen.

Fragen und Übungen

1. Warum sollte man einem Frame nicht den Namen `quer drüber` geben?
2. Wie kann man ein einzelnes Frame unmittelbar über das Bearbeitungsfenster (nicht den Frameinspektor) auswählen?
3. Über welche Funktion können Sie den Seiteninhalt festlegen, den ein Browser anzeigt, der keine Frames unterstützt?
4. Welche beiden Möglichkeiten gibt es, einen Abstand mit einem bereits eingefügten Blind-GIF zu erzwingen?
5. Wann führt die Angabe *Nein* bei der Eigenschaft *Rollen* eines Frames zu Problemen?

10 Site-Verwaltung

10 Site-Verwaltung

Sie haben bereits erfahren, dass Dreamweaver Sie nicht nur bei der Erstellung anspruchsvoller Web-Seiten unterstützt, sondern selbstverständlich auch die komfortable Möglichkeit bietet, die Dateien in lokalen Sites und entfernten Sites zu verwalten. Sie werden noch sehen, wie man beispielsweise die Dateien des Projektes über das Site-Fenster auf den Web-Server lädt.

10.1 Sitemap

Die Struktur Ihres Angebots lässt sich über die Site-Verwaltung auch grafisch darstellen. Rufen Sie den Menübefehl *Fenster / Sitemap* auf.

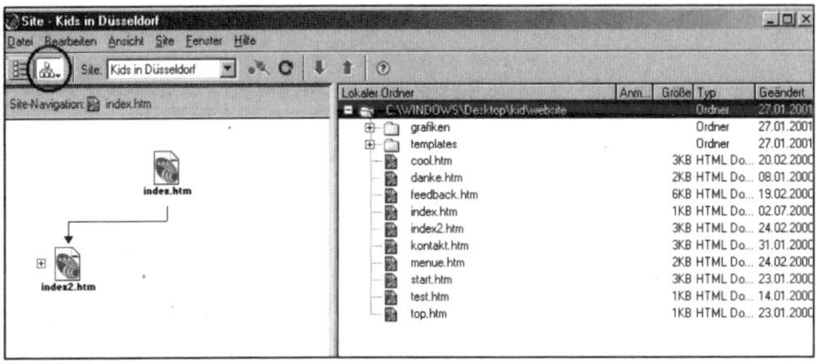

Abb. 10.1: Die Sitemap

HINWEIS

Standardmäßig sehen Sie in der *Sitemap* zwei Ebenen der Site-Struktur, ausgehend von der aktuellen Homepage. Sobald Sie auf die Plus- (+) und Minuszeichen (-) neben den jeweiligen Seiten klicken, werden die Seiten unterhalb der zweiten Ebene ein- bzw. ausgeblendet.

Die *Sitemap* zeigt Ihnen sehr bildlich die Struktur Ihrer lokalen Site an. Die Funktion *Datei / Sitemap speichern* bietet Ihnen sogar die Möglichkeit, Ihre Sitemap in einem Grafikformat abzuspeichern, um es sich anschließend mit Hilfe eines Bildbearbeitungsprogramms anschauen und ausdrucken zu können.

Ihre HTML-Dateien und gegebenenfalls anderer Seiteninhalt sind in der Sitemap als Symbole zu erkennen. Die Hyperlinks werden in der Reihenfolge angezeigt, wie sie im HTML-Quelltext auftreten.

Dabei stellt

- roter Text einen fehlerhaften Hyperlink dar.
- blauer Text mit einem Globussymbol eine Datei, die sich nicht in Ihrer Site befindet, oder einen besonderen Hyperlink dar, beispielsweise die E-Mail-Verknüpfung auf der Kontaktseite, die Sie erstellt haben.
- ein grünes Häkchen eine Datei dar, die Sie ausgecheckt haben.
- ein rotes Häkchen eine Datei dar, die von einem Ihrer Teamkollegen zur Bearbeitung ausgecheckt wurde.
- ein Vorhängeschlosssymbol eine schreibgeschützte Datei dar.

HINWEIS

Sie können sich nur Ihre lokale Site als Sitemap anzeigen lassen. Das bedeutet, dass Sie sich eine entfernte Site erst auf Ihr lokales Laufwerk kopieren müssen, bevor Sie sich von dieser eine Sitemap erstellen können.

Wenn Sie im Unterfenster *Lokaler Ordner* auf einen bestehenden Ordner klicken, können Sie über *Datei / Neue Datei* eine neue Web-Seite und über *Datei / Neuer Ordner* einen neuen Ordner unterhalb des markierten Ordners anlegen.

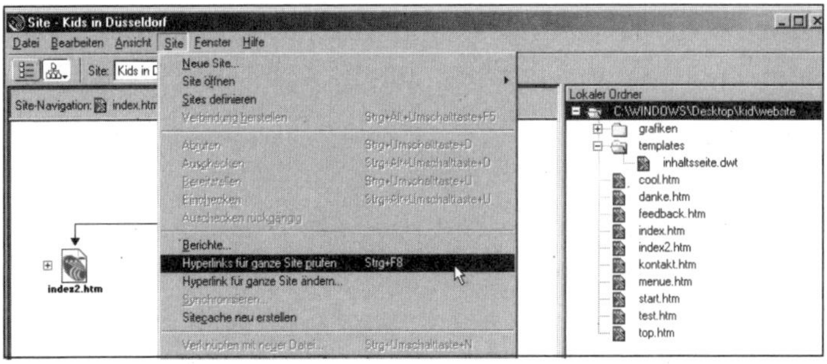

Abb. 10.2: Mit der Site-Verwaltung die Hyperlinks überprüfen

10.2 Hyperlinks prüfen

Neben vielen weiteren Funktionen bietet Ihnen die Site-Verwaltung auch die Möglichkeit, nach fehlerhaften Hyperlinks sowie nicht referenzierten Dateien in einer geöffneten Datei, einem Teil oder in Ihrer kompletten lokalen Site zu suchen. Das Ergebnis wird in einem Dialogfenster protokolliert.

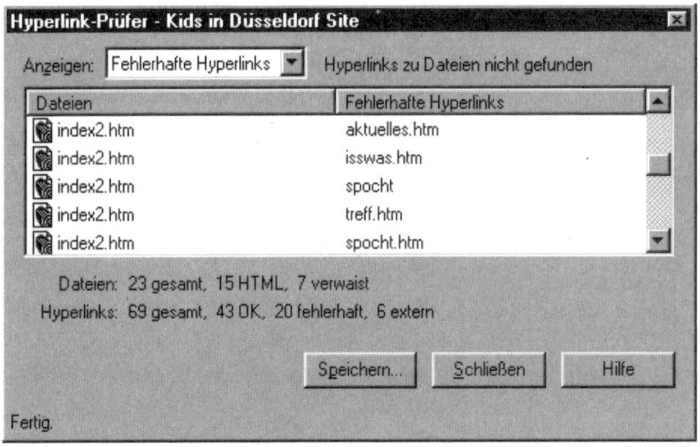

Abb. 10.3: Diese Seiten haben wir noch nicht erstellt

Neben den fehlerhaften Hyperlinks (Hyperlinks, deren Zieldatei nicht existiert) werden auch Dateien der Site, auf die sich kein einziger Link bezieht (so genannte verwaiste Dateien), aufgelistet. Externe Hyperlinks werden nur angegeben, aber nicht geprüft.

Über *Site / Hyperlink für ganze Site ändern* können Sie dann sehr komfortabel die fehlerhaften Bezüge auf ein und dieselbe Datei im ganzen Projekt ändern.

10.3 Suchen und Ersetzen

Angenommen, Düsseldorf würde nach Köln eingemeindet und Sie hätten den Auftrag, die Site »Kids in Düsseldorf« entsprechend zu überarbeiten. Mit der Site-Verwaltung des Dreamweavers ist auch das kein Problem.

Klicken Sie in der Site-Verwaltung auf das Menü *Bearbeiten / Suchen und ersetzen*.

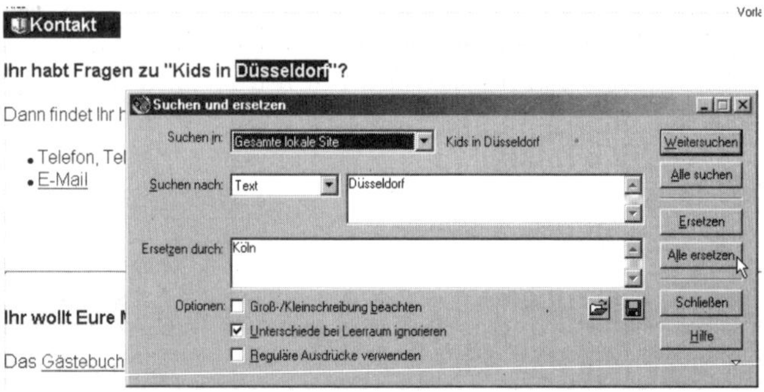

Abb. 10.4: Keine Angst: Düsseldorf wird nicht eingemeindet!

- Im Listenfeld *Suchen in* legen Sie fest, welche Dateien durchsucht werden sollen:

- Mit *Aktuelles Dokument* beschränken Sie den Suchvorgang auf das aktive Dokument. Diese Option steht nur zur Verfügung, wenn Sie den Befehl *Suchen und ersetzen* im Dokumentfenster oder im Kontextmenü der Codeansicht gewählt haben.
- Mit *Aktuelle Site* durchsuchen Sie alle HTML-Dokumente, Bibliotheksdateien und Textdokumente in der aktuellen Site. Nachdem Sie *Aktuelle Site* gewählt haben, wird der Name der aktuellen Site rechts neben dem Listenfeld angezeigt.
- Mit *Ausgewählte Dateien* beschränken Sie den Suchvorgang auf die Dateien und Ordner, die im Sitefenster ausgewählt sind. Diese Option steht nur zur Verfügung, wenn Sie den Befehl *Suchen und ersetzen* wählen, während das Sitefenster aktiv (d. h. vor dem Dokumentfenster) ist.
- Mit *Ordner* beschränken Sie den Suchvorgang auf eine bestimmte Dateigruppe. Nachdem Sie *Ordner* gewählt haben, klicken Sie auf das Ordnersymbol, um den gewünschten Ordner auszuwählen.

- Im Listenfeld *Suchen nach* geben Sie an, wonach Sie suchen möchten:
  - Mit *HTML-Quelle* können Sie nach bestimmten Textzeichenfolgen im HTML-Quellcode suchen.
  - Mit *Text* suchen Sie nach bestimmten Textzeichenfolgen im Dokumentfenster.
  - Mit *Text (erweitert)* suchen Sie nach bestimmten Textzeichenfolgen, die sich entweder innerhalb oder außerhalb von Tags befinden.
  - Mit *Tag* suchen Sie nach bestimmten Tags, Attributen und Attributwerten.

- *Groß-/Kleinschreibung beachten* bedeutet, dass nur Text gefunden wird, dessen Groß- oder Kleinschreibung dem gesuchten Text genau entspricht. Wenn Sie beispielsweise den Text `Kids in Düsseldorf` suchen, wird der Text `kids in Düsseldorf` nicht gefunden.
- *Unterschiede bei Leerraum ignorieren* bedeutet, dass alle nicht druckbaren Zeichen als ein einziges Leerzeichen interpretiert werden. Wenn Sie diese Option markieren, entspricht `Kids in Düsseldorf` zwar der Zeichenfolge `Kids  in  Düsseldorf`, nicht jedoch der Zeichenfolge `KidsinDüsseldorf`.
- Haben Sie *Reguläre Ausdrücke verwenden* markiert, steht die Option *Unterschiede bei Leerraum ignorieren* nicht zur Verfügung. Bei regulären Ausdrücken müssen Sie explizit angeben, dass nicht druckbare Zeichen ignoriert werden sollen. Beachten Sie, dass die Tags <p> und <br> nicht als Leerraum gelten. *Reguläre Ausdrücke verwenden* bewirkt, dass bestimmte Zeichen (beispielsweise ?, *, \w und \b) in der Textzeichenfolge als Operatoren für reguläre Ausdrücke interpretiert werden.

10.4 Upload

Mit großer Sorgfalt haben Sie Ihre Homepage erstellt und möchten sie nun der Weltöffentlichkeit im Internet zugänglich machen. In diesem Kapitel erfahren Sie, wie Ihre Dateien mit Hilfe von Dreamweaver auf den Server Ihres Providers gelangen (Upload) und was Sie möglicherweise beachten sollten.

Ist Ihr Wunschname noch frei?

Bei den meisten Providern erhalten Sie nach dem Upload eine ellenlange Internet-Adresse für Ihre Homepage. So würde sie für unser Projekt

»Kids in Düsseldorf« bei AOL *http://members.aol.com/kidsinduesseldorf* lauten. Bei T-Online sähe das nicht viel anders aus. Nicht sehr einprägsam und auch nicht besonders werbewirksam, falls Sie beabsichtigen, ein kommerzielles Angebot im World Wide Web zu präsentieren.

Mit einem eigenen Domainnamen (*http://www.IhreFirma.de*) sind Sie im Internet genau so vertreten wie ein Großunternehmen. Ihren guten Namen kann Ihnen niemand mehr wegnehmen.

Bei der DENIC eG (*http://www.denic.de*) können Sie online prüfen, ob Ihr Wunschname noch frei ist. Dieses Unternehmen verwaltet und betreibt die Internet-Adressen (Domainnamen), insbesondere die Top-Level Domain *de*.

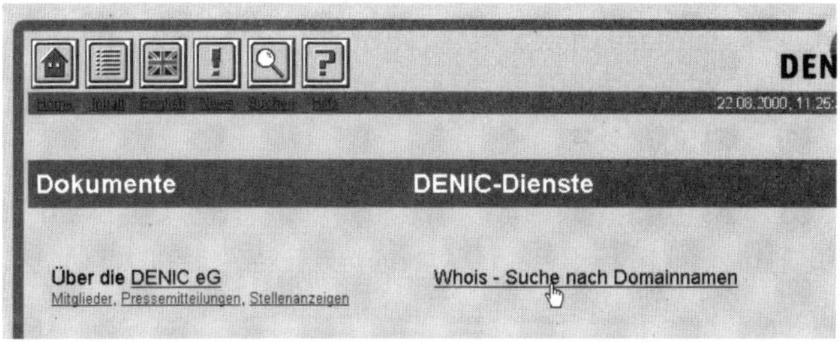

Abb. 10.5: Vergabe der *de*-Domains

Auf der Homepage der DENIC eG klicken Sie auf den Link *Whois – Suche nach Domainnamen*.

Klicken Sie nun auf den Link *Domainnamen*, und tragen Sie in die folgende Eingabemaske den gewünschten Domainnamen ein.

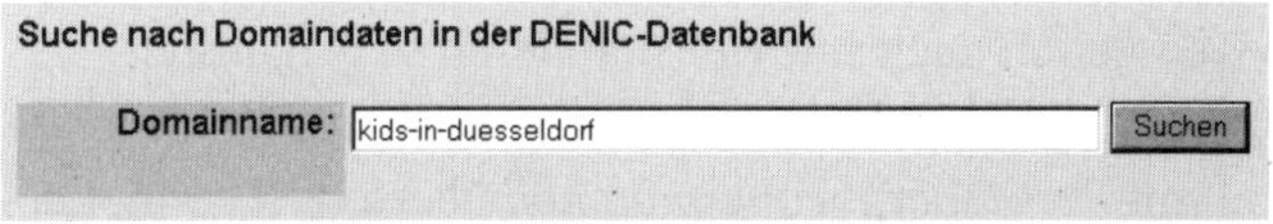

Abb. 10.6: Ein spannender Moment

Wenige Sekunden später erhalten Sie die Nachricht, ob der Domainname noch frei ist.

Domainname:	kids-in-duesseldorf.de
Domaininhaber:	Volker Hinzen
Administrativer Ansprechpartner:	VH728-RIPE
Technischer Ansprechpartner:	WWW8-RIPE
Zonenverwalter:	HD4-RIPE
NSentry:	kids-in-duesseldorf.de IN A 192.67.198.53
NSentry:	www.kids-in-duesseldorf.de IN A 192.67.198.53
NSentry:	kids-in-duesseldorf.de IN MX 10 mailin.webmailer.de
NSentry:	*.kids-in-duesseldorf.de IN MX 10 mailin.webmailer.de
Status:	konnektiert
Letzte Aktualisierung:	Freitag, 5. Mai 2000
Stand Datenbank:	Samstag, 27. Januar 2001

Abb. 10.7: So ein Mist! Der Domainname ist nicht mehr frei!

Wenn Sie wollen, können Sie einen freien Domainnamen direkt bei der DENIC eG registrieren lassen. Allerdings macht die DENIC eG fairerweise darauf aufmerksam, dass die Registrierung einer Domain über einen Internet Service Provider (ISP) deutlich billiger sein kann.

Voraussetzung zur Nutzung Ihres eigenen Domainnamens ist, dass auch Ihr Provider eigene Domainnamen unterstützt. Solche Provider sind beispielsweise UUNET Deutschland (*http://www.uunet.de/*), STRATO AG (*http://www.strato.de*) oder 1&1 PURETEC (*http://www.puretec.de/*). Die Online-Dienste (America Online, CompuServe, T-Online) unterstützen eigene Domainnamen grundsätzlich nicht.

Vorbereitungen

Beginnen Sie nun mit den Vorbereitungen, um Ihre Web-Seiten mit Dreamweaver auf den Server Ihres Providers zu laden. Selbstverständlich können Sie Ihre Web-Seiten auch mit vielen anderen so genannten FTP-Programmen hochladen. Die Abkürzung FTP steht für ***F****ile* ***T****ransfer* ***P****rotocol*, was man mit *Dateiübertragungsprotokoll* übersetzen kann. Dieses Protokoll regelt die Übertragung von Dateien im Internet.

Innerhalb der Online-Dienste werden zum Teil eigene Übertragungsverfahren angeboten. Da aber auch in diesen Fällen der Upload mit

Dreamweaver möglich ist, möchte ich mich auf die Beschreibung dieses Verfahrens beschränken, zumal Dreamweaver Ihnen viele zusätzliche Site-Verwaltungsfunktionen bietet.

Wenn Sie Dreamweaver gestartet haben, wählen Sie das Menüfenster *Fenster / Site-Dateien*. Von dort geht's weiter über den Befehl *Bearbeiten / Einstellungen*.

In dem folgenden Dialogfenster legen Sie in der Kategorie *Site-FTP* fest, welche Dateiübertragungsfunktionen im Site-Fenster verfügbar sind. In der Regel ist dies ein einmaliger Vorgang, mit dem Sie sich später nicht mehr plagen müssen.

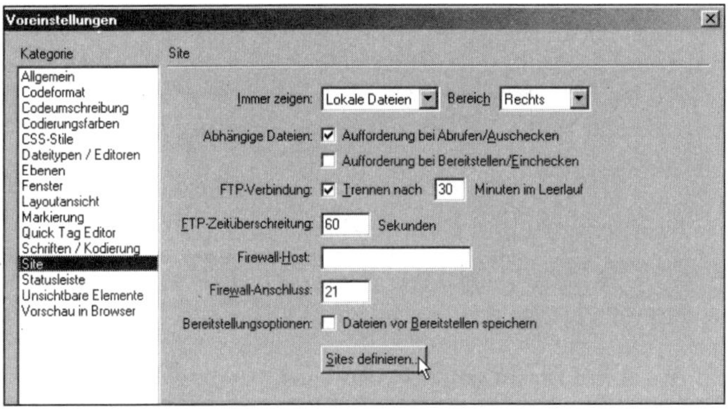

Abb. 10.8: Dateiübertragungsfunktionen festlegen

- Über die Listenfelder *Immer anzeigen* und *Bereich* legen Sie fest, ob entweder die lokalen oder die entfernten Dateien links bzw. rechts im Site-Fenster angezeigt werden. Standardmäßig wird Ihre lokale Site immer rechts angezeigt.
- Wenn Sie bei *Abhängige Dateien* die beiden Optionskästchen per Mausklick aktivieren, wird eine Aufforderung für die Übertragung von abhängigen Dateien angezeigt. Das können beispielsweise Bilder oder Dateien sein, auf die in dem HTML-Dokument verwiesen wird.

- Mit dem Optionskästchen *FTP-Verbindung* können Sie bestimmen, ob nach der von Ihnen definierten Zeit die Verbindung zum Server getrennt wird, sofern innerhalb dieser Zeit keine Aktivität mehr von Ihnen ausgegangen ist. Sie könnten ja mal vor Erschöpfung eingeschlafen sein!
- Damit Dreamweaver nicht stundenlang versucht, eine Verbindung zum Server aufzubauen, können Sie bei *FTP-Zeitüberschreitung* die Zeit in Sekunden begrenzen. Nach Ablauf dieser Zeitspanne erscheint eine entsprechende Warnmeldung.
- Nur für den Fall, dass Sie sich hinter einer Firewall befinden, tragen Sie bei *Firewall-Host* die Adresse des Proxy-Servers ein, zu dem die Verbindung aufgebaut wird.
- *Firewall-Anschluss* legt fest, über welchen Anschluss die Verbindung zum FTP-Server hergestellt wird. Der Standardwert für FTP lautet 21 und ist bereits vorgegeben.
- Sofern Sie das Optionskästchen rechts neben *Bereitstellungsoptionen* aktivieren, werden nicht gespeicherte Dateien automatisch gesichert, bevor sie auf den Server übertragen werden.

Nachdem Sie sich mit den Einstellungen ein wenig vertraut gemacht haben, klicken Sie abschließend auf die Schaltfläche *Sites definieren*.

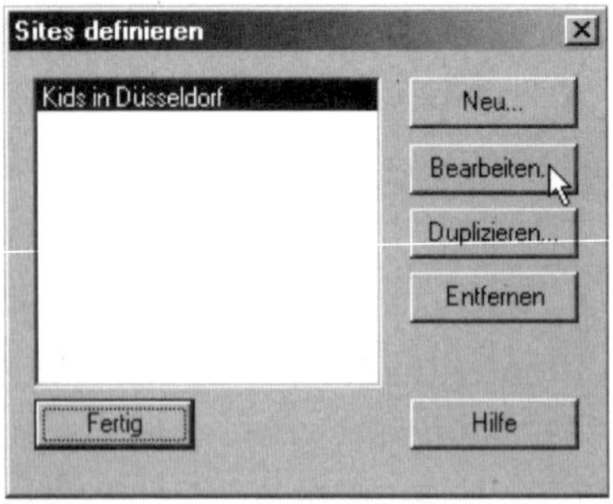

Abb. 10.9: Die richtige Site auswählen

Nachdem Sie in dem Dialogfenster *Sites definieren* die gewünschte Website markiert haben, klicken Sie auf die Schaltfläche *Bearbeiten*. Das folgende Fenster kennen Sie bereits von der Site-Verwaltung.

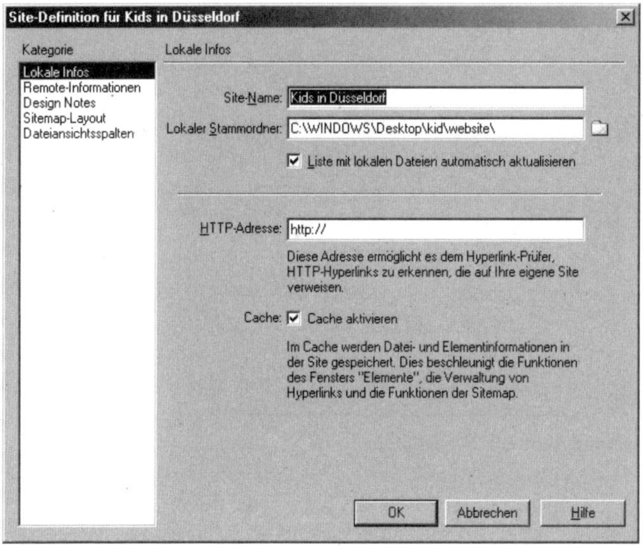

Abb. 10.10: Alte Bekannte

Aktivieren Sie per Mausklick die Kategorie *Remote-Informationen*. Wenn Sie dies das erste Mal machen, ist das Listenfeld *Zugriff* standardmäßig auf *Keine* eingestellt. Da Sie beabsichtigen, die Datei auf einen Server hochzuladen, öffnen Sie das Listenfeld und wählen als Zugriff *FTP*.

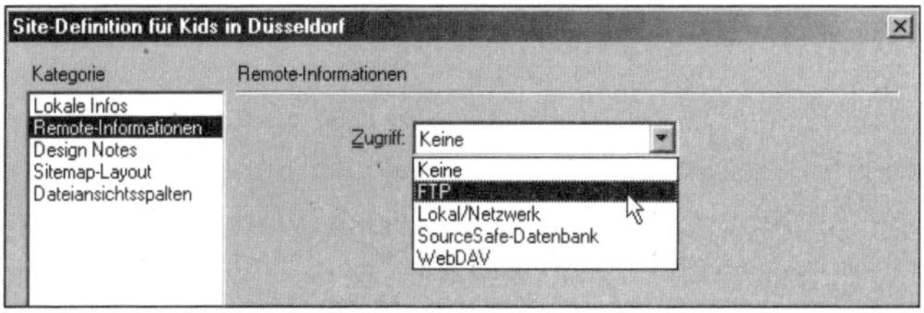

Abb. 10.11: Dann klappt's auch mit FTP

Nachdem Sie als Zugriff *FTP* festgelegt haben, wird das Fenster automatisch um weitere Eingabe- und Optionsfelder erweitert. Die hierfür erforderlichen Angaben erhalten Sie in der Regel mit den Unterlagen Ihres Internet Service Providers, bzw. Sie können diese auf den entsprechenden Web-Seiten der Provider nachlesen. Bei den Online-Diensten können Sie sich gegebenenfalls in den jeweiligen Service-Bereichen informieren.

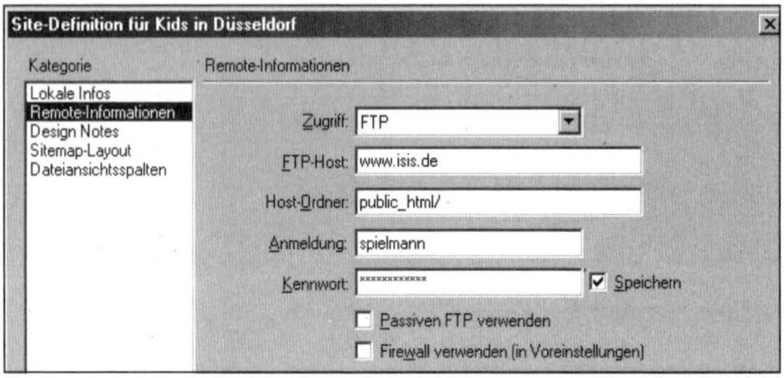

Abb. 10.12: Informationen über den Web-Server

FTP-Einstellungen für Internet Service Provider

Bei einem Internet Service Provider (z.B. UUNET, Netsurf, Nacamar; auch bei Strato und anderen Webspace-Providern) nehmen Sie folgende Einstellungen vor:

- Bei FTP-Host tragen Sie den Namen des Hosts ein, auf den Sie Ihre Web-Dateien übertragen, z.B. `www.isis.de` oder `www.strato.de`. Achten Sie bei der Eingabe darauf, dass Sie nicht aus der Gewohnheit heraus das Protokoll `http://` davor setzen.
- Nur wenn es auf dem Server einen speziellen Ordner gibt, in dem die zu übertragenden Web-Dateien gespeichert werden müssen (auch das erfahren Sie von Ihrem Provider), tragen Sie den Namen dieses Ordners in das Texteingabefeld *Host-Ordner* ein. Beispielsweise trägt der Host-Ordner meines Düsseldorfer Providers ISIS den Namen `public_html`.

- Geben Sie schließlich noch Ihren Anmeldenamen sowie Ihr Kennwort ein. Mit diesen loggen Sie sich auf dem Server ein. Sie werden bei der Eingabe des Kennworts sehen, dass Dreamweaver die Angaben standardmäßig speichert. Wenn Sie das verhindern wollen, deaktivieren Sie das Optionskästchen neben *Speichern*. Allerdings werden Sie dann später immer aufgefordert, Ihr Kennwort einzugeben, sobald Sie eine Verbindung zum Server herstellen wollen.

FTP-Einstellungen für America Online (AOL)

Für die Homepages der AOL-Mitglieder steht der Server mit dem Namen *http://members.aol.com* zur Verfügung.

Um die Dateien mit Dreamweaver hochladen zu können, sind bei AOL folgende Einträge erforderlich:

- *FTP-Host*: `members.aol.com`
- *Host-Ordner*: Das Eingabefeld bleibt leer!!
- *Anmeldung*: `anonymous`
- *Kennwort*: `<E-Mail-Adresse>`

FTP-Einstellungen für T-Online

T-Online hält einen Server mit dem Namen *home-up.t-online.de* bereit, auf dem die von T-Online-Migliedern erstellten Seiten abgespeichert werden können.

Um die Dateien mit Dreamweaver hochladen zu können, sind bei T-Online folgende Einträge erforderlich:

- *FTP-Host*: `home-up.t-online.de`
- *Host-Ordner*: Das Eingabefeld bleibt leer!!
- *Anmeldung*: `anonymous`
- *Kennwort*: `<E-Mail-Adresse>`

Da ich den Regelfall unterstelle, dass Sie keine Firewall eingerichtet haben, brauchen Sie sich um die letzten beiden Optionskästchen nicht zu kümmern, d.h. sie bleiben deaktiviert. Geben Sie Ihr *OK*.

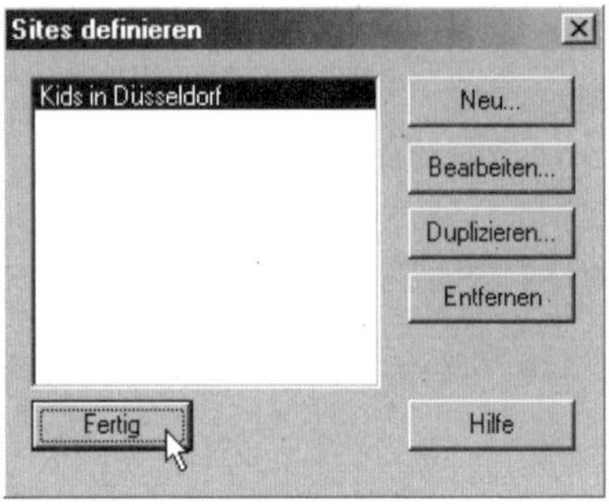

Abb. 10.13: Mach ihn fertig!

Im Dialogfenster *Sites definieren* klicken Sie auf die Schaltfläche *Fertig*.

Web-Seiten auf den Server laden

Nach dem Anklicken der Schaltfläche *Verbinden* nehmen Sie über Ihre DFÜ- Verbindung Kontakt mit dem Web-Server auf, um anschließend die Dateien zu übertragen.

Abb. 10.14: Nur noch zehn Sekunden bis zum Upload ...

Nun wird es spannend. Sie sehen: Der Host wurde gefunden und die Verbindung wird hergestellt.

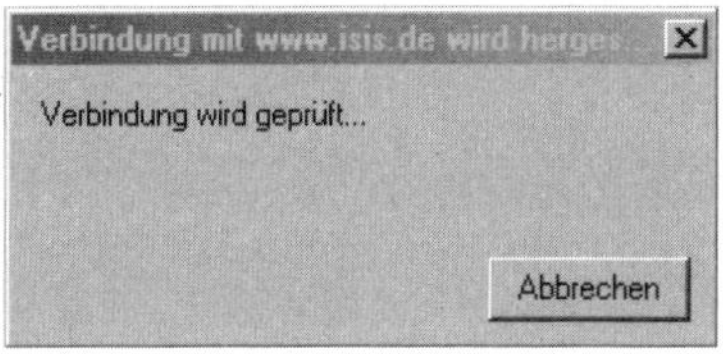

Abb. 10.15: ... noch fünf Sekunden ...

Die Verbindung steht! Ein untrügliches Zeichen hierfür ist das hell leuchtende grüne Lämpchen in der Schaltfläche *Trennen*, die eben noch *Verbinden* hieß.

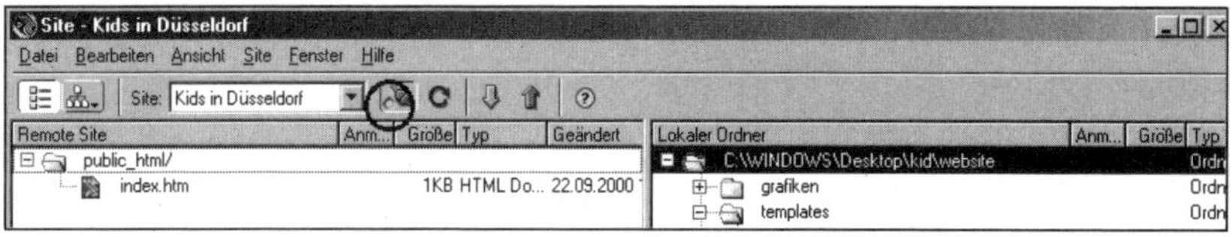

Abb. 10.16: ... noch drei Sekunden ...

Markieren Sie den lokalen Stammordner mit einem Mausklick und aktivieren Sie die Schaltfläche *Bereitstellen*.

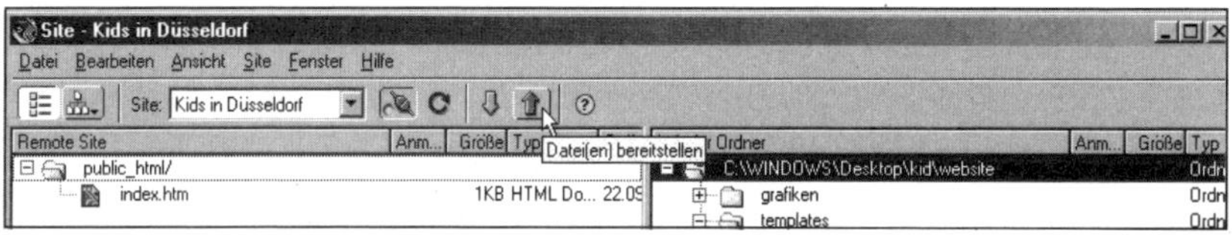

Abb. 10.17: noch zwei Sekunden ...

Die letzten Sicherheitsabfragen laufen. Es macht sich ein Gefühl breit, als träfe man in diesem Moment die wichtigste Entscheidung seines Lebens. Besprechen Sie sich daher in Zweifelsfällen mit Ihren Angehörigen, bevor Sie möglicherweise Ihr unwiderrufliches *OK* geben.

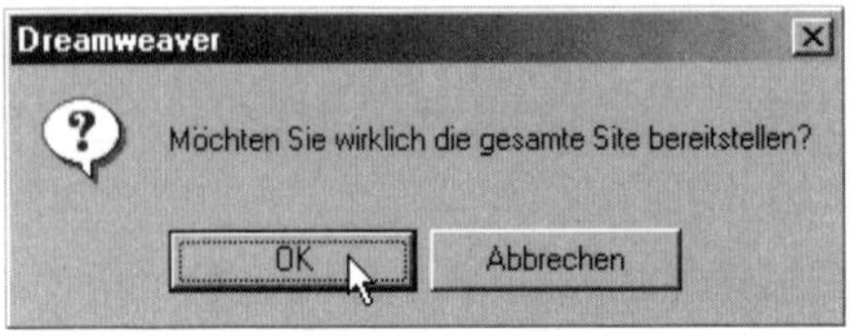

Abb. 10.18: ... noch eine Sekunde ... (Sie können noch abbrechen!)

Wenn Sie in dem Dialogfenster *Abhängige Dateien* auf die Schaltfläche *Ja* klicken, werden auch abhängige Dateien hochgeladen. Sollten Sie bei künftigen Uploads nicht mehr gefragt werden wollen, aktivieren Sie das entsprechende Optionskästchen.

Jetzt endlich beginnt der Upload. Sie können ihn über die Statusleiste des Site-Fensters verfolgen und im Bedarfsfall jederzeit stoppen, indem Sie auf die Schaltfläche *Aktuelle Task stoppen* drücken. Sie finden die Schaltfläche in der Statusleiste: rechts, der rote Kreis mit dem weißen x).

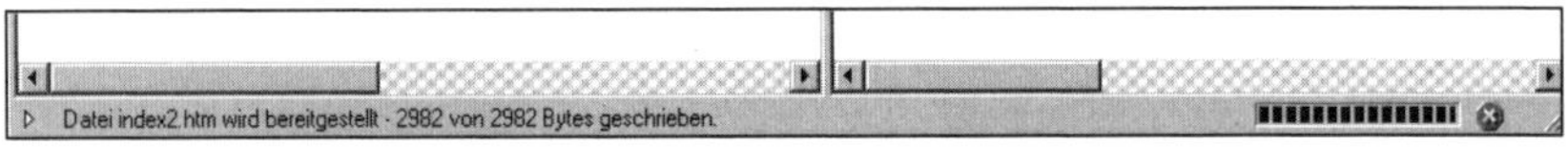

Abb. 10.19: We have a lift-off!

Abhängig vom Umfang Ihrer hochzuladenden Dateien sowie von der DFÜ-Verbindung kann es einige Zeit dauern, bis der Upload abgeschlossen ist. Den Abschluss erkennen Sie an der Statusleiste und daran, dass sich im Site-Fenster im linken Fenster *Remote Site* dieselben Dateien befinden wie rechts im *Lokalen Ordner*.

Danach können Sie die Verbindung wieder über die entsprechende Schaltfläche trennen.

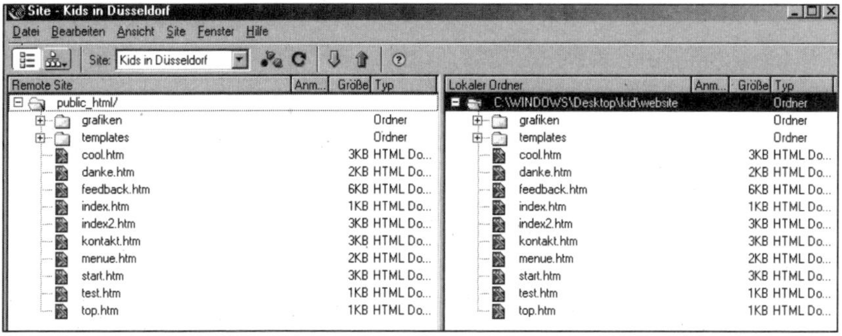

Abb. 10.20: Es ist vollbracht!

Nach dem Upload sollten Sie im World Wide Web Ihre Internet-Präsenz kontrollieren:

- Wurden alle Seiten übertragen?
- Werden alle Grafiken angezeigt?
- Funktionieren die Links wie erwartet?

Problemlösungen

Sollte es Probleme beim Upload geben, bleibt Ihnen nichts anderes übrig, als zu prüfen:

- Haben Sie immer auf Groß- und Kleinschreibung geachtet? Es kann beispielsweise sein, dass Sie Ihre Startseite richtig *index.htm* benannt haben, der Link auf einer anderen Seite aber mit *Index.htm* verknüpft ist.
- Haben Sie Ihre Startseite richtig *index.htm* benannt, aber der Link auf einer anderen Seite verweist auf *index.html*?
- Zur Verzweiflung kann einen auch treiben, dass nach einer Änderung alles beim Alten geblieben zu sein scheint (weil der Zwischenspeicher des Browsers noch die alte Version enthält). Hier ist eine Änderung

der Browser-Grundeinstellungen möglich, oder Sie klicken auf die entsprechende Schaltfläche im Browser, um die Seite noch einmal direkt vom Server zu laden.

- Bei einigen Providern (z.B. T-Online) müssen alle Dateien im Hauptverzeichnis abgespeichert werden, wenn auf dem Server keine Unterverzeichnisse angelegt werden können. Das zu wissen, ist besonders dann wichtig, wenn Sie Ihre Homepage mit Dreamweaver erstellt haben. Auch Sonderfunktionen wie Formulare oder Zähler werden nicht auf allen Servern unterstützt.

Im Übrigen zeichnet Dreamweaver alle FTP-Dateiübertragungen auf. Sollte bei einer Übertragung ein Fehler auftreten, können Sie mit Unterstützung des Protokolls auf Fehlersuche gehen. Um das Protokoll lesen zu können, aktivieren Sie im Site-Fenster den Menübefehl *Fenster / Site-FTP-Protokoll*.

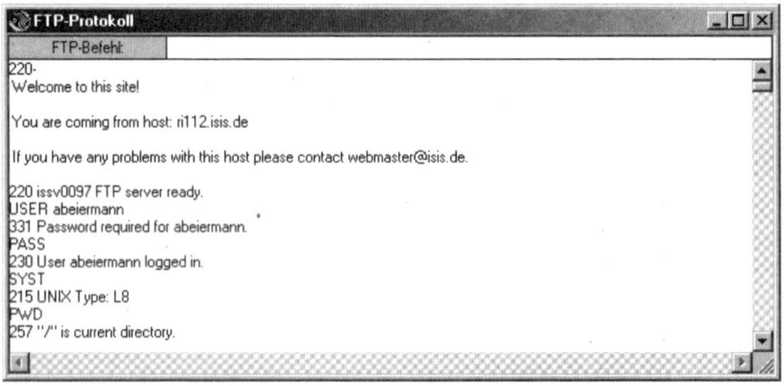

Abb. 10.21: Für den Fall, dass es Probleme gibt: das FTP-Protokoll

Veränderungen

Sie haben sich vor dem Upload Ihre Web-Seiten mit Sicherheit hundertfach angeschaut, damit Ihnen auch nicht der kleinste Fehler beim Layout, bei der Rechtschreibung oder sonstwo unterläuft. Aber ich versichere Ihnen: Sobald Sie Ihre Web-Seiten hochgeladen haben, müssen Sie die ersten Änderungen vornehmen. Das jedenfalls sind meine persönlichen Erfahrungen.

Mit Dreamweaver ist das kein Problem, denn hier bietet sich die Möglichkeit, die Dateien Ihrer lokalen Site mit den Dateien auf dem FTP-Server abzugleichen.

Für den Fall, dass Sie Dateien Ihrer lokalen Site geändert haben, gehen Sie zum Abgleich der Dateien folgendermaßen vor:

- Sie können zunächst im Site-Fenster entweder die gesamte Site oder nur die Dateien der lokalen Site, die sich geändert haben, markieren.
- Danach wählen Sie den Menübefehl *Site / Synchronisieren*.
- In dem Listenfeld *Synchronisieren* legen Sie fest, ob Sie die gesamte Site oder nur lokale Dateien synchronisieren wollen.
- Mit dem Listenfeld *Richtung* bestimmen Sie, ob
    - aktuellere Dateien für entfernte Objekte bereitgestellt werden sollen. Diesen Eintrag wählen Sie, wenn alle Ihre lokalen Dateien hochgeladen werden sollen, deren Änderungsdatum aktueller ist als das der Dateien auf dem Server, was wohl die Regel sein dürfte.
    - aktuellere Dateien von dem entferntem Objekt bezogen werden sollen. Diesen Eintrag wählen Sie, wenn Sie alle Dateien vom Server herunterladen wollen, die aktueller sind als die Dateien Ihres lokalen Ordners.
    - aktuellere Dateien bezogen und bereitgestellt werden sollen. Diesen Eintrag wählen Sie, wenn die aktuellsten Versionen sämtlicher Dateien sowohl im lokalen Ordner als auch auf dem Server abgeglichen werden sollen.

- Schließlich können Sie noch festlegen, ob Dateien gelöscht werden sollen. Welche Dateien in dem Fall gelöscht werden, ist abhängig von der Wahl, die Sie mit dem Listenfeld *Richtung* getroffen haben:
  - Wenn Sie, wie in der nachfolgenden Abbildung zu sehen, die Richtung *Aktuellere Dateien für entferntes Objekt bereitstellen* festgelegt haben, werden die Dateien auf dem Server gelöscht, für die keine entsprechenden lokalen Dateien existieren.
  - Wählen Sie die Richtung *Aktuellere Dateien von entferntem Objekt beziehen*, werden alle Dateien in Ihrem lokalen Ordner gelöscht, für die keine entsprechenden Dateien auf dem Server vorhanden sind.
- Klicken Sie auf *Vorschau*.

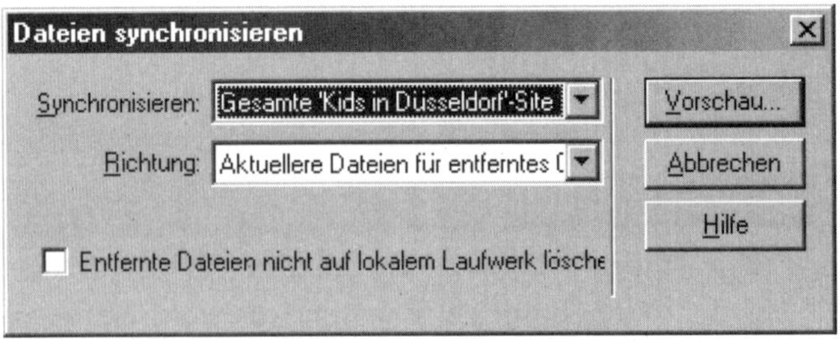

Abb. 10.22: Viele Möglichkeiten zur Synchronisation

Wenn sich sowohl auf dem Server als auch in Ihrem lokalen Ordner jeweils die neuesten Dateien befinden, erhalten Sie eine Meldung, dass keine Synchronisation erforderlich ist. Liegen Änderungen vor, werden die Dateien vor dem Synchronisieren aufgelistet. Sie haben dann immer noch die Möglichkeit, Dateien von der Verarbeitung auszuschließen, indem Sie die Markierung aufheben.

- Zum Schluss geben Sie Ihr *OK*.

Abb. 10.23: Eine letzte Kontrolle vor der Synchronisierung

Teamarbeit

Sollten Sie in einem Team arbeiten, bietet Ihnen Dreamweaver die Möglichkeit, Dateien, die Sie zwischen einem entfernten Server und dem lokalen Computer übertragen, ein- oder auszuchecken. In dem Moment, wo Sie eine Datei auschecken, wird dies allen Teamkollegen mitgeteilt, so dass zwischenzeitliche Veränderungen an derselben Datei ausgeschlossen sind. Sobald die Datei wieder eingecheckt ist, kann sie von anderen Teamkollegen ausgecheckt und bearbeitet werden.

Um das Ein- und Auscheck-System nutzen zu können, wählen Sie im Site-Fenster den Menübefehl *Fenster / Sites definieren*. Das inzwischen hinlänglich bekannte Fenster *Sites definieren* erscheint. Markieren Sie die gewünschte Website und drücken Sie die Schaltfläche *Bearbeiten*.

In dem folgenden Fenster wählen Sie die Kategorie *Remote-Informationen*.

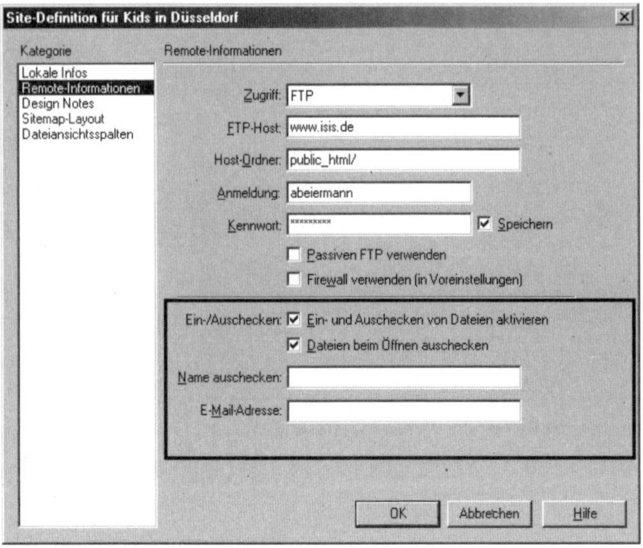

Abb. 10.24: Teamarbeit ermöglichen

- Markieren Sie die Option *Ein-/Auschecken von Dateien aktivieren*, wenn Sie mit Teamkollegen an der Website arbeiten.
- Aktivieren Sie die Option *Dateien beim Öffnen auschecken*, dann werden die Dateien automatisch ausgecheckt, sobald Sie sie im Site-Fenster per Doppelklick öffnen wollen.
- Der Auscheck-Name erscheint im Site-Fenster neben den Dateien, die Sie ausgecheckt haben, so dass jeder Teamkollege sofort sehen kann, wer zur Zeit an einer bestimmten Datei arbeitet.
- Wenn Sie eine E-Mail-Adresse eingeben und dann eine Datei auschecken, wird Ihr Name im Sitefenster neben dieser Datei als anklickbarer Hyperlink angezeigt (blau und unterstrichen). Klickt ein Teamkollege auf diesen Hyperlink, wird automatisch das Standard-E-Mail-Programm mit einer neuen Nachricht geöffnet.

Dateien löschen

Neben der Möglichkeit der Synchronisation bietet Ihnen Dreamweaver selbstverständlich auch die Möglichkeit, dass Sie wie im Windows-Explorer die Dateien lokal oder auf dem Server löschen, kopieren, umbenennen usw. können.

Zu diesem Zweck markieren Sie die entsprechenden Dateien und klicken anschließend mit der rechten Maustaste in die Markierung. Wählen Sie beispielsweise das Kontextmenü *Löschen*, so werden die ausgewählten Dateien nach einer weiteren Sicherheitsabfrage lokal bzw. auf dem Server gelöscht.

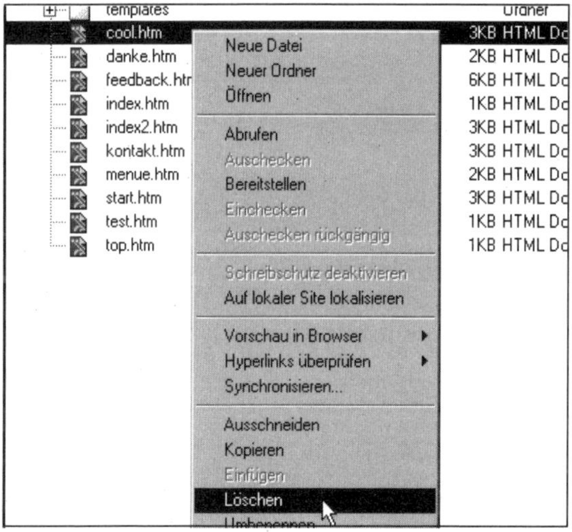

Abb. 10.25: Dateien löschen

10.5 Bekanntmachung

Jetzt haben Sie in vielen Stunden Ihre Website »Kids in Düsseldorf« erstellt und sie soeben erfolgreich ins Internet geladen. Aber wie kann sie von den vielen Kids im Internet gefunden werden? Woher sollen sie wissen, dass die Internet-Adresse möglicherweise *http://members.aol.com/kids-in-duesseldorf* lautet? Natürlich werden Sie ab sofort persönlich dafür Sorge tragen, dass die Adresse auf allen Plakaten, Briefkopfbögen und Visitenkarten erscheint, denn dadurch wächst der Bekanntheitsgrad, aber das wird nicht ausreichen.

Überlegen Sie doch einmal, wie Sie vorgehen, wenn Sie Informationen im Internet aufstöbern: Richtig, Sie bedienen sich eines oder mehrerer Suchdienste.

Abb. 10.26: AltaVista: Einer der weltweit größten Suchdienste

Die Frage, die sich sofort stellt, ist die, wie die Suchdienste an die Informationen gelangen.

Hierfür gibt es grundsätzlich zwei Möglichkeiten:

- Über Suchroboter, die sich im World Wide Web von Dokument zu Dokument hangeln und die besuchten bzw. untersuchten Links an eine riesige URL-Datenbank übergeben (Betreiber von Suchdiensten mögen die stark vereinfachte Darstellung der Arbeitsweise entschuldigen!). Die Gefahr ist jedoch sehr groß, dass Sie die Erfassung Ihrer Homepage auf diese automatisierte Weise vielleicht nicht mehr erleben, weil sich das Informationsangebot im World Wide Web täglich explosionsartig vergrößert. Es gibt entsprechende Untersuchungen, die unter anderem aus diesem Grund vermuten lassen, dass noch nicht einmal die Hälfte des Informationsangebots über Suchdienste zu finden ist!

- Besser ist, dass Sie selbst aktiv werden und Ihre Homepage bei den wichtigsten Suchdiensten anmelden. Diese kostenlose Möglichkeit bietet jeder mir bekannte Suchdienst.

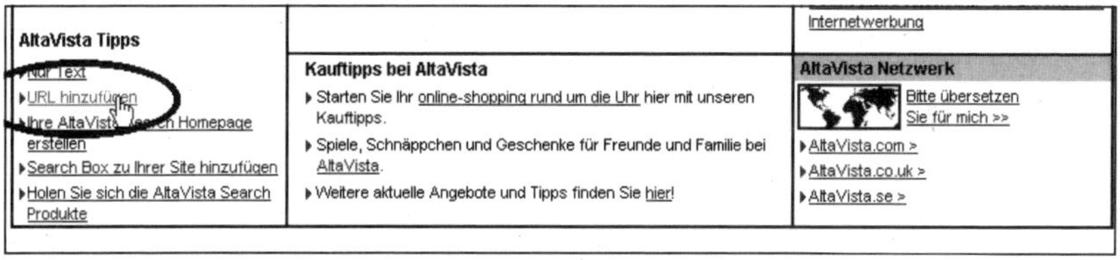

Abb. 10.27: Hier können Sie bei AltaVista Ihre Homepage anmelden

Was Sie sich abschminken können, ist der Gedanke, die Homepage möglicherweise bei allen Suchdiensten anzumelden. Es gibt viele tausend Suchdienste!

Sinnvoller ist es daher, die Homepage in den wichtigsten nationalen und gegebenenfalls auch internationalen Suchdiensten anzumelden. Wie einfach das ist, werde ich Ihnen am Beispiel von Fireball zeigen (siehe Abbildung 10.28).

Fireball ist zur Zeit einer der größten Suchdienste für deutschsprachige Dokumente im Internet. Ein besonderer Vorteil von Fireball ist außerdem die Anbindung an den Suchdienst AltaVista, sobald Sie nach fremdsprachigen Dokumenten suchen.

Abb. 10.28: Fireball: Einer der größten deutschen Suchdienste

Suchmaschineneintrag

Sie können Fireball Ihre Internet-Adresse (URL) mitteilen, wenn Ihre Web-Seiten in deutscher Sprache verfasst sind. Zu diesem Zweck klicken Sie mit der Maus auf die Schaltfläche *URL MELDEN* am Ende der Web-Seite.

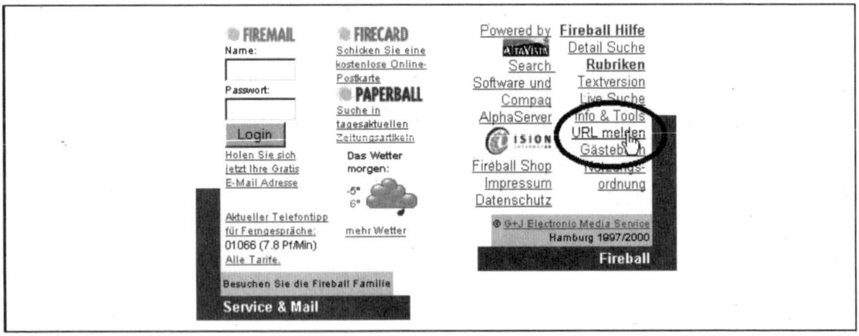

Abb. 10.29: Melden Sie Ihre Homepage an

Wenige Sekunden später erscheint die Seite, auf der Sie die Internet-Adresse Ihrer Homepage eintragen. Achten Sie auf die korrekte Schreibweise, bevor Sie auf die Schaltfläche *Anmelden* klicken.

Abb. 10.30: Tragen Sie hier Ihre Internet-Adresse ein

Fireball prüft umgehend, ob die von Ihnen gemeldete URL gültig ist, und teilt Ihnen kurze Zeit später mit, dass die Internet-Adresse dem Fireball-System gemeldet wurde.

Abb. 10.31: Ihre Internet-Adresse wird geprüft

Abschließend möchte ich es nicht versäumen, Ihnen mitzuteilen, dass es im Internet auch verschiedene, zum Teil kostenlose Dienste gibt, die sich um das Eintragen Ihrer Homepage bei mehreren Suchdiensten gleichzeitig kümmern.

Einen solchen Dienst finden Sie bei »webmasterplan« unter der Internet-Adresse *http://www.webmasterplan.com/de/*. Er sorgt dafür, dass Ihre Homepage in ca. 30 wichtige deutsche und internationale Suchdienste kostenlos eingetragen wird. Der gesamte Vorgang dauert etwa fünf Minuten. Kostenpflichtig ist dagegen der ebenfalls mögliche automatisierte Eintrag in über 1.000 internationale Suchdienste.

Abb. 10.32: Kostenloser Suchdienst-Eintrag möglich

Suchergebnis verbessern

Nun haben Sie Ihre Website angemeldet. Von manchen Suchdiensten wird der Inhalt Ihrer Website innerhalb weniger Minuten indiziert (z.B. Infoseek), bei anderen Suchdiensten muss man sich unter Umständen einige Wochen in Geduld üben (z.B. Yahoo).

Auf jeden Fall sollten Sie zwischendurch immer wieder kontrollieren, ob Sie Ihre Website über die jeweiligen Suchdienste wiederfinden, da Sie über den erfolgten Eintrag in der Regel nicht informiert werden. Ist sie endlich eingetragen, werden Sie möglicherweise mit Entsetzen feststellen, dass Ihre Website erst an der 945sten Stelle erwähnt wird!

Schlüsselwörter

Um sich eine bessere Position zu sichern, können Sie als so genannte *Meta Tags* Schlüsselwörter definieren, die für Ihre Website relevant sind. Meta Tags sind besondere HTML-Befehle im Header Ihrer Web-Seite, die der Browser nicht anzeigt (siehe auch das Kapitel »*HTML – Die Auszeichnungssprache*«). Die Meta Tags werden zwar nicht von allen Suchdiensten ausgewertet, aber die bedeutsamsten, wie z.B. AltaVista oder Infoseek, nehmen sie in ihre Datenbanken auf..

Um mit Dreamweaver Schlüsselwörter einzufügen, wählen Sie im Dokumentfenster die Menüfunktion *Einfügen / Head-Tags / Schlüsselwörter.*

Abb. 10.33: Mit Schlüsselwörtern Spitzenplätze in Suchdiensten ergattern

In das Texteingabefeld *Schlüsselwörter* tragen Sie die Schlüsselwörter ein, die mit Ihrer Website assoziiert werden können. Dabei sollten Sie die wichtigsten an den Anfang setzen, da diese höher bewertet werden als solche am Ende der Liste. Die einzelnen Schlüsselwörter werden mit Kommata voneinander getrennt.

Einige Suchmaschinen setzen ein Limit auf die Anzahl der Schlüsselwörter oder Zeichen, die sie aufnehmen, und andere ignorieren sämtliche Schlüsselwörter, wenn Sie ein gesetztes Limit überschreiten. Deshalb sollten Sie Ihre Schlüsselwörter auf einige wenige, dafür aber ausgesuchte Wörter beschränken.

Beschreibung

Mit dem Meta-Tag *Beschreibung* können Sie Ihre Website näher beschreiben. Was Sie hier als Beschreibung eintragen, wird von den Suchdiensten auf der Ergebnisseite angezeigt. Je interessanter der Text für potenzielle Besucher klingt, desto größer ist die Chance, dass diese dem Verweis auf Ihre Website folgen.

Die Beschreibung fügen Sie ein, indem Sie im Dokumentfenster von Dreamweaver die Menüfunktion *Einfügen / Head-Tags / Beschreibung* wählen.

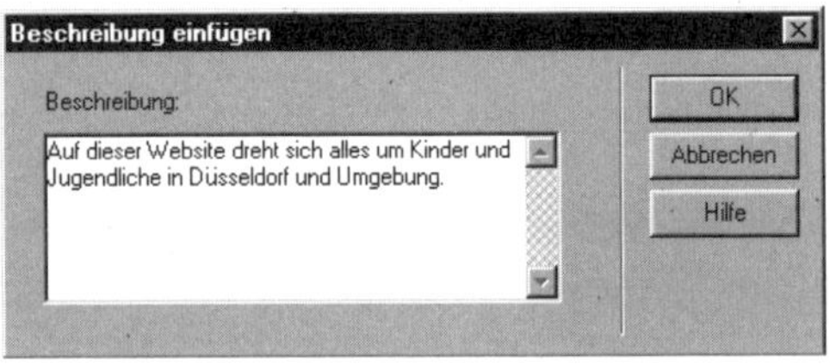

Abb. 10.34: Kurzbeschreibung Ihrer Website

10.6 Zusammenfassung, Fragen und Übungen

Zusammenfassung

- Über die Sitemap erhalten Sie einen grafischen Überblick über die Seiten Ihres Web-Angebots.
- Sie haben erfahren, dass Sie nur dann einen eigenen Domainnamen nutzen können, wenn Ihr Provider dies unterstützt.

Zusammenfassung

- Sie haben gesehen, welche Vorbereitungen Sie mit Dreamweaver treffen müssen, um eine Website erfolgreich ins Internet zu laden.
- Darüber hinaus wissen Sie jetzt, wie die Dateien auf dem entfernten Server und im lokalen Ordner synchronisiert werden können und dass Dreamweaver auch Teamarbeit unterstützt.
- Websites sollten Sie bei den wichtigsten nationalen und/oder internationalen Suchdiensten anmelden.

Fragen und Übungen

1. Wie werden fehlerhafte Links in der Sitemap dargestellt?
2. Mit welcher Funktion kann man die Hyperlinks einer Site überprüfen lassen?
3. Wo können Sie online prüfen, ob Ihr Wunschname noch frei ist?
4. In welche zwei Gruppen können Provider eingeteilt werden?
5. Wie heißt das Internet-Protokoll zur Dateiübertragung?
6. Welchen Vorteil bietet Dreamweaver mit dem »Ein- und Auscheck-System«?
7. Suchen Sie auf der Homepage von Yahoo (*http://de.yahoo.com*) nach der Möglichkeit, Ihre Website anzumelden!

11 Weitere Dreamweaver-Funktionen

11 Weitere Dreamweaver-Funktionen

Im Rahmen des Projektes „Kids in Düsseldorf" haben Sie eine ganze Reihe von Dreamweaver-Funktionen kennen gelernt und ausprobiert. Ein Eingehen auf sämtliche Funktionen des Programms würde jedoch den Rahmen dieses Einsteigerseminars sprengen. In diesem Kapitel werde ich Ihnen weitere interessante Funktionen und Einstellungsmöglichkeiten des Programms vorstellen, ohne jedoch besonders in die Tiefe zu gehen. Der Schwerpunkt liegt dabei mehr auf dem »gewusst wo« als auf dem »gewusst wie«.

11.1 Voreinstellungen

Über *Bearbeiten / Einstellungen* startet ein Dialogfenster, in dem Sie die Voreinstellungen zu den einzelnen Funktionen des Programms an Ihre individuellen Bedürfnisse anpassen können. Einige dieser Einstellungsmöglichkeiten haben Sie bereits kennen gelernt (z.B. die Konfiguration der *Browser-Liste*). Daher möchte ich mich bei der weiteren Beschreibung wieder auf das Wesentliche beschränken.

Allgemeine Voreinstellungen

Schauen Sie sich zuerst in der gleichnamigen Kategorie die allgemeinen Voreinstellungen an, über die Sie das generelle Erscheinungsbild von Dreamweaver festlegen können.

- *Beim Start nur Site-Fenster anzeigen* bestimmt, dass beim Start von Dreamweaver statt eines neuen, leeren Dokuments nur das Site-Fenster und offene Paletten angezeigt werden.

- Wenn Sie die Option *Dateien in neuem Fenster öffnen* wählen, vereinfachen Sie das gleichzeitige Öffnen mehrerer HTML-Dokumente. Bei deaktivierter Option wird jede Datei, die Sie öffnen, im aktuellen Fenster angezeigt, so dass das aktuelle Dokument hierdurch ersetzt wird.
- *Warnung beim Öffnen schreibgeschützter Dateien* erklärt sich von selbst.
- Das Optionsfeld *Erweiterung beim Speichern hinzufügen* bestimmt die Standarddateierweiterung für die Dreamweaver-Dokumente, wenn Sie sie speichern. Neben der Endung *.htm* wird auch häufig die Langform *.html* verwendet.
- Mit Hilfe des Listenfeldes *Hyperlinks beim Verschieben von Dateien aktualisieren* können Sie festlegen, wie sich Dreamweaver verhält, sobald Sie ein Dokument innerhalb der Site verschieben, umbenennen oder löschen. So ist es möglich, festzulegen, dass Hyperlinks immer automatisch aktualisiert werden, niemals aktualisiert werden oder dass Sie gefragt werden, ob Sie eine Aktualisierung durchführen möchten.
- Mit *Beim Einfügen von Objekten Dialog anzeigen* definieren Sie, ob Dreamweaver Sie nach weiteren Informationen fragt, wenn Sie Bilder, Tabellen und bestimmte andere Objekte mit der Objektpalette oder über den Menübefehl *Einfügen* einfügen. Ist diese Option nicht eingeschaltet, müssen Sie die entsprechenden Angaben über den Eigenschafteninspektor machen.
- Die Option *Schnellere Tabellenbearbeitung (verzögerte Aktualisierung)* beschleunigt die Eingabe in Tabellen. Anpassungen der Spaltenbreiten und Reihenhöhen werden dann so lange verzögert, bis Sie außerhalb der Tabelle klicken.
- Mit *Formularelemente beim Einfügen umbenennen* wird der Name eines Formularelements geändert, wenn Sie es durch Kopieren und

Einfügen in ein Dokument einfügen. Wenn Sie diese Voreinstellung deaktivieren, behält das Formularelement den Namen des Originals.

- Sollten Sie eine Entwicklungsumgebung oder ein Sprachen-Kit einsetzen, das Doppel-Byte-Text (wie beispielsweise japanische Schriftzeichen) vereinfacht, können Sie nach der Wahl der Option *Doppel-Byte-Inline-Eingabe aktivieren* Doppel-Byte-Text direkt in das Dokumentfenster eingeben.
- In das Feld *Zulässige Höchstzahl der Verlaufsschritte* können Sie durch die Eingabe eines entsprechenden Wertes die Anzahl der in der Verlaufspalette gespeicherten und angezeigten Schritte festsetzen.
- Mit dem Listenfeld *Objektfenster* können Sie wählen, wie der Inhalt der Objektpalette dargestellt werden soll: mit Text und Symbolen, nur mit Text oder nur mit Symbolen.
- Das Listenfeld *Rechtschreibwörterbuch* enthält eine Liste der verfügbaren Wörterbücher.

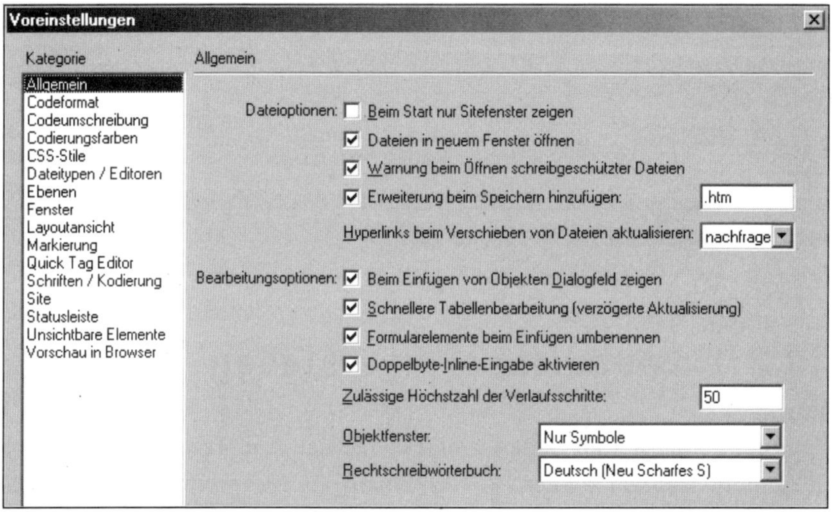

Abb. 11.1: Allgemeine Voreinstellungen

Voreinstellungen für externe Editoren

Hier ermöglicht Ihnen Dreamweaver, Ihren externen Lieblings-Texteditor (beispielsweise HomeSite oder den Windows-Texteditor) einzubinden.

- Klicken Sie neben dem Textfeld *Externer Codeeditor* auf die Schaltfläche *Durchsuchen*, um Ihren Texteditor auszuwählen.
- Über das Listenfeld *Geänderte Dateien neu laden* legen Sie fest, wie sich Dreamweaver verhalten soll, wenn er ein extern verändertes Dokument öffnet.
- Geben Sie unter *Beim Starten speichern* an, ob Dreamweaver das aktuelle Dokument vor dem Start des Editors immer oder nie speichern soll, oder ob Sie bei jedem Start danach gefragt werden sollen.
- Abschließend klicken Sie auf die Schaltfläche *Zum primären Editor machen*.

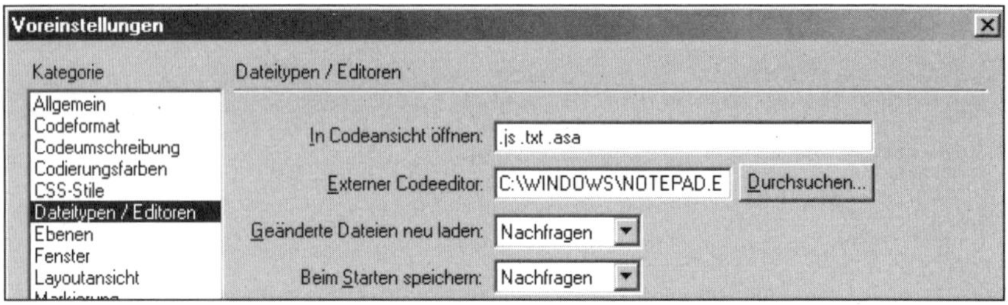

Abb. 11.2: Voreinstellungen für externe Editoren

11.2 Layouttabellen erstellen

Sehr viele Web-Seiten haben als Grundgerüst eine Tabelle, mit der die Texte und Grafiken auf dem Bildschirm angeordnet werden. Seit der Version 4 unterstützt Dreamweaver Sie bei der Erstellung einer solchen Tabelle mit der Layoutansicht. Mit ihrer Hilfe können Sie Webseiten besonders schnell gestalten.

▶ Wechseln Sie zunächst über die Objektpalette von der *Standardansicht* in die *Layoutansicht*. Beim erstmaligen Wechsel erhalten Sie nähere Hinweise zur weiteren Bearbeitung. Wollen Sie sich künftig dieses Fenster ersparen, aktivieren Sie die Option *Diese Meldung nicht mehr zeigen*, bevor Sie Ihr *OK* geben.

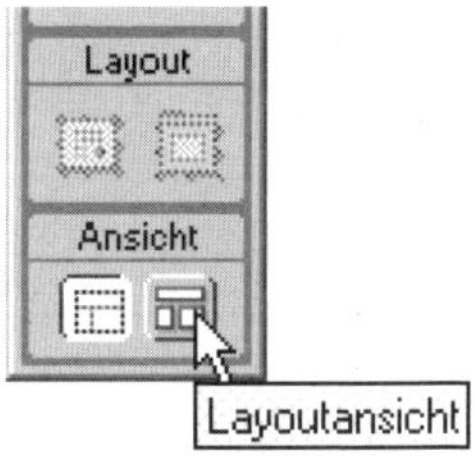

Abb. 11.3: Wechsel in die Layoutansicht

▶ Aktivieren Sie die Schaltfläche *Layouttabelle zeichnen*. Der Mauszeiger nimmt daraufhin die Form eines Pluszeichens (+) an.

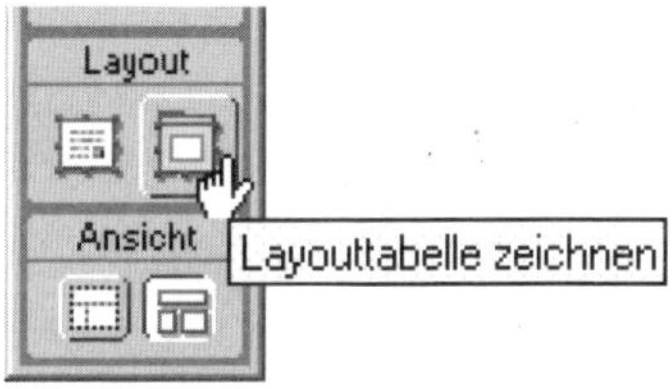

▶ Setzen Sie den Mauszeiger auf die Seite, klicken Sie und ziehen Sie dann den Mauszeiger bis an die gewünschte Stelle, um die Layouttabelle zu erstellen. Wenn dies die erste Layouttabelle auf Ihrer Seite ist, wird sie automatisch in der oberen linken Ecke der Seite angeordnet.

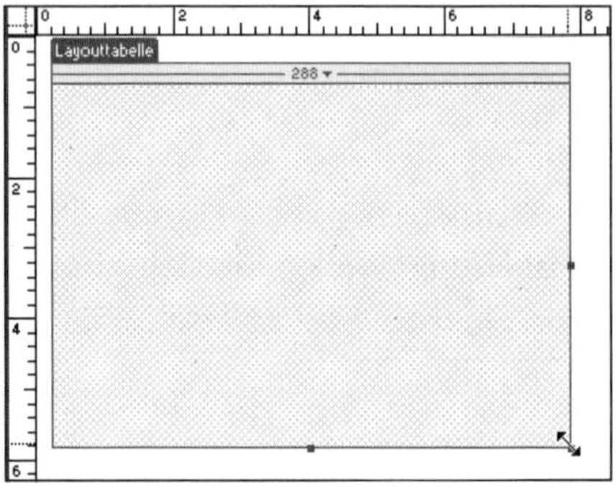

Abb. 11.4: Der Rahmen der Layouttabelle

Die Tabelle wird im Dokumentfenster durch einen grünen Rahmen dargestellt. Links oben wird ein Register angezeigt. Haben Sie mehrere Tabellen erstellt, können Sie über dieses Register die einzelnen Layouttabellen einfach unterscheiden und auswählen. Die Größe der einzelnen Tabellen erscheint in der Kopfzeile der Spalte unterhalb des Registers.

Layoutzellen innerhalb der Tabelle erstellen Sie genau so schnell. Klicken Sie auf das Symbol *Layoutzelle zeichnen* und ziehen Sie die Tabellenzelle einfach in der Tabelle auf.

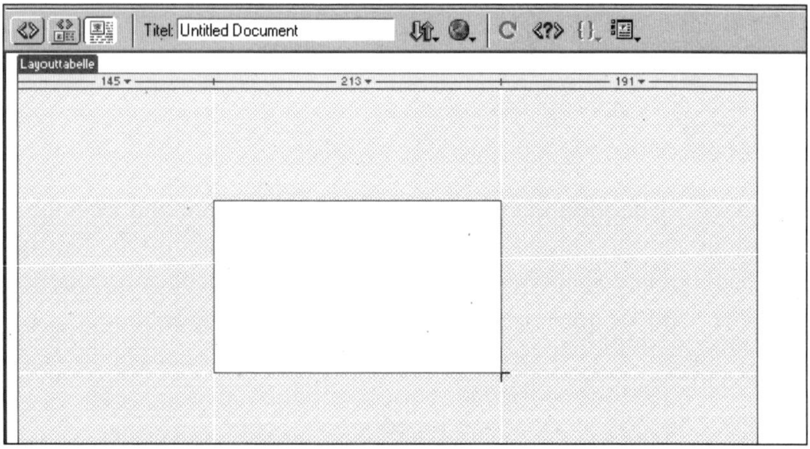

Abb. 11.5: Eine Zelle in der Tabelle aufziehen

Die Zelle wird auf der Seite durch einen blauen Rahmen dargestellt. Tabelle und Zelle können Sie durch Ziehen an den Ecken sehr flexibel in alle Richtungen dehnen oder stauchen.

Wenn Sie zuerst eine Layoutzelle erstellen, wird automatisch auch eine Layouttabelle eingefügt, die als Container für die Layoutzelle dient. Layoutzellen befinden sich grundsätzlich in Layouttabellen.

Wenn das Layout Ihrer Seite steht, können Sie wieder zur Standardansicht zurückkehren und die Tabelle mit den Texten und Grafiken füllen.

11.3 Ebenen

Mit Ebenen kann man Text, Grafiken, Formulare und andere Objekte an einer beliebigen Stelle des Bildschirms positionieren. Auf diese Weise kann der Entwickler einer Web-Seite das Layout auf das Pixel genau festlegen. Ebenen können nebeneinander, aber auch in Stapeln übereinander auf der Seite angeordnet werden. Sie können dynamisch ein- und ausgeblendet und anhand einer Zeitleiste über den Bildschirm bewegt werden.

Man unterscheidet zwei Arten von Ebenen:

- CSS-Ebenen
- Netscape-Ebenen (Layer)

Die CSS-Ebenen werden vom Internet Explorer und dem Netscape Navigator ab den Versionen 4.0 unterstützt. Netscape-Ebenen kann, wie der Name es schon andeutet, nur der Netscape Navigator anzeigen. Ältere Browser-Versionen zeigen die Inhalte der Ebenen an, können diese jedoch nicht frei auf der Web-Seite positionieren. Da Ebenen nur von den neueren Browsern richtig umgesetzt werden, sollten Sie sich den Einsatz dieses Gestaltungsmittels jeweils gut überlegen (in ein paar Jahren sieht das vielleicht anders aus).

Ebenen werden über die Funktion *Einfügen / Ebene* auf die Seite eingefügt. In die Ebenen fügt man dann Text, Grafiken oder andere Objekte ein.

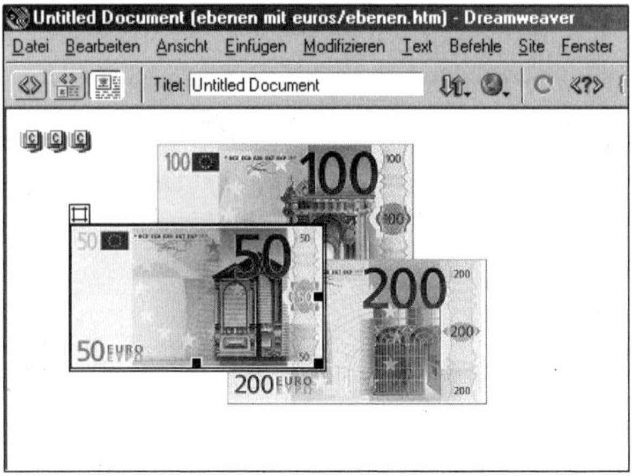

Abb. 11.6: Geldscheine auf verschiedenen Ebenen

Das Beispiel zeigt drei Ebenen, die jeweils eine Grafik mit einem Geldschein enthalten. Über den Eigenschafteninspektor können Sie für die jeweilige Ebene diverse Einstellungen (Position, Größe, Sichtbarkeit etc.) einstellen.

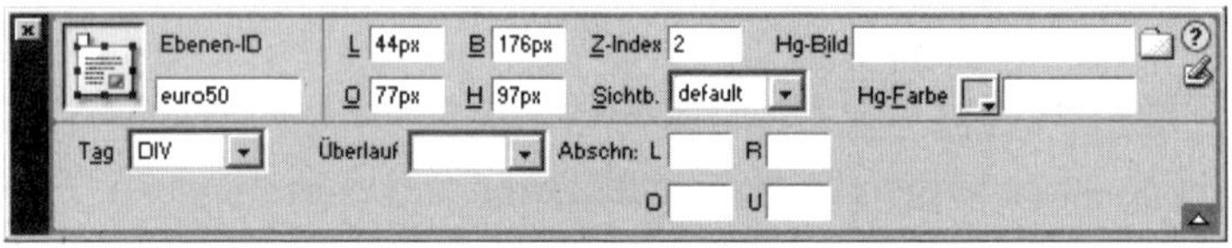

Abb. 11.7: Ebeneneinstellungen

So richtig spannend wird das Arbeiten mit Ebenen, wenn man sie mit Verhaltensweisen oder selbst erstellten Skripten dynamisch ein- bzw. ausblenden und auf der Seite verschieben lässt.

11.4 Word-HTML-Datei importieren

Word geht beim Speichern im HTML-Format sehr großzügig mit dem Einfügen von HTML-Befehlen um. Der Quelltext ist durch überflüssige Angaben häufig ziemlich aufgebläht und manchmal auch fehlerhaft.

Da in Web-Projekten die Texte oft aus bestehenden Word-Dokumenten übernommen werden, bietet Dreamweaver eine Funktion an, die beim Importieren den von Word erzeugten Quelltext ein wenig aufräumt.

- Rufen Sie die Funktion *Datei / Importieren / Word-HTML importieren* auf.
- Geben Sie den Dateinamen der HTML-Datei ein, die von Word erstellt worden ist.
- Im nachfolgenden Dialogfenster können Sie entscheiden, wie weit die Optimierung der HTML-Datei gehen soll. In der Regel erkennt Dreamweaver, welche Word-Version die HTML-Datei erstellt hat.

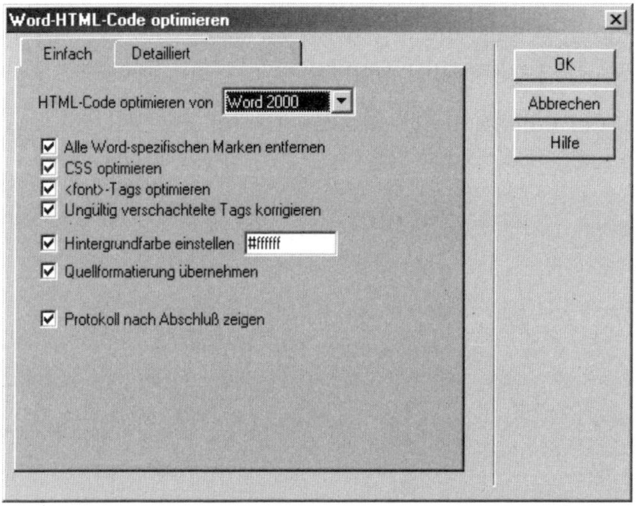

Abb. 11.8: Umfang für das Aufräumen festlegen

Wenn gewünscht, wird zum Abschluss ein Protokoll der vorgenommenen Änderungen angezeigt.

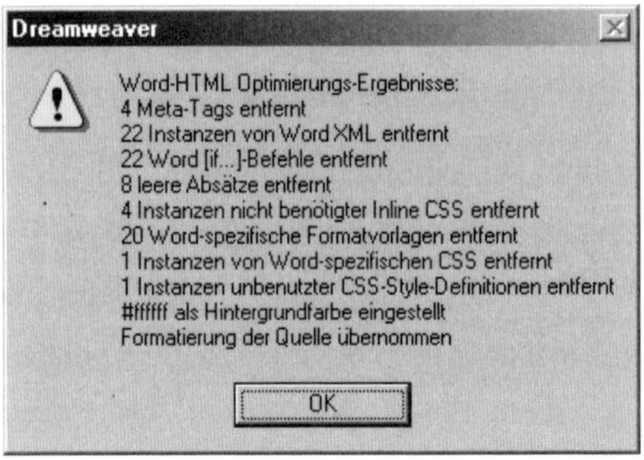

Abb. 11.9: Da hatte Dreamweaver ja richtig was zu tun

11.5 Tabellendaten einfügen

Über diverse Programme (z.B. Microsoft Excel) kann man Listen und Datenbanken in eine Textdatei mit Trennzeichen exportieren. Trennzeichen sind meistens das Komma, das Semikolon oder der Tabulator.

Über den Menübefehl *Einfügen / Tabellendaten* kann eine solche Datei auf die Web-Seite geladen werden.

HINWEIS

Die Entwickler von Dreamweaver fanden diese Funktion offensichtlich so schön, dass sie sie in das Menü unter *Datei / Importieren / Tabellendaten importieren* noch einmal aufgenommen haben.

Geben Sie die Datei mit den Daten an, und legen Sie das *Trennzeichen* fest.

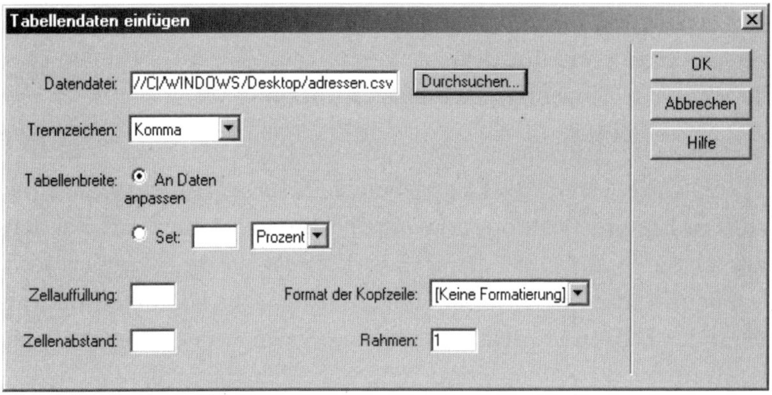

Abb. 11.10: Tabellendaten importieren

Die Daten werden in Dreamweaver als Tabelle eingefügt.

11.6 HTML-Stile

Innerhalb eines Projektes werden Textpassagen und Objekte in der Regel einheitlich gestaltet. Ein Beispiel dafür sind die Überschriften auf der Kontaktseite unserer Website.

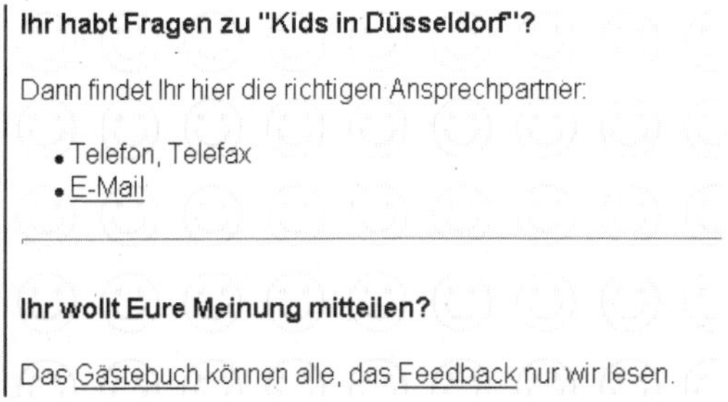

Abb. 11.11: Überschriften sind mit Arial und fett formatiert

Man kann bei jeder einzelnen Textpassage die Arbeitsschritte, wie die Auswahl der Schriftart, -größe und -farbe, jedes Mal aufs Neue wiederholen, oder man erleichtert sich die Arbeit mit HTML-Stilen. Im Stil werden verschiedene Formate zusammengefasst und bei Auswahl des Stils auf die Web-Seite eingefügt. Sie erzeugen auf diese Weise praktisch ein eigenes, neues Format.

Bei HTML-Stilen werden die klassischen HTML-Formate verwendet, die auch ältere Browser-Versionen anzeigen können. Anders als bei den Formatvorlagen in Word oder den CSS-Stylesheets, die im Folgenden noch beschrieben werden, besteht bei HTML-Stilen aber keine Verbindung zwischen der Definition des Stils und der Stelle, an der er verwendet wurde. Wenn Sie die Stildefinition ändern, bleiben die Stellen, an denen der Stil bis dahin verwendet wurde, davon unberührt.

Alle HTML-Stile anzeigen

Eine Liste mit allen in Ihrer Site zur Verfügung stehenden HTML-Stilen können Sie über den Menübefehl *Fenster / HTML-Stile* einblenden.

Abb. 11.12: Liste der HTML-Stile

Stile anwenden

Einen HTML-Stil wendet man auf folgende Weise an:

- Stellen Sie den Cursor in den zu formatierenden Absatz oder markieren Sie die jeweilige Textstelle.

- Klicken Sie den gewünschten Stil in der Liste an. Wenn die Option *Anwenden* (links unten im Dialogfenster) aktiviert ist, wird der Stil automatisch eingefügt.

Abb. 11.13: Einfügen durch einfaches Anklicken

- Ist die Option deaktiviert, kann man den jeweiligen Stil über die Schaltfläche *Anwenden* aufrufen.

Abb. 11.14: Einfügen über die Schaltfläche *Anwenden*

> **HINWEIS**
> Formatierungen, die Sie über HTML-Stile in das Dokument eingefügt haben, nehmen Sie über den Eigenschafteninspektor zurück. Es macht somit keinen Unterschied, ob die Formatierungen mit einem HTML-Stil oder durch Aufruf der jeweiligen Funktion eingefügt worden sind.

Neuen Stil erstellen

Zum Erstellen eines HTML-Stils wählen Sie den Menübefehl *Text / HTML-Stile / Neuer Stil*. Es genügt aber auch ein Klick auf das dafür bestimmte Symbol im Stil-Fenster.

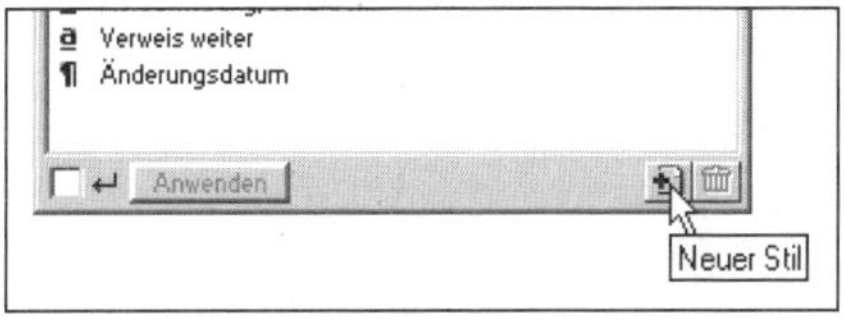

Abb. 11.15: Neuen Stil einfügen

Im Dialogfenster *HTML-Stile definieren* können Sie dem Stil einen Namen geben und die Formate auswählen, die Sie dem HTML-Stil zuordnen möchten.

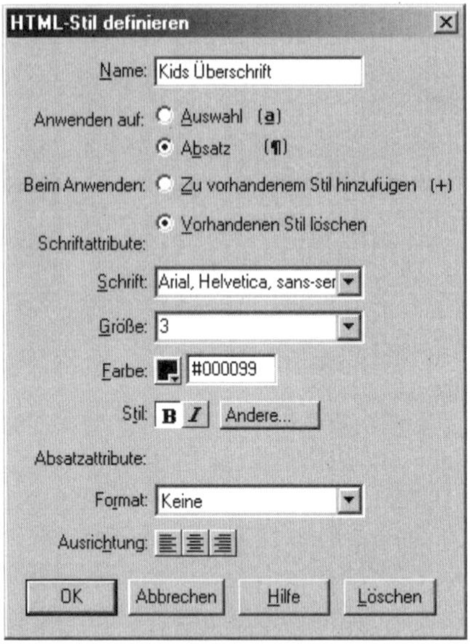

Abb. 11.16: Schriftattribute

Man unterscheidet zwischen

- *Auswahl-Stil* – dieser bezieht sich auf einen markierten Textbereich,
- *Absatz-Stil* – dieser legt das Format für den ganzen Absatz fest.

Über *OK* wird der HTML-Stil angelegt.

HINWEIS

Bei der Erstellung eines neuen Stils können Sie sich das Leben leicht machen, wenn Sie eine Textpassage auf der Seite markieren, die schon das gewünschte Format hat. Die aktuellen Einstellungen werden dann in das Dialogfenster übernommen.

Weitere Optionen

Wenn Sie in der Stil-Palette den jeweiligen Stil mit der rechten Maustaste anklicken, wird ein Kontextmenü angezeigt, über das Sie den Stil nachträglich bearbeiten, duplizieren oder löschen können.

Abb. 11.17: Optionen zur Stil-Verwaltung

> **HINWEIS**
>
> Die HTML-Stile werden unterhalb des Stammordners der Site in der Datei */Library/styles.xml* abgelegt. Wenn Sie diese Datei an die entsprechende Stelle eines anderen Projektes kopieren, stehen die HTML-Stile auch dort zur Verfügung.

11.7 CSS-Stile

CSS (*Cascading Style Sheets*) ist eine Ergänzungssprache zu HTML. Wie HTML wird der Sprachumfang vom WWW-Consortium (W3C = Standardisierungsgremium des Internet) festgelegt. CSS soll nach dem Willen seiner Erfinder zukünftig die HTML-Befehle für die Schriftformatierung, die Sie bisher kennen gelernt haben, komplett ablösen.

HTML-Befehlen kann über Stylesheets ein bestimmtes Format zugeordnet werden. So kann einer Überschrift 1. Ordnung z.B. die Schriftgröße

16 Punkte, die Farbe Blau und ein Abstand von 1,5 cm zum nächsten Absatz zugewiesen werden. CSS-Stile gehen viel weiter in den Möglichkeiten zur Formatierung als die herkömmlichen HTML-Formate. So ist z.B. das punktgenaue Positionieren von Objekten auf dem Bildschirm über CSS möglich.

Stylesheets können zentral im Dokument oder in einer externen Datei definiert und beliebig oft auf den Seiten des Angebots verwendet werden. Ändert man die Definition eines CSS-Stils nachträglich, werden alle Stellen, an denen das Stylesheet verwendet wurde, unmittelbar angepasst. Auf diese Weise haben Sie das Layout Ihres Angebots besser im Griff, und ganz nebenbei werden die Web-Seiten Ihres Angebots schlanker, da die Formate nur noch an einer Stelle abgelegt werden müssen.

CSS-Stile sind also das ideale Instrument für eine professionelle Gestaltung von Web-Seiten und werden insbesondere dem Bedürfnis nach einfacher Umsetzung eines Firmen-Layouts gerecht.

Es gibt zwei Versionen für CSS: 1.0 und 2.0 (seit 1998).

Netscape 4.x interpretiert den Standard 1.0 fast vollständig und 2.0 in Teilen. Die Version 6 deckt CSS 2.0 weitgehend ab. Der Internet Explorer kennt die Version 1.0 seit der Version 3.0. Die CSS-Version 2.0 wird von den Explorer-Versionen 4 und 5 in großen Teilen unterstützt. Auch wenn die neuen Versionen der beiden Browser den CSS-Standard 1.0 fast vollständig unterstützen, werden Sie an der einen oder anderen Stelle bisweilen Abweichungen in der Darstellung feststellen. Ein Test der Seiten in beiden Browsern sollte daher zum Pflichtprogramm gehören.

Solange Netscape 3.0 noch auf vielen Rechnern im Einsatz ist, werden Sie Stylesheets wohl aber nur moderat einsetzen können. Testen Sie alle Web-Seiten, die CSS-Stile enthalten, mit dieser Version, damit Sie keine bösen Überraschungen erleben. Das Dokument sollte immer noch zu lesen sein, wenn der Browser keine CSS-Stile unterstützt.

Über *Fenster / CSS-Stile* wird ein Fenster mit einer Liste aller verfügbaren CSS-Stile angezeigt.

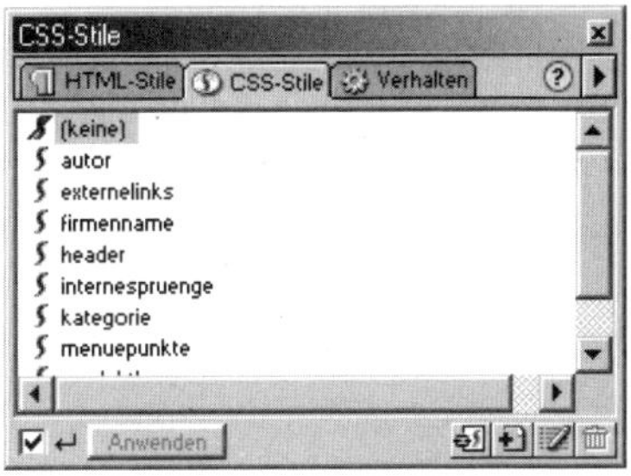

Abb. 11.18: Liste der CSS-Stile

Die Anwendung der Stile auf Textstellen funktioniert genauso wie bei den HTML-Stilen.

Über die Funktion *Text / CSS-Stile / Stylesheet bearbeiten* können Sie die Stile sehr komfortabel bearbeiten und verwalten.

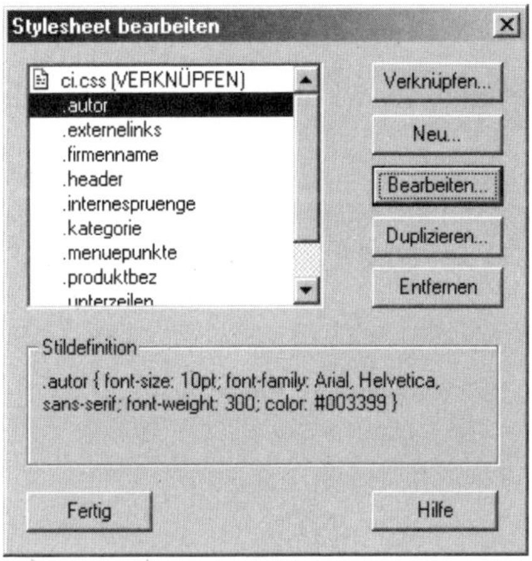

Abb. 11.19: Stylesheets bearbeiten

An dieser Stelle können Sie die Stile löschen, duplizieren, bearbeiten oder die Web-Seite mit einer externen Datei, die CSS-Stile enthält, *verknüpfen*. Wenn Sie über die Schaltfläche *Neu* ein neues Stylesheet anlegen, haben Sie folgende Auswahl:

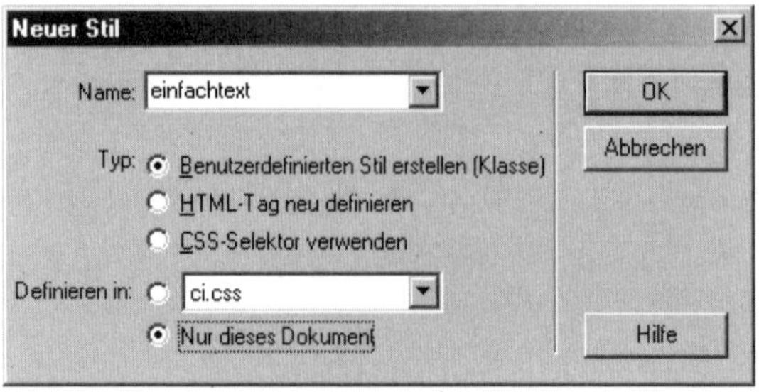

Abb. 11.20: Typen von Stylesheets

- *Benutzerdefinierte Stile* werden definiert und können dann individuell beliebigen Textstellen oder Seitenobjekten zugeordnet werden.
- Bei *HTML-Tag neu definieren* legen Sie fest, dass ein HTML-Befehl (z.B. Absatz oder Überschrift erster Ordnung) ein individuelles Format erhält. Dieses Format wird immer verwendet, wenn der entsprechende Befehl aufgerufen wird.
- Eine Erläuterung zu den *CSS-Selektoren* würde an dieser Stelle zu weit führen.

Bei *Definieren in* können Sie sich entscheiden, ob der neue Stil im Dokument oder in einer externen Datei (z.B. CI.CSS) abgelegt werden soll.

> **HINWEIS**
> Über das Auslagern sämtlicher CSS-Stile in eine eigene Datei können Sie ein komplexes Firmenlayout für alle Seiten Ihrer Site realisieren. Diese Datei muss dann nur mit allen Seiten Ihres Angebotes oder – noch eleganter – einer Web-Seiten-Vorlage verknüpft werden.

Über *OK* gelangen Sie zu den Einstellungen für das Stylesheet.

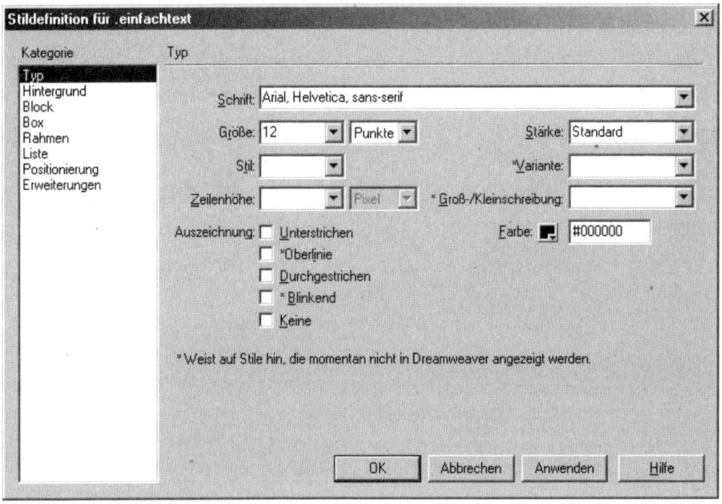

Abb. 11.21: Einstellungen für den Stil

Neben den Angaben zur Schriftformatierung werden Sie hier eine Reihe von weiteren Formatierungsmöglichkeiten entdecken.

Aber wie gesagt, verwenden Sie die Formate mit Vorsicht, da sie nicht bei allen Browser so gut ankommen. Formate, die mit einem Sternchen gekennzeichnet sind, können im Bearbeitungsfenster von Dreamweaver nicht dargestellt werden.

11.8 Fotoalbum erstellen

Zum Abschluss möchte ich Ihnen noch zwei Funktionen präsentieren, die die Möglichkeiten beim Zusammenspiel zwischen Dreamweaver und dem Grafikprogramm Macromedia Fireworks (werden auch zusammen als *Studio*-Version verkauft) sehr gut veranschaulicht. Ich denke, Sie werden begeistert sein. Fireworks muss dafür natürlich installiert sein.

Häufig finden Sie im Web Galerien, in denen über kleine Vorschaubilder der Inhalt der Bildsammlung angezeigt wird. Klickt man auf diese so genannten Thumbnails, dann startet eine Seite mit dem jeweiligen Bild in Originalgröße.

Ich werde Ihnen den Aufbau einer Galerie mit Euro-Scheinen demonstrieren. Sammeln Sie erst einmal Ihre Bilder in Originalgröße. Kopieren Sie sie in einen Ordner des Projektes. Rufen Sie dann die Funktion *Befehle / Webfotoalbum erstellen* auf.

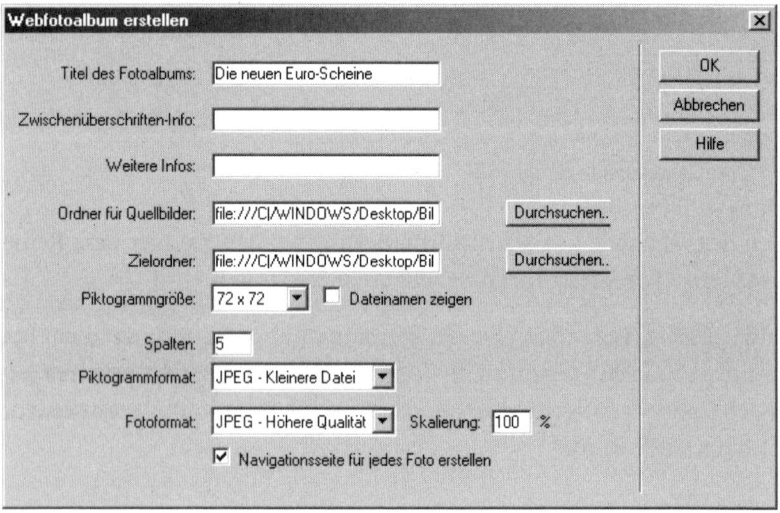

Abb. 11.22: Wenige Angaben, und ab geht die Post ...

Nachdem Sie alle Angaben gemacht und auf *OK* geklickt haben, geht es richtig ab. Fireworks wird gestartet und wühlt sich durch den Berg von Grafiken.

Nach wenigen Sekunden ist alles vorbei. Die Galerie wird im Bearbeitungsfenster angezeigt. Im Browser sieht sie so aus:

Abb. 11.23: Kleine verlinkte Vorschaubilder

Klickt man eines der Vorschaubilder an, wird eine Seite mit der Grafik in Originalgröße aufgerufen.

Abb. 11.24: Die Grafik in Originalgröße

> **HINWEIS**
> Die Euro-Scheine habe ich übrigens bei der Bundesbank (*www.bundesbank.de*) besorgt.

11.9 Bild in Fireworks optimieren

Als zweites Beispiel für die enge Zusammenarbeit von Dreamweaver und Fireworks möchte ich Ihnen einen sehr komfortablen Weg zur Bildoptimierung vorstellen.

Klicken Sie in Dreamweaver das Bild an, das optimiert werden soll. Rufen Sie den Menübefehl *Befehle / Bild in Fireworks optimieren* auf.

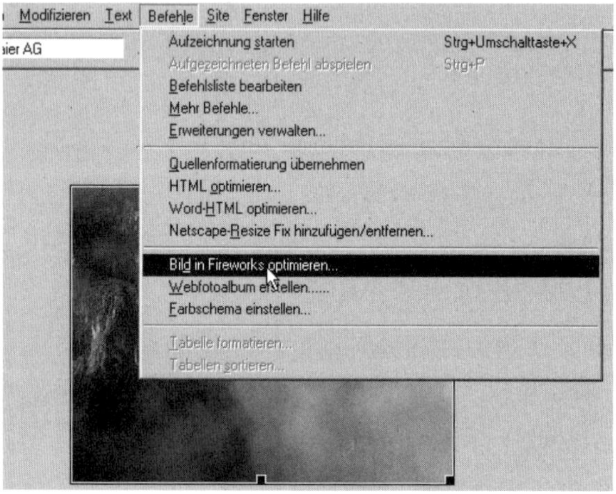

Abb. 11.25: Dreamweaver-Bild in Fireworks optimieren

Verneinen Sie die folgende Frage. Im darauf erscheinenden Dialogfenster stehen Ihnen umfangreiche Optimierungs-Funktionen von Fireworks zur Verfügung (siehe Abbildung 11.26).

Neben der Wahl des Formates können in diesem Fenster eine ganze Reihe von Einstellungen zum Optimieren des Bildes vorgenommen werden. Über *Aktualisieren* landen Sie wieder in Dreamweaver. Die Einstellungen werden dabei natürlich übernommen.

Wie Sie sehen, gibt es bei Dreamweaver viel zu entdecken. Lassen Sie sich also von den weiteren Funktionen, die wir in diesem Buch nicht ansprechen konnten, überraschen.

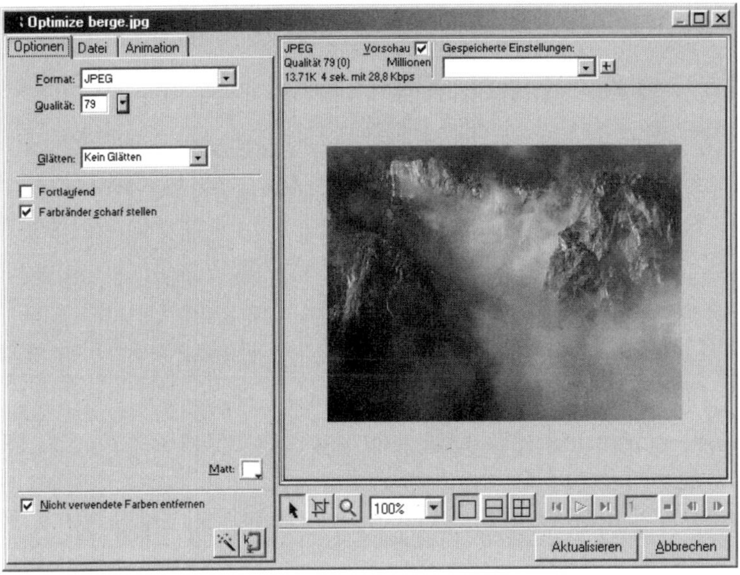

Abb. 11.26: So macht das Optimieren Spaß

11.10 Zusammenfassung, Fragen und Übungen

Zusammenfassung

- Der Menübefehl *Bearbeiten / Einstellungen* ermöglicht es Ihnen, das Programm an Ihre individuellen Bedürfnisse anzupassen.
- Layouttabellen helfen beim Aufbau des Seitengerüstes.
- Mit Ebenen lassen sich Elemente pixelgenau auf einer Web-Seite positionieren.
- Dreamweaver stellt eine Funktion zur Verfügung, über die man den Quelltext, den Microsoft Word erstellt hat, aufräumen kann.

Zusammenfassung

- Text-Datenbanken lassen sich als Tabelle auf eine Web-Seite importieren.
- Mit Hilfe von HTML-Stilen kann man mehrere HTML-Formate zu einem Befehl zusammenfassen.
- CSS ist eine Ergänzungssprache zu HTML, über die man umfangreiche Formate definieren kann. Bei Änderung der Definition eines CSS-Stils werden die Textstellen, an denen er verwendet wurde, automatisch aktualisiert.
- An den Funktionen *Webfotoalbum* und *Bildoptimierung* kann man sehr gut das Zusammenspiel zwischen Dreamweaver und Fireworks beobachten.

Fragen und Übungen

1. An welcher Stelle können Sie einen externen Editor einbinden?
2. Was müssen Sie vor der Erstellung von Layouttabellen beachten?
3. Welche beiden Ebenentypen gibt es?
4. Worin besteht der wesentliche Unterschied zwischen HTML- und CSS-Stilen?

12 Grafiken für die Website

12 Grafiken für die Website

In diesem Kapitel erfahren Sie,

- wie man die Grafiken für das Web-Angebot »Kids in Düsseldorf« erstellt
- und wie man die Grafiken für den Einsatz auf den Web-Seiten optimiert.

Dabei lernen Sie die Grafikformate kennen, die bei der Web-Seitenerstellung eine Rolle spielen. Die Übungsgrafiken sind bewusst einfach gehalten, damit Sie alle notwendigen Schritte ohne Probleme nachvollziehen können.

Bei der Erstellung der Grafiken wird *Fireworks 4* eingesetzt. Fireworks wurde speziell für Web-Grafiken entwickelt und bietet in diesem Bereich eine Reihe von interessanten und mächtigen Funktionen an. Daneben verfügt das Programm aber auch über die typischen Bildbearbeitungsfunktionen. Fireworks ist wie Dreamweaver aus dem Hause Macromedia. Es wird einzeln, aber auch zusammen mit Dreamweaver unter der Bezeichnung *Dreamweaver Fireworks Studio* verkauft. Die beiden Programme sind sehr gut aufeinander abgestimmt. Wenn das Erstellen von Web-Grafiken zu Ihrem Tagesgeschäft werden sollte, kommen Sie um ein Programm wie Fireworks nicht herum.

Fireworks 4 können Sie als 30-Tage-Testversion von Macromedia (*www.macromedia.com/de/*) aus dem Web herunterladen. Auf den CD-Beilagen der gängigen Computerzeitschriften werden Sie die Testversion bisweilen ebenfalls finden.

HINWEIS

Wenn Sie die Grafiken für das Web-Angebot nicht selbst erstellen möchten, können Sie sie unter der Web-Adresse *www.buchteam.de* aus dem Web laden. Ich empfehle Ihnen aber auch in diesem Fall, dieses Kapitel zu lesen, da Sie einiges über die Möglichkeiten zur Optimierung von Web-Grafiken mit Fireworks erfahren werden.

12.1 Vektorgrafik und Pixelbild

Bevor Sie mit der Erstellung der Grafiken für Ihr Web-Angebot loslegen, möchte ich Ihnen zwei wesentliche Grundbegriffe zum Thema Grafiken näher bringen.

Vektorgrafik – Objekt für Objekt

Bei *Vektorgrafiken* werden auf einer Zeichenfläche Objekte neben- und übereinander angeordnet. Die Lage jedes Objekts wird durch dessen Koordinaten (Position) auf der Zeichenfläche festgelegt. Die Einzelobjekte (Kreise, Ellipsen, Linien, Rechtecke, Vielecke) können beliebig gegeneinander verschoben, überlagert und in der Größe geändert werden. Jedes Objekt hat Eigenschaften wie Füllung, Liniengestaltung und Verzerrungseffekte, die individuell eingestellt und geändert werden können.

Abb. 12.1: Einzelobjekte einer Vektorgrafik

In der Datei einer Vektorgrafik werden nicht einzelne Bildpunkte abgespeichert, sondern die Anweisungen zur Erstellung der Grafikobjekte. Diese sind auf Vektoren basierende Formeln; daher der Name *Vektorgrafik*.

Zur Beschreibung eines Kreises benötigt man z.B. die Koordinaten des Mittelpunktes sowie den Radius. Durch Änderung des Wertes für den Radius kann der Kreis jederzeit in der Größe verändert werden. Da wenige Informationen ausreichen, um Objekte wie den Kreis zu beschreiben, haben Vektorgrafiken vergleichsweise geringe Dateigrößen.

Beispiele für Vektorgrafik-Formate sind: *WMF* (Windows Metafiles), *CDR* (CorelDRAW), *WPG* (WordPerfect Graphics), *AI* (Adobe Illustrator), *EPS* (Encapsulated PostScript).

Pixelbild – viele Punkte ergeben ein Bild

Eine *Pixelgrafik* besteht aus vielen kleinen Punkten (Pixel). Jeder dieser Punkte hat eine Farbe. Alle Punkte zusammen betrachtet ergeben den Eindruck des Bildes.

Abb. 12.2: Ein Pixelbild besteht aus Punkten

Dieses Prinzip kennen Sie bereits von Ihrem Fotoapparat. Fotografien bestehen ebenfalls aus vielen sehr kleinen Bildpunkten. Je kleiner die Bildpunkte sind und je näher sie zusammenliegen, desto höher ist die Qualität des Bildes.

Pixelgrafiken werden auch Bitmap-Grafiken genannt. Man erstellt und verändert sie mit so genannten Bildbearbeitungsprogrammen (Malprogrammen). Bilder, die man mit einem Scanner einliest, werden als Pixelbilder abgespeichert.

Einen Kreis sieht der Betrachter eines Pixelbildes immer nur dann, wenn viele gleichfarbige Punkte entsprechend neben- und übereinander angeordnet sind. Diesen »Kreis« kann man jedoch nicht ohne weiteres in der Größe ändern oder mit einem Rand versehen. Eine Veränderung ist nur durch Bearbeitung der einzelnen Punkte des Bildes möglich. Gute Bildbearbeitungsprogramme unterstützen den Anwender dabei natürlich so weit es geht.

Es gibt unzählige Bitmap-Formate. Hier nur wenige Beispiele: *BMP* (Windows-Bitmap), *TIF* (Tagged Image File Format) und natürlich die drei Web-Formate *GIF*, *JPEG* und *PNG*.

Vektorgrafiken lassen sich problemlos in Pixelgrafiken umwandeln (exportieren). Umgekehrt sieht das schon anders aus. Nur ganz bestimmte Grafiken eignen sich für das Vektorisieren, wie dieser Vorgang genannt wird. comicartige Zeichnungen oder Strichgrafiken bieten sich hierzu an. Ein Porträtfoto oder eine Landschaftsaufnahme dürften wohl keine befriedigenden Ergebnisse liefern.

HINWEIS

Bei den marktgängigen Bildbearbeitungsprogrammen sind die Grenzen zwischen Pixelbild und Vektorgrafik fließend. Mit Fireworks lassen sich z.B. Texte, Kreise oder Linien als Vektorobjekte in ein Pixelbild einfügen. Diese Elemente bleiben beim Speichern dann jedoch nur erhalten, wenn Sie auch ein Grafikformat verwenden, das dies unterstützt (meist das eigene Format des jeweiligen Programms).

12.2 Logo »Kids in Düsseldorf«

Beginnen Sie jetzt mit der Erstellung der Grafiken für Ihr Angebot. Zuerst nehmen Sie sich das Logo mit der Skyline von Düsseldorf vor.

Abb. 12.3: Eine Metropole zeigt ihr Profil

Starten Sie Fireworks über *Start / Programme / Macromedia Fireworks 4 / Fireworks 4*.

Größe des Bildes festlegen

Über den Menübefehl *Datei / Neu* erstellen Sie eine neue Grafik. In dem folgenden Dialogfenster können Sie die Maße des neuen Bildes eingeben und die Hintergrundfarbe einstellen.

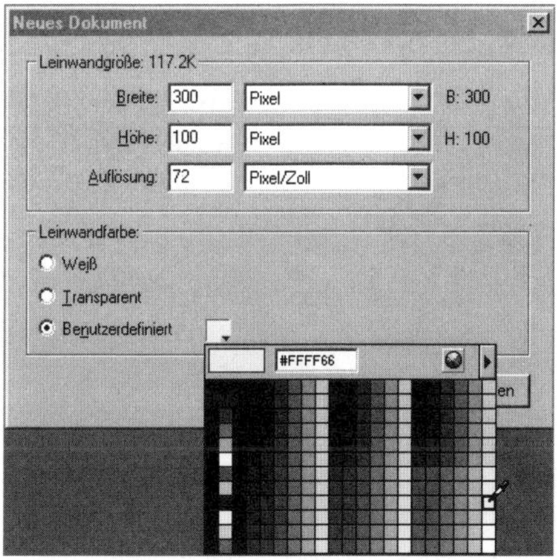

Abb. 12.4: Einstellungen für das neue Bild

- Geben Sie die Werte für *Breite* und *Höhe* erst einmal großzügig ein. Sie werden das Bild später auf das notwendige Maß zurechtschneiden. Die Angabe bei *Auflösung* richtet sich an die Ausgabegeräte (z.B. Drucker), die ein Bild in verschiedenen Qualitäten darstellen können (Punkte je Längenmaß). Je enger die Punkte gedruckt werden, desto feiner ist die Darstellung. Der Browser kümmert sich jedoch nicht um die in der Grafik angegebene Auflösung. Er stellt die Punkte des Bildes in den absoluten Maßen neben- und untereinander dar. Wie fein das Bild dann ist, hängt von den physikalischen Möglichkeiten des Bildschirms und der eingestellten Bildschirmauflösung ab.

- Der Hintergrund des Logos soll in einem kräftigen Gelbton erstrahlen. Dieser Farbton wird noch häufiger auf der Seite verwendet werden. Bei *Leinwandfarbe* stellen Sie den gewünschten Farbton unter *Benutzerdefiniert* ein. Klicken Sie auf die Taste mit der Farbvorschau rechts neben dem Text. Es wird eine Palette mit unterschiedlichen Farbtönen geöffnet. Wählen Sie entweder den Gelbton durch Anklicken aus (viertletzter in der rechten Spalte) oder geben Sie den HTML-Code `#FFFF66` für das Gelb in das Eingabefeld oberhalb der Palette ein. In diesem Fall schließen Sie die Eingabe mit der [↵]-Taste ab. Über das Farbrad neben dem Pipetten-Symbol haben Sie Zugriff auf alle 16,7 Millionen Farben des RGB-Farbspektrums.

HINWEIS

Das RGB-Farbschema basiert auf der Mischung der drei Farbanteile Rot, Grün und Blau. Für jeden dieser Farbtöne gibt es 256 Nuancen (Werte von 0 bis 255). Durch die Kombination der Farbabstufungen lassen sich 16,7 Millionen Farbwerte darstellen. Schwarz erhält man, wenn alle Farbanteile auf 0 stehen. Die Volltöne (maximaler Wert bei allen Anteilen = 255) ergeben zusammen Weiß. Farbtöne in Web-Grafiken und auf Web-Seiten werden nach diesem Schema angegeben. Auf den Web-Seiten ist man jedoch an eine bestimmte Schreibweise gebunden. Die Farbanteile werden dort nicht dezimal, sondern hexadezimal eingegeben. Die höchste Ziffer ist nicht 9, sondern F (Ziffernfolge: 1, 2, 3 ... 9, A, B ... F). Der Wert 0 wird beim Farbanteil mit 00 angegeben, der Wert 255 mit FF. Den Werten für die Farbanteile wird in der HTML-Schreibweise das Zeichen # vorangestellt. Beispiele: #0355AB, #33CCFF.

Schriftzug »Kids in Düsseldorf«

Jetzt werden Sie den Schriftzug in das Bild einfügen. Klicken Sie dazu in der Werkzeugleiste auf das *Textwerkzeug*.

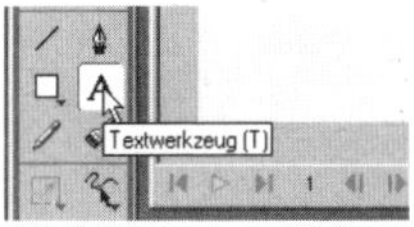

Abb. 12.5: Text einfügen

Klicken Sie dann auf eine beliebige Stelle der Grafik. Es erscheint das Dialogfenster *Texteditor*. Geben Sie dort die Einstellungen für Schriftart, -größe und -farbe sowie den Text ein.

Abb. 12.6: Textformat festlegen

- Wählen Sie die Schriftart *Technical* und die Schriftgröße *36* aus.

HINWEIS

Es kann sein, dass die Schrift *Technical* auf Ihrem PC nicht installiert ist. Nehmen Sie dann eine Schriftart Ihrer Wahl.

▶ Geben Sie über die Farbauswahl neben dem Feld für die Schriftgröße den HTML-Farbcode `#000099` (Dunkelblau) ein und drücken Sie die [↵]-Taste. Alternativ klicken Sie die Farbe einfach in der angebotenen Palette an.

Die Schriftformatierung sollten Sie vornehmen, bevor Sie den Text `Kids in Düsseldorf` eingeben. Wenn Sie in umgekehrter Reihenfolge vorgehen, müssen Sie den Text für die nachträgliche Formatierung markieren.

Abb. 12.7: Alles klar zum Einfügen

Über *OK* wird der formatierte Text in das Bild übernommen. Die Schrift wird als Vektorobjekt in das Bild eingefügt. Das bedeutet, dass sich die Eigenschaften wie Position, Formatierung und Größe zu jeder Zeit nachträglich ändern lassen. Der Text soll im oberen Bereich des Bildes erscheinen. Klicken Sie daher auf den Schriftzug und ziehen Sie ihn an die gewünschte Stelle (siehe nachfolgende Abbildung).

Abb. 12.8: Anklicken und verschieben

Ebenen

In modernen Bildbearbeitungsprogrammen wie Fireworks ist ein Bild in Ebenen aufgebaut. Die einzelnen Objekte (Texte, Linien, Kreise, Rechtekke, Fotos etc.) können beliebig auf Ebenen verteilt werden. Die Ebenen liegen wie in einem Stapel übereinander.

Abb. 12.9: Ebenen sind gestapelt

Inhalte einer oberen Ebene überdecken die entsprechenden Bereiche der darunter liegenden Ebene. Das Schachbrettmuster in den Ebenen der vorstehenden Abbildung zeigt an, dass die jeweilige Ebene in diesem Bereich durchsichtig ist (Transparenz). Die Leinwand liegt in Fireworks unterhalb aller Ebenen, stellt aber keine eigene Ebene dar.

Das Fenster *Ebenen* zeigt die Ebenen des aktuellen Bildes an. Sie können dieses Fenster über *Fenster / Ebenen* einblenden, wenn es auf dem Bildschirm nicht zu sehen ist.

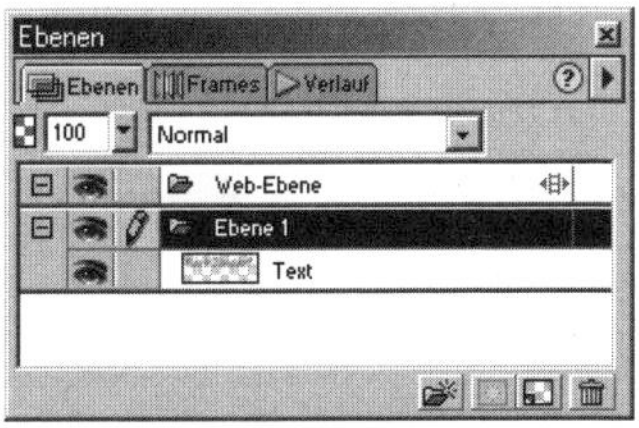

Abb. 12.10: Liste der Ebenen

Die markierte Ebene ist aktiv. Die aktuellen Bildänderungen werden auf dieser Ebene durchgeführt. Durch Anklicken in der Liste können Sie die

Ebene wechseln. Die Web-Ebene ist eine besondere Ebene in jeder Fireworks-Grafik, auf deren Funktion ich an dieser Stelle nicht näher eingehen möchte.

Genau wie beim Arbeiten mit Vektorobjekten bieten Ebenen den Vorteil, dass man auf sehr einfache Weise nachträglich Änderungen am Bild vornehmen kann (z.B. Austausch des Hintergrundes, Löschen einzelner Bildbereiche). Würden Sie bei einem Pixelbild alle Änderungen nur auf einer Ebene vornehmen, wären die bis dahin im jeweiligen Bereich enthaltenen Punkte des Bildes unwiederbringlich verloren.

HINWEIS

Ob Ebenen einer Grafik erhalten bleiben, hängt wie bei den Vektorobjekten davon ab, in welchem Format das Bild gespeichert wird. Nur bestimmte Grafikformate sind in der Lage, Bilder in Ebenen abzuspeichern (z.B. das PNG-Format von Fireworks). Wenn das gewählte Format keine Ebenen unterstützt, werden die Ebenen des Bildes beim Speichern zu einer Ebene zusammengeführt.

Anti-Aliasing

Als Sie den Schriftzug eingefügt haben, war im *Texteditor* die Option *Anti-Alias glatt* ausgewählt. *Anti-Aliasing* sorgt beim Schriftzug dafür, dass der Übergang zwischen dem Hintergrund und den einzelnen Buchstaben weicher wird, da Fireworks nach Bedarf Zwischentöne einfügt.

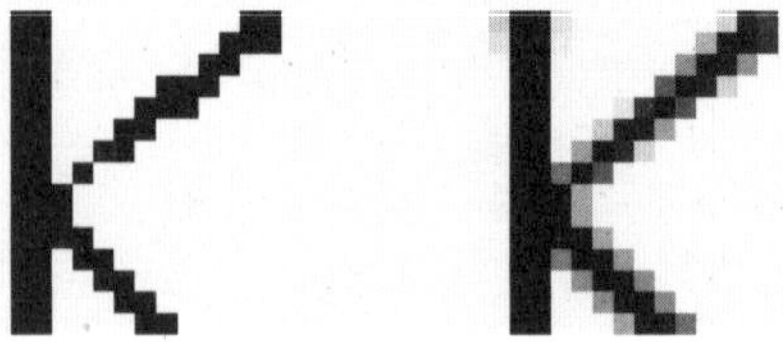

Abb. 12.11: Der Buchstabe *K* links ohne, rechts mit *Anti-Aliasing*

Skyline einer Großstadt

Jetzt werden Sie die Skyline von Düsseldorf zeichnen. Da dies je nach künstlerischer Begabung auch ins Auge gehen kann, sollten Sie zur Sicherheit eine eigene Ebene erstellen. Rufen Sie die Funktion *Einfügen / Ebene* auf.

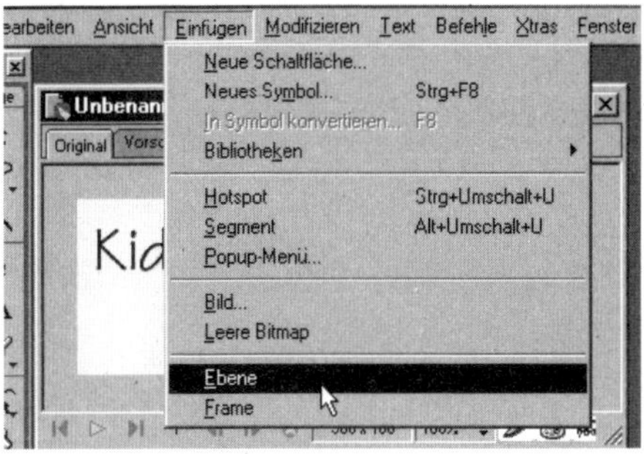

Abb. 12.12: Eine neue Ebene

Im Fenster *Ebenen* erscheint jetzt der Eintrag *Ebene 2*. Die Skyline schließt unten mit einer blauen Linie ab. Diese wollen Sie nun einfügen. Klicken Sie in der Werkzeugleiste auf das Symbol *Linienwerkzeug*.

Abb. 12.13: Werkzeug: *Linie*

Bevor Sie die Unterkante der Skyline einfügen, müssen Sie die Farbe sowie die Breite der Linie angeben.

- Unterhalb der Werkzeugleiste können Sie auf die gewohnte Art die Linien-Farbe einstellen. Wählen Sie den Blauton #000099.

Abb. 12.14: Linienfarbe einstellen

- Im Fenster *Pinselstrich* (Menübefehl: *Fenster / Pinselstrich*) kann man die Art, die Schärfe, eine eventuelle Textur, aber auch die Breite der Linie angeben. Ziehen Sie die Breite über den dafür vorgesehenen Regler bis zum Wert 2.

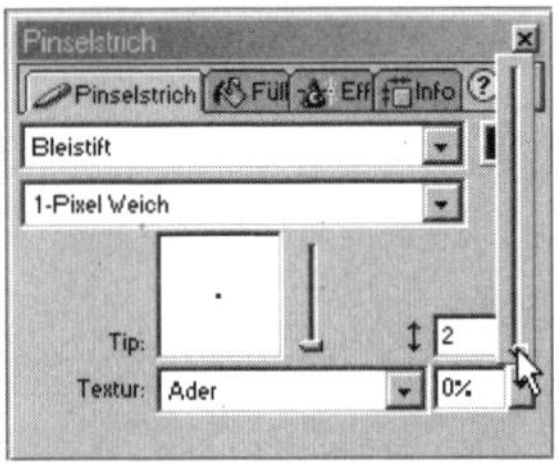

Abb. 12.15: Einstellungen für die Linie

- Klicken Sie dann links in das Bild, und ziehen Sie bei gedrückter Maustaste eine horizontale Linie nach rechts. Wenn Sie dabei die ⇧-Taste festhalten, wird die Linie garantiert waagerecht.

Abb. 12.16: Aufziehen der Linie

Nach dem Loslassen ist die Linie im Bild. Die Silhouette der Brücken, Türme und Häuser des Logos werden aus Linien und Rechtecken gebildet. Rechtecke fügt man über das Werkzeug *Rechteck* ein.

Abb. 12.17: Werkzeug: *Rechteck*

Die Farbe für die Füllung des Rechtecks geben Sie über das Fenster *Füllen* an. Natürlich sollen die Objekte dunkelblau (Farbwert: #000099) werden. Der Füllmodus muss *einfarbig* sein.

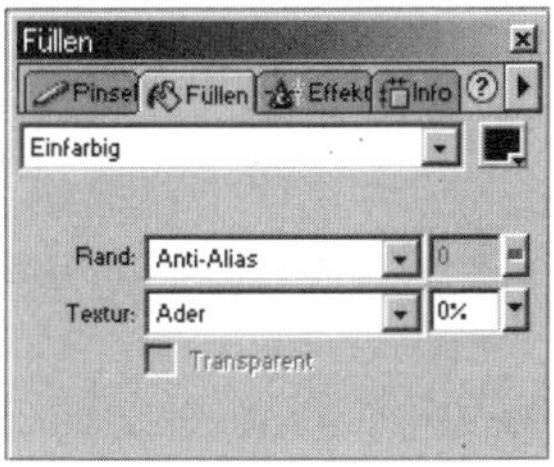

Abb. 12.18: Füllung für die Rechtecke einstellen

> **HINWEIS**
> Um präziser arbeiten zu können, sollten Sie das Bild in der Ansicht vergrößern. Klicken Sie dazu auf das Lupensymbol in der Werkzeugleiste. Durch wiederholtes Klicken mit der linken Maustaste irgendwo in das Bild wird die Ansicht schrittweise vergrößert. Das Fenster des Bildes müssen Sie dabei durch Ziehen an der rechten unteren Ecke ebenfalls vergrößern. Durch Anklicken des Bildes mit der rechten Maustaste rufen Sie ein Kontextmenü auf, über das Sie den Zoom-Faktor dann wieder verkleinern können.

Abb. 12.19: Die Zoom-Funktion

Wählen Sie jetzt wieder das Werkzeug *Rechteck* aus. Durch Klicken, Aufziehen und Loslassen wird ein Rechteck an der gewünschten Stelle in das Bild eingefügt. Jetzt kommt es auf Ihre künstlerische Ader an. Legen Sie einfach los mit der Skyline. Das fertige Ergebnis könnte so aussehen:

Abb. 12.20: Die fertige Skyline

In der Mitte der Skyline (unter dem *D* von *Düsseldorf*) habe ich einen kleinen Kreis (für die Düsseldorfer „Tonhalle") verwendet. Wählen Sie dafür das Werkzeug *Ellipse* aus.

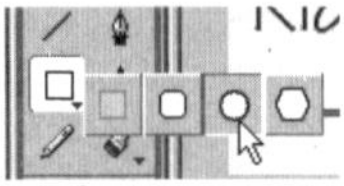

Abb. 12.21: Werkzeug: *Ellipse*

Auf das notwendige Maß beschneiden

Auf den ersten Blick sieht es so aus, als ob die Grafik fertig sei. Dem Kenner fällt aber sofort auf, dass man das Ganze noch ein wenig optimieren kann.

Der Hintergrund des Logos hat den gleichen gelben Farbton wie die Web-Seite, in die die Grafik eingebunden werden soll. Um eine geringere Dateigröße für das Logo zu erzielen, bietet es sich an, den überflüssigen gelben Rand des Bildes abzuschneiden. Hier hilft das Werkzeug *Zuschneiden*.

Abb. 12.22: Werkzeug: *Zuschneiden*

- Klicken Sie knapp oberhalb des Textes ganz links in das Bild.
- Halten Sie die Maustaste gedrückt und ziehen Sie einen Rahmen nach rechts bis kurz unterhalb der Skyline.

Abb. 12.23: Um jedes Pixel kämpfen

- Durch einen Doppelklick auf den markierten Bereich wird das Bild beschnitten.

Alle Bildteile außerhalb des Bereichs fallen weg. In diesem Fall macht das bestimmt ein Drittel des Bildes aus. Die Dateigröße der Grafik wird also entsprechend kleiner ausfallen.

HINWEIS

Sie sollten Grafiken immer daraufhin überprüfen, ob ein Ausschnitt des Bildes für den jeweiligen Zweck nicht auch ausreicht. Für das *Beschneiden*-Werkzeug wird übrigens in den meisten Programmen (z.B. Fireworks, Paint Shop Pro, Corel Photo Paint) das gleiche Symbol verwendet.

Original der Grafik speichern

Damit alle Ebenen und Vektorelemente der Grafik erhalten bleiben, sollten Sie das Original immer in einem Format speichern, das solche Besonderheiten auch unterstützt. Hier bietet sich das Hausformat von Fireworks an.

- Rufen Sie die Funktion *Datei / Speichern unter* auf.
- Wechseln Sie in den Projektordner *kid* auf dem *Desktop*.

Die Originaldatei des Logos wird nicht für das eigentliche Web-Angebot benötigt. Trotzdem soll sie für das Projekt noch eine Weile aufgehoben werden. Legen Sie für solche Dateien einen neuen Ordner mit dem Namen *material* unterhalb des Projektordners an.

- Klicken Sie auf die Schaltfläche zum Anlegen eines neuen Ordners.

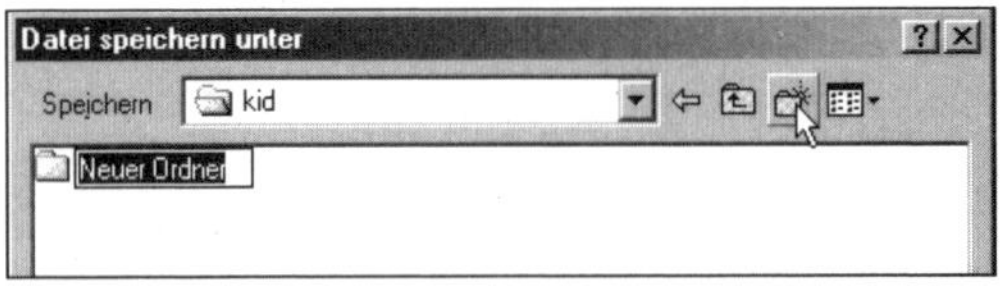

Abb. 12.24: Neuen Ordner erstellen

- Nennen Sie den Ordner *material*.
- Wechseln Sie durch einen Doppelklick in diesen Ordner.
- Geben Sie als Dateinamen für die Grafik `logo` ein.

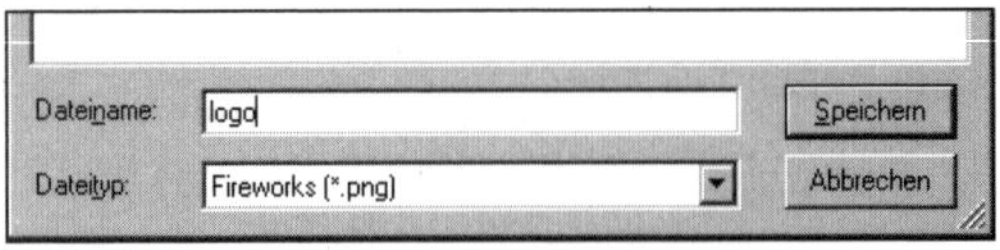

Abb. 12.25: Original speichern als PNG

- Mit *Speichern* wird die Grafik auf der Festplatte abgelegt.

Das richtige Web-Format

Das derzeit größte Problem des Internets sind die geringen Bandbreiten bei der Übertragung der Informationen. Selbst schnelle ISDN-Verbindungen kommen bei besonders grafiklastigen Angeboten immer mal wieder aus der Puste. Die Folge ist ein quälend langsamer Seitenaufbau. Für Benutzer einer viel langsameren Modemanbindung können die Wartezeiten oft unerträglich werden. Wer ohne festes Ziel durch das Netz surft, klickt dann auch schon einmal einfach weiter, ohne sich das entsprechende Angebot anzusehen.

Oberstes Gebot bei der Grafik-Erstellung ist daher, die Dateigrößen so klein wie möglich zu halten. »Wie möglich« bedeutet dabei, dass die Bildqualität weiterhin den Ansprüchen des Angebots gerecht werden muss.

Browser können ohne Zusatzsoftware in der Regel die beiden Formate GIF (CompuServe ***G**raphics **I**nterchange **F**ormat*) und JPEG (***J**oint **P**hotographic **E**xperts **G**roup*) auf Web-Seiten darstellen. Es gibt zwar mit PNG (***P**ortable **N**etwork **G**raphics*) noch ein drittes Format, PNG hat sich aber trotz einiger Vorteile bisher noch nicht durchsetzen können. Sie werden im weiteren Kapitel sehen, dass bei der Wahl des falschen Formats für das jeweilige Bild in der Regel erheblich höhere Dateigrößen herauskommen. Außerdem kann man je nach Format durch Verringerung der Farbtiefe bzw. Auswahl des optimalen Kompressionsfaktors weitere Bytes bei der Dateigröße einsparen.

Das Optimieren von Web-Grafiken ist eine der Stärken von Fireworks. Über das Register *4fach* oberhalb des Bildes können Sie die Grafik in vier Einzelfenstern gleichzeitig darstellen lassen.

Abb. 12.26: *4fach*-Ansicht

Ein Fenster enthält dabei das Original-Bild. In den anderen Fenstern kann man die Grafik in unterschiedlichen Formaten mit jeweils wechselnden Einstellungen vergleichen. Ziel der Optimierung ist, bei akzeptabler Bildqualität eine möglichst geringe Dateigröße zu erreichen. So gehen Sie vor:

- Klicken Sie in eines der drei zur Verfügung stehenden Fenster.
- Rufen Sie die Funktion *Fenster / Optimieren* auf.

GIF-Format

Im Register *Optimieren* können Sie das gewünschte Dateiformat für das jeweilige Fenster auswählen und weitere Einstellungen festlegen. Nehmen Sie sich zuerst das GIF-Format vor.

Abb. 12.27: Das GIF-Format auswählen

- Eine GIF-Datei kann maximal 256 Farben anzeigen. Die Farben werden in einer Palette mit der Grafik-Datei abgespeichert. Jeder Punkt des Bildes verweist auf eine Farbe in der Palette. Wenn das Ausgangsbild mehr als 256 Farben enthält, kann man zwischen unterschiedlichen Verfahren auswählen, mit denen die Farben für die Palette bestimmt werden. Ich werde einige der Verfahren kurz vorstellen:
  - *Angepasst*
    Die Palette wird ausschließlich aus Farben der Ausgangsgrafik gebildet. Dabei werden 256 Farben ermittelt, die den Farbraum des Bildes optimal abdecken. Mit dieser Methode erreicht man in der Regel die beste Bildqualität und die geringste Dateigröße.

Bei Computern, die nur 256 Farben darstellen können, kann es bei der Anzeige der so erstellten Grafiken jedoch zu Qualitätsverlusten kommen; insbesondere dann, wenn die Farben des Bildes nicht sehr breit über das gesamte RGB-Farbspektrum verteilt sind. Bei solchen, auf 256 Grundfarben beschränkten Computern simuliert der Browser die Farben der Grafik, die er nicht darstellen kann, durch Muster aus den zur Verfügung stehenden Farben. Dieses Verfahren wird auch *Dithering* genannt. Die Anzeige wirkt dann grobkörnig.

- *Web 216*
  Die Palette wird mit 216 Farben bestückt, die auf Windows- und Macintosh-Computern gleichermaßen zum Mindeststandard gehören. Die 216 Farben sind gleichmäßig über das gesamte RGB-Farbspektrum verteilt. Bei Verwendung dieser Methode erreicht man, dass die Grafiken auf allen Plattformen annähernd gleich aussehen, unabhängig vom verwendeten Betriebssystem und der für das jeweilige System eingestellten Farbtiefe. In der Phase der Grafikerstellung muss dann dafür gesorgt werden, dass die Bildqualität durch die Farbreduktion nicht zu sehr leidet.

- *WebSnap-angepasst*
  Diese Methode kombiniert die Vorteile der beiden vorgenannten Verfahren. Grundsätzlich wird die Palette aus den Farben des Bildes zusammengesetzt. Wenn eine Farbe jedoch sehr nahe an eine der 216 Systemfarben herankommt, wird die Systemfarbe in die Palette aufgenommen.

- *Macintosh / Windows*
  Die Palette enthält die 256 Standard-Systemfarben des jeweiligen Betriebssystems. Die Grafiken sind bezüglich ihrer Qualität also auf das jeweilige System abgestimmt.

Abb. 12.28: Methoden für die Farbreduktion

- Eine GIF-Grafik kann tatsächlich weit weniger als 256 Farben enthalten. In einem solchen Fall kann man die Farbtiefe z.B. auf 16 Farben verringern. Da jeder Bildpunkt dann nur noch zwischen 16 Paletteneinträgen auswählen muss, wird für ihn und damit auch für die gesamte Datei weniger Speicherplatz benötigt. Wenn das Ausgangsbild selbst nur sehr wenige Farben enthält (wie z.B. das Logo), dürfte die Bildqualität bei einer Verringerung auf 16 Farben in vielen Fällen kaum leiden. Die Farbtiefe können Sie über die Liste bei der Option *Farben* einstellen.

Probieren Sie für das GIF-Format einfach einmal zwei Einstellungen aus. In einem Fenster sollte die Farbtiefe 16 und in einem anderen 256 Farben betragen. Wenden Sie in beiden Fällen die Methode *WebSnap-angepasst* an.

JPEG-Format

Im letzten Fenster der Vierer-Ansicht werden Sie testen, ob sich das JPEG-Format für das Logo anbietet.

- Klicken Sie das Fenster an.
- Wählen Sie beim Dateiformat *JPEG* aus. JPEG-Grafiken verwenden ein so genanntes verlustbehaftetes Komprimierungsverfahren. Eine JPEG-Grafik wird beim Speichern in einzelnen Pixeln verändert, um

auf diese Weise den Erfolg der Komprimierung zu verbessern. Diese Änderung des Bildes geht zu Lasten der Bildqualität. Auf einer Skala von *0* bis *100* kann man festlegen, wie weit die Qualität des Bildes erhalten bleiben soll. Je kleiner der Wert ist, umso geringer ist zwar die Dateigröße, aber desto schlechter ist auch die Bildqualität.

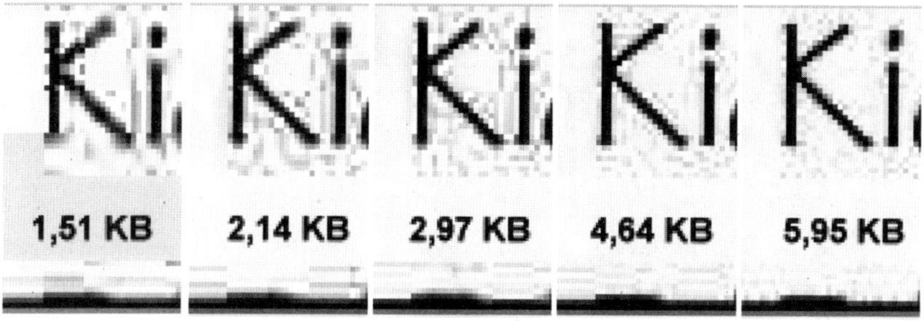

Abb. 12.29: Qualitäten 5, 10, 20, 50, 70 (von links nach rechts)

▶ Stellen Sie die *Qualität* auf einen recht hohen Wert von *85* ein.

Abb. 12.30: JPEG mit Qualität *85*

Ermitteln des günstigsten Formats

Jetzt können Sie die Ergebnisse auswerten. In der *4fach*-Ansicht lassen sich die geänderten Versionen sehr gut mit dem Original vergleichen.

Abb. 12.31: Vergleichen Sie!

Bei den beiden GIF-Formaten ist kein Verlust an Bildqualität gegenüber dem Original festzustellen. Bei der JPEG-Version auf den ersten Blick auch nicht; wenn Sie jedoch genauer hinschauen, sind trotz der recht hohen Qualitätsstufe Verluste zu erkennen. Der Schriftzug wirkt etwas verwaschen.

Unterhalb der Vorschaubilder werden die Dateigrößen der einzelnen Formate angegeben. Ein Blick darauf macht die Entscheidung dann jedoch sehr leicht. Beide GIF-Versionen liegen mit 2,59 KB und 2,88 KB weit unter dem Wert, den man mit dem JPEG-Format erzielen kann (8,05 KB). Mehr ist beim JPEG-Format in diesem Fall auch nicht drin. Wenn man mit der Qualität noch weiter zurückgeht, wird das Bild unbrauchbar. Bei einem Qualitätswert von 20 hat man mit 2,17 KB beinahe die Dateigröße der GIF-Versionen erreicht.

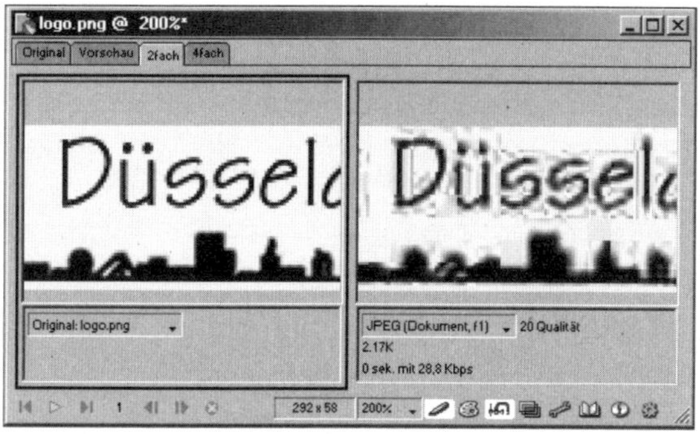

Abb. 12.32: JPEG mit Qualität *20*

Jedoch tritt der Qualitätsverlust des Bildes voll zu Tage. An den Kanten der Schrift und der Skyline sieht die Grafik extrem verwaschen aus.

HINWEIS

Wie bereits gesagt, wird bei der Komprimierung mit JPEG das Bild verändert. Bei Grafiken mit einfarbigen Flächen und kontrastreichen Kanten führt dies dann zu den gezeigten Problemen. Bei einem Foto würde die Manipulation des Bildes, wenn überhaupt, jedoch viel weniger auffallen.

Exportieren

Die Entscheidung ist also für das GIF-Format mit einer Farbtiefe von 16 Farben gefallen. Diese Version werden Sie jetzt speichern.

- Klicken Sie in das obere rechte Fenster der *4fach*-Ansicht.
- Rufen Sie die Funktion *Datei / Exportieren* auf (siehe Abbildung 12.33).
- Legen Sie, wenn Sie es noch nicht getan haben, den lokalen Stammordner für Ihr Web-Angebot mit dem Namen *website* unterhalb des Projektordners *kid* an. Sie haben die Schaltfläche *Neuen Ordner erstellen* bereits kennen gelernt.

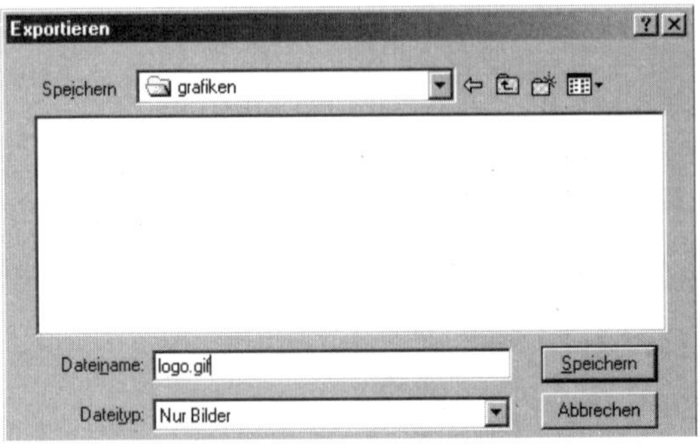

Abb. 12.33: ***Exportieren***

- Wechseln Sie in diesen neuen Ordner und erstellen Sie dort einen Ordner *grafiken*, in den Sie zur besseren Übersicht die Grafiken Ihrer Website ablegen werden.
- Übernehmen Sie bei *Dateiname* den vorgeschlagenen Namen *logo.gif* und klicken Sie auf *Speichern*.

12.3 Grinsende Hintergrundkachel

Auf den Themenseiten soll ein grinsendes Smiley als Hintergrundkachel den fröhlichen Eindruck des Angebots unterstreichen. Es gilt die Regel, dass ein Hintergrundbild möglichst unauffällig sein sollte, damit der Text auf den Seiten ohne große Mühe gelesen werden kann. Allzu bunte und kontrastreiche Bilder sind als Hintergrundbild ungeeignet.

Neues Bild anlegen

Legen Sie über die Funktion *Datei / Neu* ein neues Bild an, das jeweils 50 Pixel breit und hoch ist. Der Hintergrund des Bildes soll Hellgelb (`#FFFFCC`) sein.

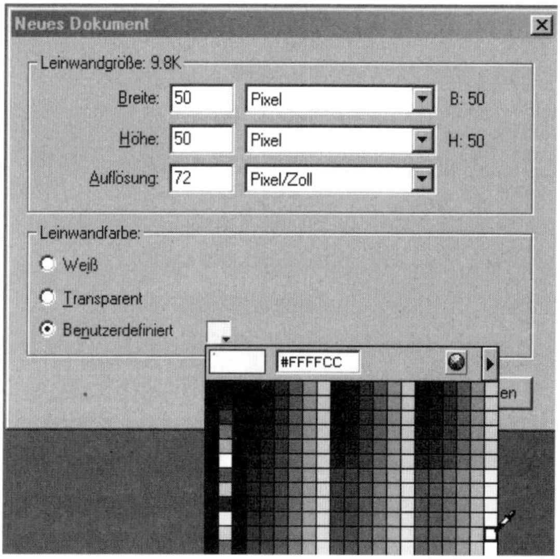

Abb. 12.34: Ein neues Bild

Wer grinst denn da?

Das Smiley fügen Sie über das *Text*-Werkzeug in das Bild ein:

- Klicken Sie zuerst auf das *Text*-Werkzeug (mit *A* beschriftetes Symbol) und dann irgendwo in das Bild. Es erscheint der *Texteditor*.
- Wählen Sie in der Liste der Schriftarten die zum Windows-Standard gehörende Schrift *Wingdings* aus und stellen Sie die Textfarbe auf `#FFFF66` ein. Die Schriftgröße geben Sie mit `49` Punkten an.
- Geben Sie in das große Textfeld den Buchstaben `J` in Großschrift ein (siehe Abbildung 12.35).
- Stellen Sie die übrigen Optionen so ein, wie dies der Abbildung zu entnehmen ist, und fügen Sie den Text über *OK* in das Bild ein.

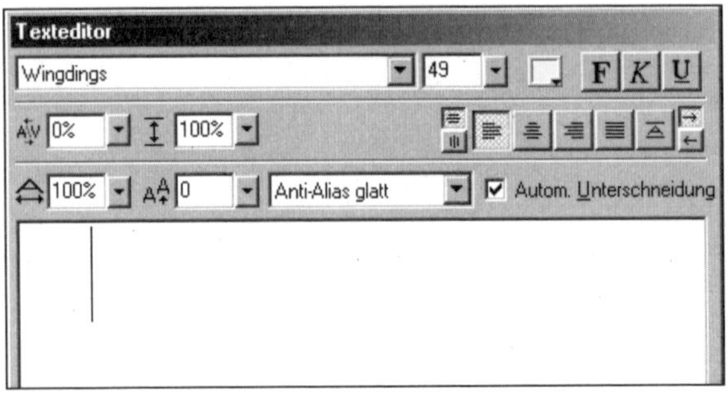

Abb. 12.35: J ist das Smiley

Auch an dieser Stelle sollten Sie sich das Bild über die Zoom-Funktion etwas näher heranholen. Verschieben Sie das Smiley danach in die Mitte des Bildes.

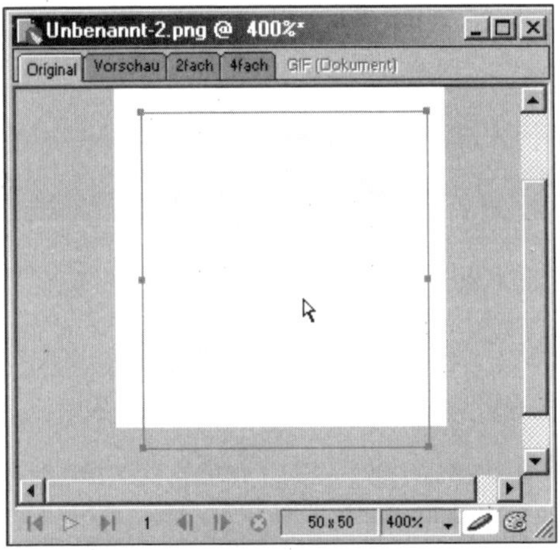

Abb. 12.36: An der richtigen Stelle geparkt

Sparsam speichern

Wieder sollten Sie das Original Ihrer Grafik erst einmal im Fireworks-Format speichern, um die Besonderheiten der Grafik (Text-Vektor) zu erhalten.

- Rufen Sie die Funktion *Datei / Speichern unter* auf.
- Wechseln Sie in den Ordner *material*, und nennen Sie die Grafik *smilie.png*.

In der *4fach*-Ansicht starten Sie den Vergleichstest zwischen GIF und JPEG.

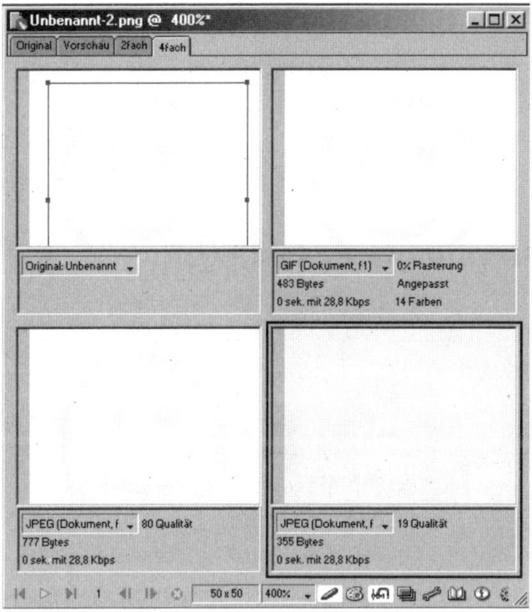

Abb. 12.37: And the winner is ... GIF!

Auch in diesem Fall werden Sie zu dem Schluss kommen, dass das GIF-Format (16 Farben) bei vernünftiger Bildqualität die geringere Dateigröße liefert. Die Dateigröße ist mit 483 Bytes um ein Drittel kleiner als bei Auswahl des JPEG-Formats (777 Bytes).

Klicken Sie in das entsprechende Teilfenster und rufen Sie die Funktion *Datei / Exportieren* erneut auf. Nennen Sie das Bild *smilie.gif*.

12.4 Seitenanfang

Auf den Inhaltsseiten Ihres Angebots soll ein Sprung vom Seitenende an den Seitenanfang möglich sein. Wenn nur ein Satz auf der Seite steht, ist das vielleicht nicht so wichtig; bei einer größeren Menge Text erleichtert es die Navigation jedoch erheblich. Für den Hyperlink soll die folgende Grafik herhalten, die Sie jetzt erstellen werden:

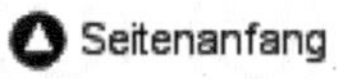

Abb. 12.38: Grafik für den Seitensprung

Bildgröße und Hintergrundfarbe festlegen

Legen Sie ein neues Bild in den Maßen 90 x 15 Pixel an. Für den Hintergrund wählen Sie den Farbwert `#FFFFCC`.

> **HINWEIS**
> Auch bei der Bearbeitung dieses Bildes empfiehlt es sich, über die Zoom-Funktion (Lupe in der Symbolleiste) die Anzeige des Bildinhaltes zu vergrößern.

Ein blauer Kreis

Fügen Sie nun den blauen Kreis in das Bild ein.

- Klicken Sie das Werkzeug *Ellipse* in der Symbolleiste an.

Abb. 12.39: Werkzeug: *Ellipse*

▶ Über das Fenster *Füllen* geben Sie den Farbton #000099 an.

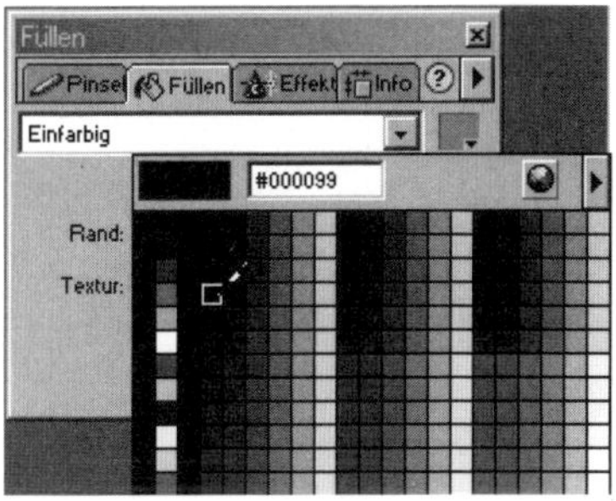

Abb. 12.40: Auswahl durch Anklicken in der Palette

▶ Klicken Sie mit der Maus wenige Pixel von der linken oberen Ecke entfernt in das Bild und ziehen Sie den Kreis auf. Wenn Sie dabei die ⇧-Taste gedrückt halten, wird der Kreis auch wirklich ganz rund.

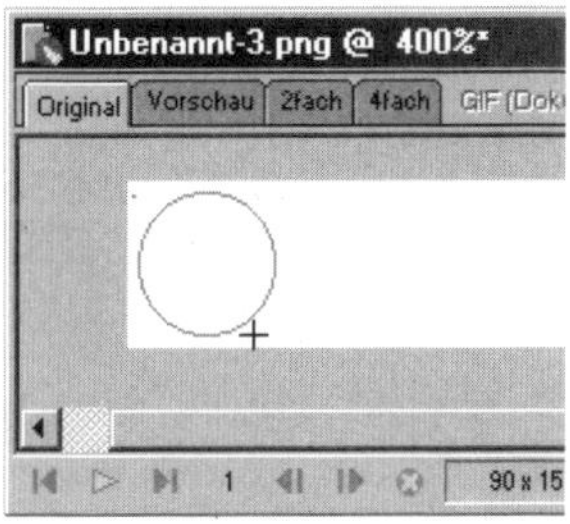

Abb. 12.41: Ziehen Sie den Kreis auf

Vielleicht müssen Sie beim Versuch, den Kreis einzufügen, mehrere Male ansetzen, bis Sie die richtige Größe getroffen haben. Aber irgendwann klappt es dann. Am Rand des eingefügten Kreises kann man die Wirkung des *Anti-Aliasing*-Verfahrens sehr gut erkennen. Fireworks hat dort abgestufte Farbwerte eingefügt, um die Kontur des Kreises weicher erscheinen zu lassen.

Ein gelbes Dreieck

Über den Kreis werden Sie ein gelbes Dreieck legen, das mit der Spitze nach oben zeigt.

▶ Wählen Sie das Werkzeug *Polygon* aus.

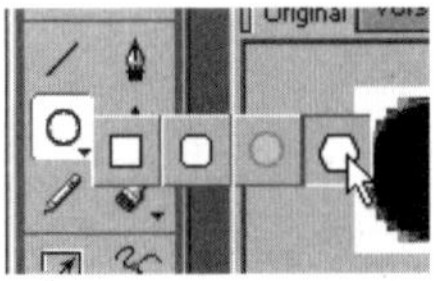

Abb. 12.42: Werkzeug: *Polygon*

▶ Ein Polygon hat, wie der Name schon sagt, viele Ecken. Über das Register *Werkzeugoptionen* (Menübefehl: *Fenster / Werkzeugoptionen*) können Sie die genaue Anzahl angeben.

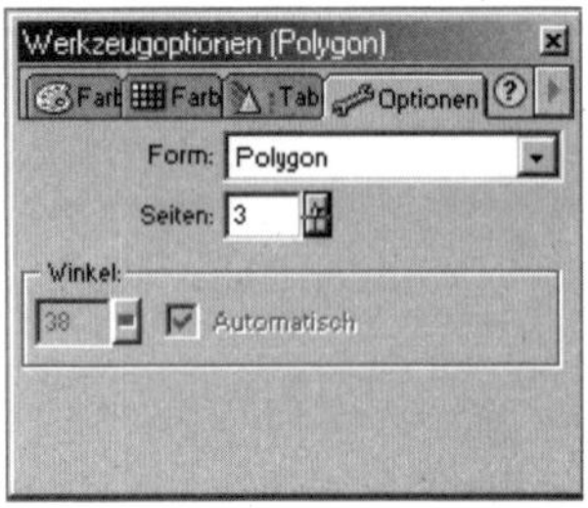

Abb. 12.43: Ein Dreieck hat nicht nur drei Ecken, sondern auch drei Seiten

▶ Ziehen Sie das Dreieck über dem Kreis auf. Wenn Sie dabei die [⇧]-Taste drücken, können Sie das Dreieck ohne Mühe so drehen, dass es mit der Spitze nach oben zeigt (siehe Abbildung 12.44).

▶ Geben Sie als Füllfarbe über das Register *Füllen* `#FFFFCC` ein.

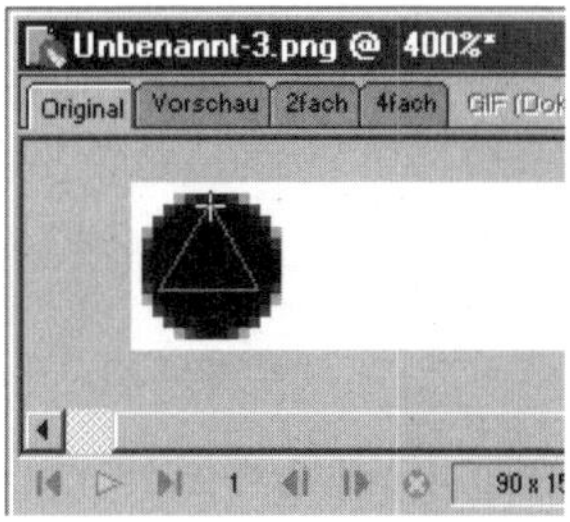

Abb. 12.44: Dreieck aufziehen

Text »Seitenanfang«

Das *Text*werkzeug kennen Sie mittlerweile. Wählen Sie es in der Symbolleiste aus und klicken Sie in das Bild.

Stellen Sie die Textfarbe auf `#000099` ein. Geben Sie bei *Schriftart Arial* und bei *Schriftgrad 10* Punkte an. Den Text `Seitenanfang` dürfen Sie natürlich auch nicht vergessen.

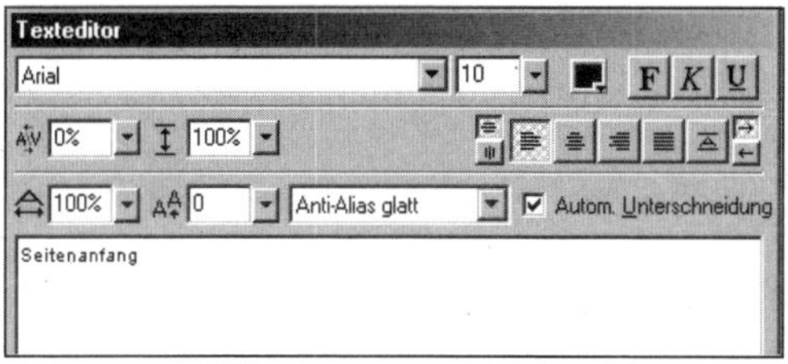

Abb. 12.45: Von diesem Fenster werden Sie träumen

Über *OK* wird der Text in die Grafik eingefügt. Sollte er nach dem Einfügen nicht sofort an der richtigen Stelle erscheinen, können Sie ihn durch Ziehen mit der Maus verschieben.

Abb. 12.46: Text an die richtige Position schieben

Transparenz einstellen

Das Originalbild sichern Sie unter dem Namen *sanf.png* im Ordner *material*. Eigentlich wäre die Geschichte über die Erstellung dieser Grafik zu Ende erzählt, wenn es da nicht noch ein Problem geben würde.

Das Bild wird auf den Web-Seiten über das Hintergrundbild des Smileys gelegt. Das sieht auch auf den ersten Blick ganz gut aus. Wenn Sie aber genauer hinschauen, werden Sie feststellen, dass Teile der Smileys von der gelben Hintergrundfarbe des Seitenverweises überdeckt werden. Man erkennt ganz genau den rechteckigen Umriss des Bildes.

Abb. 12.47: Die Smileys werden von der Hintergrundfarbe überdeckt

Das GIF-Format bietet da aber eine Lösung: Man kann in einer GIF-Grafik eine Farbe transparent stellen. In den Bereichen, für die die Transparenz eingestellt ist, scheinen die Objekte, die hinter der Grafik liegen, durch.

Abb. 12.48: Mit Transparenz sieht es direkt besser aus

Und so stellen Sie die Transparenz ein:

- Rufen Sie den Befehl *Modifizieren / Leinwandfarbe* auf.

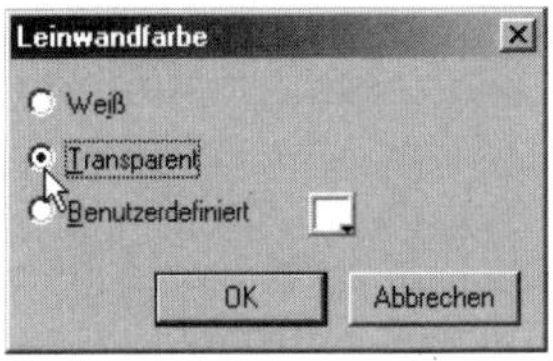

Abb. 12.49: Transparenz einstellen

- Geben Sie an, dass die Leinwandfarbe *transparent* sein soll.
- Bestätigen Sie mit *OK*.
- In der Originalansicht werden die transparenten Bereiche des Bildes mit einem Schachbrettmuster kenntlich gemacht.

Abb. 12.50: Der Hintergrund ist transparent

Damit die Transparenz auch in der GIF-Grafik gespeichert werden kann, müssen Sie das Fenster *Optimieren* aufrufen.

- Wählen Sie in diesem Dialogfenster das GIF-Format aus.

- In der Liste für den *Transparenztyp* müssen Sie die *Indextransparenz* einschalten.

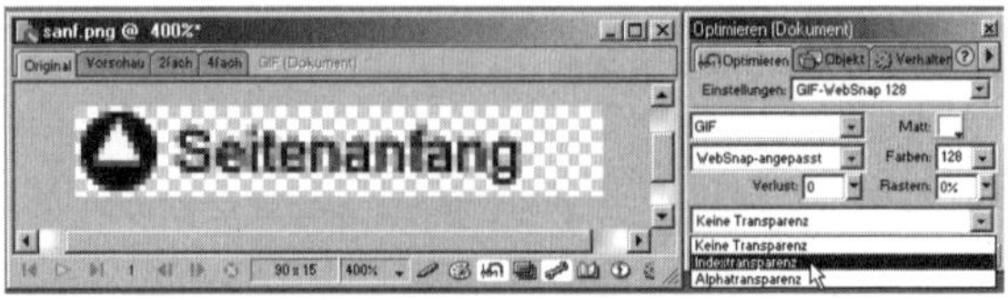

Abb. 12.51: Die Transparenz scharf schalten

- Speichern Sie das Logo über *Datei / Exportieren* im Ordner *website\grafiken* unter dem Namen *sanf.gif* ab.

In diesem Fall hatten Sie gar nicht die Wahl zwischen dem GIF- und dem JPEG-Format. Von den beiden Formaten bietet nur das GIF-Format die Möglichkeit der Transparenz.

12.5 Hintergründe für Menü- und Kopf-Frame

Beim Web-Angebot »Kids in Düsseldorf« soll das Browser-Fenster in drei Bereiche (*Frames*) unterteilt werden. Rechts wird sich das Menü befinden, oben der Kopfbereich mit dem Logo und unten links der Bereich für die Inhaltsseiten des Angebots. Der Menübereich und der Kopfbereich des Web-Angebots sollen mit Hintergrundbildern versehen werden. Durch die Kachelung der Bilder soll der Eindruck einer Doppellinie erzeugt werden (siehe Abbildung 12.52).

Das Menü-Frame soll 150 Pixel breit werden, der Kopfbereich 120 Pixel hoch. Die beiden Grafiken für den Hintergrund müssen mindestens genauso breit bzw. hoch werden wie die Frames für das Menü und den Kopf, damit neben den gewollten keine ungewollten Kacheleffekte auftreten.

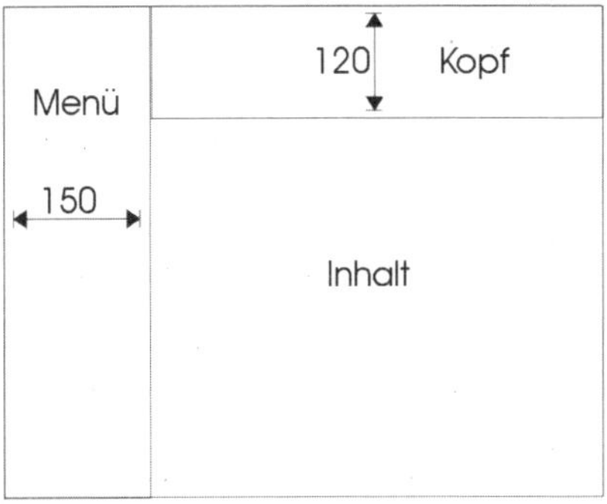

Abb. 12.52: Frame-Aufteilung und -Größen

Hintergrundbild für das Menü-Frame

Erstellen Sie eine neue Grafik mit einer Breite von 150 und einer Höhe von 10 Pixeln. Das Bild wird im Frame übereinander wiederholt (gekachelt). Daher sind 10 Pixel für die Höhe ausreichend. Wählen Sie für den Hintergrund den Gelbwert `#FFFF66` – eine der leichteren Übungen.

- Stellen Sie für die Linien, die Sie gleich einfügen werden, als Vordergrundfarbe den helleren Gelbton `#FFFFCC` ein. Die Farbauswahl finden Sie unterhalb der Werkzeugleiste.
- Klicken Sie das Symbol *Linienwerkzeug* in der Werkzeugleiste an.

Für die Linie können Sie im Fenster *Pinselstrich* die erforderlichen Einstellungen vornehmen.

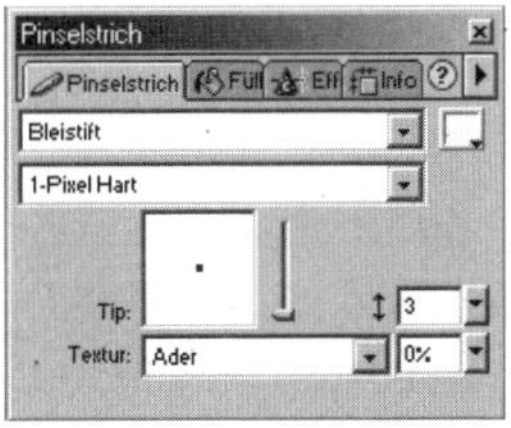

Abb. 12.53: Stellen Sie die Linienbreite auf 3 Pixel ein

- Ziehen Sie dann zu Beginn des letzten Drittels des Bildes eine vertikale Linie von der oberen bis zur unteren Kante. Wenn Sie dabei die ⇧-Taste gedrückt halten, wird die Linie garantiert senkrecht.

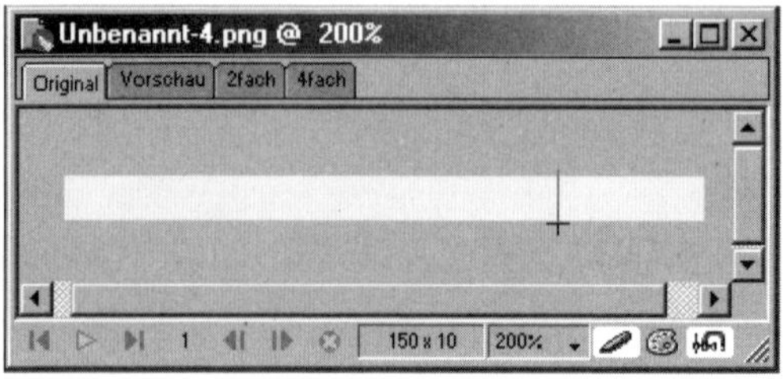

Abb. 12.54: *Linien*-Werkzeug in Aktion

- Bei der zweiten Linie machen Sie es genauso.

So könnte dann das (stark vergrößerte) Ergebnis aussehen.

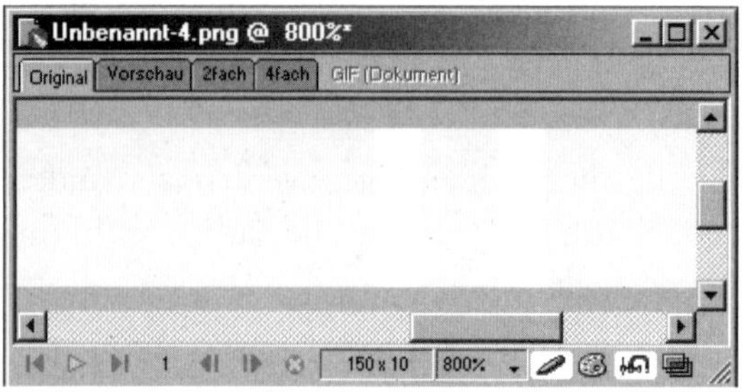

Abb. 12.55: Paralleler geht es nicht

Die Grafik ist so weit fertig. Jetzt kommt noch die übliche Prozedur:

- Speichern Sie das Original im PNG-Format unter dem Namen *hintmen.png* im Ordner *material* ab.
- Versuchen Sie auch in diesem Fall wieder, die optimale Dateigröße zu erzielen. Bei der Optimierung haben Sie freie Hand. Sie werden jedoch feststellen, dass das Bild im GIF-Format am besten aufgehoben ist. Speichern Sie eine Kopie des Bildes unter dem Dateinamen

website\grafiken\hintmen.gif im GIF-Format ab. Beim JPEG-Format werden Sie selbst bei einer hohen Qualität schon einen leichten »Waschmaschineneffekt« erkennen.

Hintergrundbild für das Kopf-Frame

Bei dem Hintergrundbild für das Kopf-Frame müssen Sie alles genauso machen, wie oben beschrieben. Die Grafik muss mit einer Breite von 10 Pixeln und einer Höhe von 110 Pixeln erstellt werden.

Setzen Sie beim Ziehen der Linien relativ weit unten an.

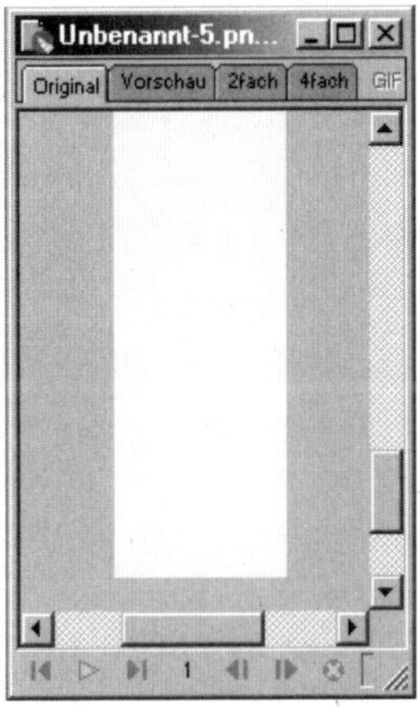

Abb. 12.56: Linien jetzt mal quer

Speichern Sie die Originalgrafik unter dem Namen *hinttop.PNG* im Ordner *material* ab, und geben Sie Ihr Bestes beim Kampf um die Bytes. Ich verrate Ihnen an dieser Stelle sicher kein Geheimnis, wenn ich Ihnen sage, dass wieder das GIF-Format zum Zuge kommt. Exportieren Sie das Bild unter dem Namen *hinttop.gif* in den Ordner *grafiken*.

12.6 Blind-GIF

Bei der Erstellung des Menüs im Kapitel »*Rahmen für das Angebot*« wird gezeigt, dass es bei der Anordnung von Objekten auf einer Web-Seite mit den Abständen nicht immer so klappt, wie man sich das vorstellt. So kennen manche ältere Browser die Höhenangabe für Tabellenzellen nicht; neuere Browser-Versionen reagieren zum Teil recht eigenwillig auf die Verkleinerung des Browser-Fensters. Um Tabellen in Form zu halten, wenden professionelle Web-Designer manchmal den Trick mit dem Blind-GIF an. Diese GIF-Grafik werden Sie jetzt erstellen.

- Rufen Sie die Funktion *Datei / Neu* auf und geben Sie in das Dialogfenster die folgenden Werte ein.

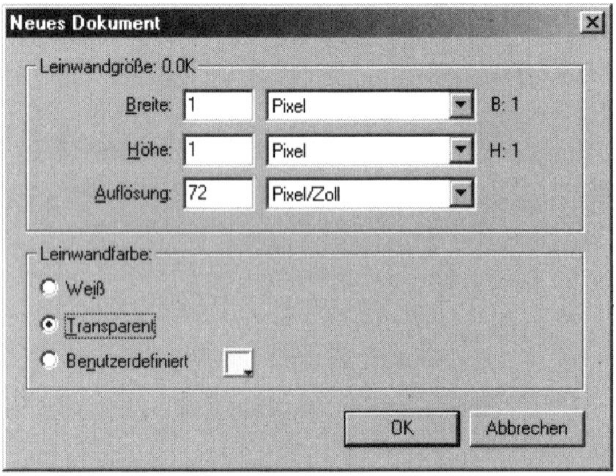

Abb. 12.57: Klein, aber fein

- Die Grafik soll wirklich nur 1 Pixel breit und 1 Pixel hoch sein.
- Die *Leinwandfarbe* (wenn man bei einem Pixel von Leinwand sprechen kann) stellen Sie auf *Transparent*.
- Klicken Sie auf *OK*.

- Holen Sie sich das eine Pixel mit der Zoom-Funktion ganz nahe heran. Klicken Sie dazu auf das Lupensymbol in der Werkzeugleiste und so lange auf das Bild, bis das Pixel groß genug ist.
- Wählen Sie in der Liste für den Transparenztyp den Eintrag *Indextransparenz* aus.

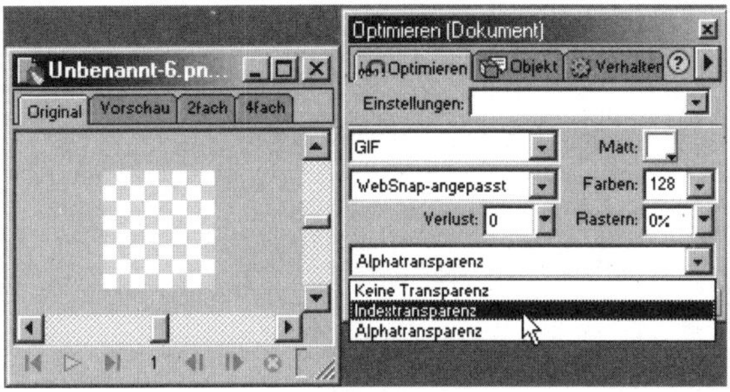

Abb. 12.58: *Indextransparenz*

- Das Pixel ist nun »blind« gestellt.
- Speichern Sie das Ein-Pixel-Bild im GIF-Format unter dem Namen *Desktop\kid\website\grafiken\blind.gif* ab.

Damit haben Sie alle Grafiken für Ihr Web-Angebot selbst erstellt. Ist doch ein gutes Gefühl, wenn man weiß, dass man wirklich alles selbst gemacht hat, oder nicht?

12.7 GIF versus JPEG

In diesem Kapitel haben Sie bisher nur GIF-Grafiken erstellt. Jetzt könnten Sie meinen, dass alle Grafiken für das Web in diesem Format am besten aufgehoben sind. Dem ist nicht so.

Es gibt keine klare, allgemeingültige Regel dazu, welches Bild man in welchem Format abspeichern soll. Folgende Faktoren spielen bei der Entscheidung eine Rolle:

- Bildqualität des neuen Bildes im Vergleich zum Original
- Größe des Speicherbedarfs der Datei

Es gibt Grafiken, bei denen man ohne Ausprobieren klar beurteilen kann, welches Format sich anbietet. Bei anderen Bildern erhält man schon einmal überraschende Ergebnisse bei der Suche nach dem richtigen Dateiformat.

Probieren Sie nun einmal aus, welches Format für das folgende Blumenfoto besser geeignet ist – GIF oder JPEG.

Abb. 12.59: Sonnige Zeiten

Das Original des Fotos liegt im TIF-Format vor. Die Dateigröße der Ursprungsdatei beträgt 517 KB.

> **HINWEIS**
> Die Originaldatei der wunderschönen Sonnenblumen können Sie sich von unserer Website *www.buchteam.de* herunterladen. Sie können aber auch irgendein anderes Foto verwenden, das Sie eingescannt oder auf einer Foto-CD zur Verfügung haben.

Als GIF

Öffnen Sie das Foto mit Fireworks. Schalten Sie in die *2fach*-Ansicht um. Bei dieser Ansicht wird dem Original nur eine weitere Version des Bildes gegenübergestellt. Wählen Sie im Fenster *Optimieren* das GIF-Format aus.

Das GIF-Format kann, wie bereits gesagt, nur maximal 256 Farben gleichzeitig darstellen. Dadurch, dass das Bild aber überwiegend Gelb- und Grüntöne enthält, ist die Qualität des Fotos selbst bei einer Verringerung der Farbtiefe auf 128 Farben erstaunlich gut. Sie weicht kaum sichtbar vom Original ab. Die Dateigröße im GIF-Format beträgt 97,31 KB.

Abb. 12.60: *2fach*-Ansicht

Der Versuch, die Grafik durch Verringerung der Farbtiefe auf 16 Farben weiter zu optimieren, scheitert an der schlechten Qualität des Bildes bei dieser Farbtiefe.

Als JPEG

Jetzt wenden Sie sich dem JPEG-Format zu. Wechseln Sie in die *4fach*-Ansicht und testen Sie das Bild mit den Qualitäten *10*, *50* und *80*.

Abb. 12.61: JPEG in unterschiedlichen Qualitäten

In der vorstehenden Abbildung können Sie sehr gut erkennen, dass die Bild-Qualität bei den Werten *50* und *80* durchaus akzeptabel ist. Bei *10* hat die Komprimierung jedoch zugeschlagen und die Bildqualität zu sehr verschlechtert.

Abb. 12.62: Große Qualitätsverluste bei *10*

Im Vergleich zum GIF-Format ist aber schon bei niedriger Komprimierung eine erheblich kleinere Dateigröße festzustellen – GIF 97,31 KB und JPEG mit Qualität *80* 56,71 KB. JPEG ist bei Fotos in der Regel die erste Wahl.

12.8 Zusammenfassung, Fragen und Übungen

Zusammenfassung

- In modernen Bildbearbeitungsprogrammen lassen sich Grafiken schichtweise in Ebenen aufbauen. Um die Ebenen zu erhalten, müssen Sie diese Grafiken in einem Format abspeichern, das Ebenen unterstützt.
- Beim Erstellen einer Web-Grafik geht es immer darum, bei einer noch akzeptablen Bildqualität die Dateigröße so gering wie möglich zu halten.
- Die Dateigröße einer Grafik kann man auch verringern, indem man das Bild auf das notwendige Maß beschneidet.
- Bei GIF-Grafiken mit relativ wenig Farben kann man über die Reduktion der Farbtiefe geringere Dateigrößen erzielen.
- Die Komprimierung des JPEG-Formats ist verlustbehaftet.
- Bei GIF-Grafiken kann man eine Farbe transparent stellen.
- Ein Blind-GIF ist eine Grafik in der Größe 1 x 1 Pixel, deren einziges Pixel transparent gestellt ist.
- Bei fotorealistischen Bildern erzielt man in aller Regel mit dem JPEG-Format geringere Dateigrößen.

Fragen und Übungen

1. Welche Vorteile bietet das Arbeiten mit Ebenen in Bildbearbeitungsprogrammen?
2. Was versteht man unter *Anti-Aliasing*?
3. Welches Web-Grafikformat eignet sich besonders gut für Fotos?

G
A
L
13
12
11
10
9
8
7
6
5
4
3
2
1

»

HTML – Die Auszeichnungssprache

13 HTML – Die Auszeichnungssprache

13.1 Einführung in HTML

Wie Sie bereits an verschiedenen Stellen des Buches gelesen haben, werden Seiten für das World Wide Web in der Beschreibungssprache HTML erstellt. Die Abkürzung HTML wird aus ***H**ypertext **M**arkup **L**anguage* gebildet und bedeutet übersetzt so viel wie »Verknüpfungs- und Auszeichnungssprache«. Obwohl Sie gesehen haben, dass Dreamweaver hauptsächlich im WYSIWYG-Modus arbeitet, so sind für den professionellen Anwender HTML-Kenntnisse unerlässlich. Im Folgenden werden Sie erfahren, was HTML ist und wie es funktioniert.

HTML – Was ist das eigentlich?

Das World Wide Web ist, wie Sie bereits wissen, ein Netz von bunten Seiten, die miteinander über Links verbunden sind. Die genaue Adresse (URL = ***U**niform **R**esource **L**ocator*) jeder Web-Seite kann man in das Feld *Adresse* des Browsers eingeben. Nach Bestätigung mit der [↵]-Taste erscheint die gewünschte Seite im Anzeigefenster des Browsers (siehe Abbildung 13.1).

Bei diesem Vorgang werden dem Browser die HTML-Datei sowie alle dazugehörenden Grafiken übermittelt. In der HTML-Datei ist genau beschrieben, wie die Seite aufgebaut und angezeigt werden soll. Der Browser schaut sich die HTML-Datei an.

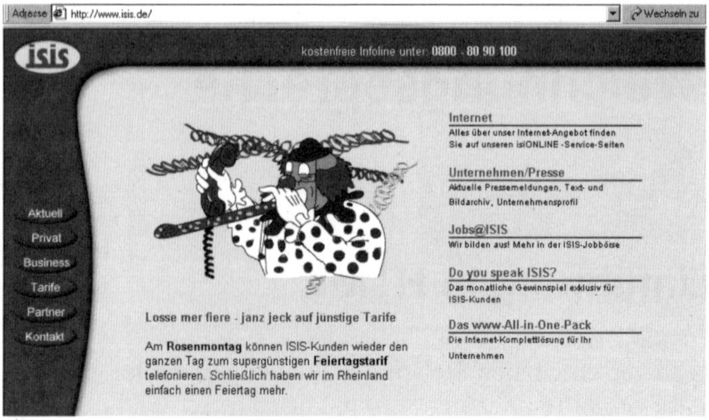

Abb. 13.1: Das Anzeigefenster

Die Befehle, die er kennt, werden bei der Anzeige berücksichtigt. Befehle, die er nicht kennt, führen nicht zu einer Fehlermeldung. Sie werden einfach ignoriert. Auf diese Weise ist gewährleistet, dass sich die Sprache HTML weiterentwickeln kann. Alte Browser können auch Seiten anzeigen, die die neuesten Befehle verwenden. Ob das Ergebnis der Anzeige den Betrachter zufrieden stellen wird, ist eine andere Frage.

Falls Sie sich bisher noch nicht damit befasst haben, ist der erste Blick auf den HTML-Quelltext (hier mit der MS Explorer-Funktion *Ansicht / Quelltext anzeigen*) vielleicht etwas verwirrend.

Abb. 13.2: Der Quelltext

Sie werden aber in diesem Kapitel lernen, dass man den Aufbau einer HTML-Datei mit ein wenig Übung verstehen kann.

So funktioniert HTML

Eine HTML-Datei besteht aus Text und HTML-Befehlen. Die Befehle werden *Tags* genannt. Die Datei enthält ausschließlich Zeichen des ASCII-Zeichensatzes.

Alle aktuellen Betriebssysteme (Windows, UNIX, MacOS etc.) unterstützen diesen Zeichensatz. HTML-Seiten haben damit über all diese Plattformen hinweg den gleichen Inhalt, was eine Grundvoraussetzung für das Funktionieren des World Wide Web ist.

Mit den Zeichen des ASCII-Zeichensatzes werden der Text und die Befehle dargestellt. Der ASCII-Zeichensatz umfasst

- Klein- und Großbuchstaben (a-z, A-Z)
- Ziffern von 0-9
- diverse Sonderzeichen (z.B. für die Interpunktion)

Im Zeichensatz sind jedoch keine länderspezifischen Zeichen (z.B. ä, ö, ü, ß und §) und spezielle Sonderzeichen enthalten.

Maskierung besonderer Zeichen

Diese Zeichen müssen daher mit Zeichenfolgen aus dem vorhandenen Zeichenvorrat gebildet werden. Man nennt dieses Verfahren auch Maskierung.

In der folgenden Tabelle sehen Sie einige Zeichen und die entsprechenden Masken.

Das Zeichen	... wird ersetzt durch	Das Zeichen	... wird ersetzt durch
ä	ä	ß	ß
ö	ö	§	§
ü	ü	©	©
Ä	Ä	&	&
Ö	Ö	<	< (lower than)
Ü	Ü	>	> (greater than)

Tab. 13.1: Maskierung von länderspezifischen Zeichen und Sonderzeichen

Der Text

```
Die Straßenbahn fährt nach Düsseldorf-Lörick.
```

muss in HTML so eingegeben werden:

```
Die Stra&szlig;enbahn f&auml;hrt nach D&uuml;sseldorf-L&ouml;rick.
```

HTML-Befehle

HTML-Befehle (auch *Tags* genannt) werden zusammen mit dem Text eingegeben. Man erkennt sie daran, dass sie von den spitzen Klammern < und > eingeschlossen sind.

Beispiel:

`<br>` (bewirkt einen Zeilenumbruch)

> **HINWEIS**
>
> Da der Browser die Zeichen < und > immer im Zusammenhang mit Befehlen erwartet, müssen sie ebenfalls maskiert werden, wenn sie als Text im Browser-Fenster (z.B. als Bestandteil einer Gleichung) angezeigt werden sollen. Beispiel: `x > 2y + 3` wird in HTML `x > 2y + 3` geschrieben.

Die meisten HTML-Befehle beziehen sich nur auf einen Bereich (z.B. Zeichen, Wort, Absatz) innerhalb des gesamten Textes. Ihre Gültigkeit wird also durch einen Anfang und ein Ende gekennzeichnet. Den Anfang legt der Befehl fest. Das Ende wird durch Wiederholung des Befehls mit führendem Schrägstich bestimmt.

Beispiel:

```
Jeder Sitzplatz ist kaum 1 m<sup>2</sup> gro&szlig;.
```

Der Befehl `<sup>` kennzeichnet Text als hochgestellt. Das Beispiel wird so im Browser angezeigt:

```
Jeder Sitzplatz ist kaum 1 m2 groß.
```

> **HINWEIS**
>
> Es ist übrigens egal, ob HTML-Tags klein- oder großgeschrieben werden. `<sup>` könnte im Beispiel auch durch `<SUP>` ersetzt werden. Eine einheitliche Schreibweise (groß oder klein) dient nur der Übersichtlichkeit des HTML-Textes.

Grundaufbau einer HTML-Datei

Fast jede HTML-Datei hat das folgende Befehlsgerüst:

```
<html>
    <head>
    </head>
    <body>
    </body>
</html>
```

Das Befehlspaar `<html></html>` umschließt den gesamten Inhalt der Datei und kennzeichnet ihn als HTML-Dokument.

Im Header-Bereich zwischen <head> und </head> werden Informationen festgelegt, die für die Seite wichtig sind, aber nicht im Anzeigebereich des Browsers erscheinen. Neben dem Text für die Titelzeile sind das z.B. Meta-Informationen, die die Seite für Suchmaschinen interessant machen.

Der Bereich <body></body> ist für das »Fleisch« der Seite gedacht. Dort gibt man Text, Bildreferenzen und Formate an. Diese Informationen werden im Browser-Fenster als der eigentliche Seiteninhalt wiedergegeben.

Die HTML-Datei mit den Tags und dem Text wird auch *Quelltext* genannt. Sie liefert dem Browser die Informationen für den Seitenaufbau. Für die Erstellung eines HTML-Dokuments kann man jeden Editor verwenden, der ASCII-Texte speichern kann (z.B. der Editor aus dem Windows-Zubehör).

Schreiben Sie mit dem Windows-Editor einfach mal das Befehlsgerüst ab, und speichern Sie den Text unter dem Namen *test.htm*. Anschließend öffnen Sie diese Datei mit Ihrem Browser.

Sie sehen nichts? Das ist gut so. Dann haben Sie alles korrekt abgeschrieben, denn der Browser stellt die Tags nicht im Dokumentfenster dar. Haben Sie aber beim Schreiben eine spitze Klammer übersehen, dann kann das Ergebnis im Browser-Fenster auch so aussehen:

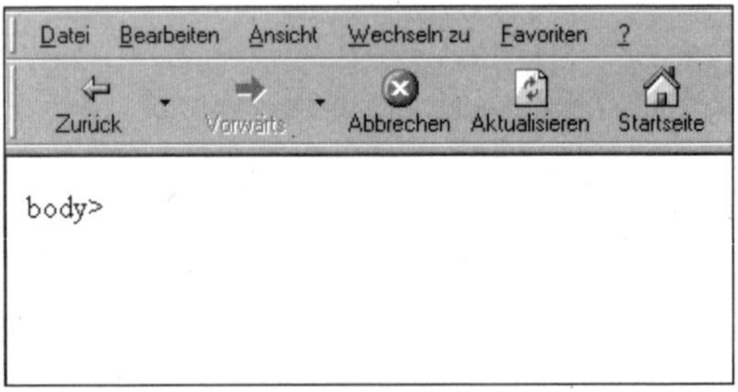

Abb. 13.3: Ein unsauberer Körper

Ordnung muss sein

In den Quelltext können Sie feste Zeilenumbrüche, Tabulatorsprünge und mehrere aufeinander folgende Leerzeichen eingeben, um den Text übersichtlicher zu gestalten. Diese Eingaben werden jedoch nicht vom Browser angezeigt.

Das oben aufgeführte Grundgerüst einer HTML-Datei könnte ohne Unterschiede in der Browser-Darstellung auch so erfasst werden.

```
<html><head></head><body></body></html>
```

Für einen Zeilenumbruch, der auch im Browser seine Wirkung zeigt, können Sie das Tag `<br>` verwenden.

> **HINWEIS** Bei mehreren aufeinander folgenden Leerzeichen im Quelltext zeigt der Browser immer nur eines an. Wollen Sie bewusst Leerzeichen aneinander reihen, müssen Sie das geschützte Leerzeichen ` ` entsprechend oft eingeben.

Seitentitel

Für jede Web-Seite kann und sollte ein Titel vergeben werden.

```
<html>
   <head><title>Richtungsweisende Fakten</title>
   </head>
   <body>
   </body>
</html>
```

Der Seitentitel wird in der Titelzeile des Browsers angezeigt.

Abb. 13.4: Titel der Homepage

HINWEIS

Die Angabe des Titels sollte für Sie zum Pflichtprogramm gehören. Zum einen werten Suchmaschinen den Seitentitel aus, so dass Sie durch geschickte Wortwahl die Position Ihrer Seite in den Trefferlisten der Suchdienste verbessern können. Zum anderen benutzen Browser den Titel, um sich die Seite in der Liste der Lesezeichen (Bookmark, Favoriten) zu merken. Zwar kann man im Browser den Namen für ein Lesezeichen auch selbst vergeben, es gehört meines Erachtens jedoch zum Service, einen treffenden Titel für die Seite vorzugeben.

Text für die Web-Seite

Alles, was im Anzeigebereich des Browsers erscheinen soll, wird im `<body>`-Bereich festgelegt. Erst einmal wäre da der Text.

```
<html>
   <head><title>Richtungsweisende
    Fakten</title></head>
   <body>
    Die Stra&szlig;enbahn f&auml;hrt nach
    D&uuml;sseldorf-L&ouml;rick.
   </body>
</html>
```

Mit der Anzeige des Textes wird oben links im Browser-Fenster begonnen.

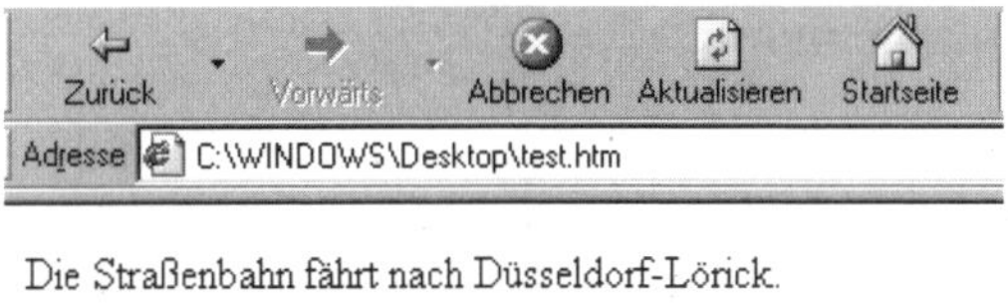

Abb. 13.5: Anzeige des Textes

Über die Schriftart und -größe, mit der der Text angezeigt wird, sagt die HTML-Datei in dieser sehr einfachen Form nichts aus. In solch einem Fall ist allein der jeweilige Browser für die Art der Darstellung verantwortlich. In dem einen Browser könnte die Schriftart *Arial* und im anderen *Times New Roman* sein. In den gängigen Browsern kann der Anwender die Standardschriftart und -farbe sogar nach seinem Geschmack vorgeben. So finden Sie diese Einstellung beispielsweise beim Internet Explorer unter dem Menübefehl *Extras / Internet-Optionen* auf dem Register *Allgemein* über die Schaltfläche *Schriftarten*:

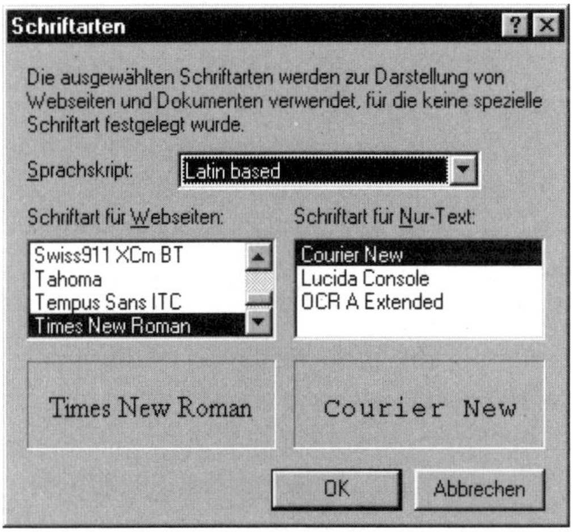

Abb. 13.6: Einstellen der Standardschrift im Internet Explorer

Eine HTML-Seite, die auf dem Bildschirm des Erstellers schön anzuschauen ist, kann je nach Browser-Einstellungen auf den Bildschirmen anderer Web-Nutzer komplett anders aussehen.

Logische und physische Auszeichnung

Es gibt nun in HTML Tags, mit denen man die Textdarstellung beeinflussen kann. Hier unterscheidet man logische und physische Auszeichnung.

Ein Beispiel für die *logische Auszeichnung* ist das Tag `<strong></strong>`. `<strong>` kennzeichnet den Text als hervorgehoben. Eine Festlegung der Art der Darstellung wird damit jedoch nicht getroffen. Wie der so formatierte Text im Anzeigefenster erscheint, hängt vom jeweiligen Browser ab. Die meisten Browser stellen diese Hervorhebung (wie erwartet) fett dar. Theoretisch könnte ein etwas eigenwilliger Browser die Hervorhebung aber auch in rosa und funkelnd präsentieren.

Physische Formatierung bedeutet, dass dem Browser kein Spielraum für die Anzeige bleibt. Das Tag `<b></b>` (steht für `bold`) legt fest, dass der Text zwingend fett dargestellt werden soll. Alle Browser werden daher den Text fett formatieren (soweit das jeweilige Computersystem dazu in der Lage ist).

HINWEIS

HTML war ursprünglich als Sprache für die inhaltliche Strukturierung von Textinformationen (logische Formatierung) gedacht. Die Gestaltung des Textes (physische Formatierung) war für die Entwickler von nachrangiger Bedeutung. Durch die Verbreitung und Kommerzialisierung des Word Wide Web gewann die Frage der Gestaltung der Web-Seiten zunehmend an Bedeutung. Der Sprachumfang von HTML wurde nach und nach durch Befehle für die physische Formatierung erweitert, die diesen Bedürfnissen Rechnung trugen. Diese Entwicklung wurde von HTML-Puristen nicht gerne gesehen. Die Sprache wurde etwas unübersichtlich und verlor ihr Gesicht als reines Mittel zur inhaltlichen Textstrukturierung. Mittlerweile hat eine Entwicklung eingesetzt, die in ihrem Ergebnis zu einer Trennung von Inhalt und Gestaltung führen wird. Die inhaltliche Seite des Textes wird weiterhin durch HTML abgedeckt werden. Die Gestaltung der Web-Seiten übernimmt die Ergänzungssprache *Cascading* ***Style Sheets*** (CSS). CSS kann man vereinfacht mit den Formatvorlagen vergleichen, wie sie in jeder modernen Textverarbeitung angeboten werden.

Textüberschrift

Im nachfolgenden Beispiel ist der Willkommensgruß mit dem Tag `<h1></h1>` ausgezeichnet.

```
<html>
   <head><title>Richtungsweisende
    Fakten</title></head>
   <body>
    <h1>Die Stra&szlig;enbahn f&auml;hrt nach
    D&uuml;sseldorf-L&ouml;rick.</h1>
   </body>
</html>
```

<h1> bedeutet Überschrift (Header) erster Ordnung. Damit soll nur ausgesagt werden, dass der Text eine Überschrift der höchsten Stufe ist. Wie er angezeigt wird, bestimmt der Browser. Der Internet Explorer macht es so:

Abb. 13.7: Na, jetzt wissen wir's aber

Bei <h1> handelt es sich um einen logischen Auszeichnungsbefehl. In der Regel ist die Darstellung bei den gängigen Browsern ähnlich. Aber man kann sich eben nicht darauf verlassen.

> **HINWEIS**
>
> Beim professionellen Web-Design sind in der Regel Farbgebung und Schrifttypen genau aufeinander abgestimmt. Die Entwickler möchten tunlichst vermeiden, dass der beabsichtigte Eindruck durch Unwägbarkeiten des Browsers gestört wird. Eine »Lösung« dieses Problems besteht darin, Text als Grafik einzubinden. So gibt es viele Web-Angebote, in denen ganze Seiten ausschließlich aus Grafiken zusammengebaut werden. Selbst längere Textpassagen sind dann Bilder. Diese Web-Seiten sind wegen der großen Datenmengen meist sehr träge. Da die Web-Nutzung in der Regel mindestens die Telefongebühr kostet, bezahlt der Besucher die längeren Ladezeiten unmittelbar über seine Telefonrechnung. Kein besonders guter Service.

Parameter für Tags

Viele Tags können durch die Angabe von zusätzlichen Parametern variiert werden. Parameter werden durch ein Leerzeichen vom Tag-Namen getrennt. Bei der Überschrift kann man als zusätzlichen Parameter z.B. die Ausrichtung festlegen.

```
<body>

<h1 align="center">Die Stra&szlig;enbahn ...</h1>

</body>
```

Der Parametername ist `align` (= ausrichten). Mögliche Parameterwerte sind `right` (= rechtsbündig), `left` (= linksbündig) und `center` (= zentriert). Der Parameterwert wird dem Parameter durch ein Gleichheitszeichen zugewiesen. Die Überschrift unseres Beispiels wird mittig ausgerichtet.

Abb. 13.8: ... fährt nach Düsseldorf-Lörick :-(

Manche Tags haben auch mehrere Parameter. Diese werden dann durch Leerzeichen voneinander getrennt. Die Reihenfolge der Parameter ist beliebig.

Wo finden Sie mehr zum Thema HTML?

Sie werden sich jetzt bestimmt fragen, welche Tags es überhaupt gibt und wie die dazugehörigen Parameter heißen.

- Die offizielle Definition der Sprache HTML wird vom World Wide Web Consortium (im Web unter *http://www.w3c.org*) festgelegt. Diesem Gremium gehören namhafte Institutionen und Firmen aus vielen Bereichen rund um das Internet an (u.a. auch Microsoft und Netscape). Auf den Web-Seiten des W3C finden Sie die Definition von HTML in englischer Sprache.
- Alternativ gibt es im Buchhandel eine Reihe von HTML-Einführungen und -Referenzen in deutscher Sprache. In der Buchreihe »Das Einsteigerseminar« ist z.B. der Titel »HTML 4« von Thomas Kobert erschienen.
- Erwähnt werden sollte an dieser Stelle auch das kostenlose HTML-Kompendium von Stefan Münz. Der Autor hat in einem nun schon Jahre andauernden Projekt eine umfassende Beschreibung zu HTML und verwandten Themen zusammengetragen. Das Nachschlagewerk finden Sie im World Wide Web unter *http://www.teamone.de/selfhtml/*. Es ist selbst in HTML erstellt und kann für die Offline-Benutzung heruntergeladen werden. Sie finden diese Dokumentation

aber auch auf fast jeder CD-Beilage zu einschlägigen Computerzeitschriften unter dem Namen SELFHTML.

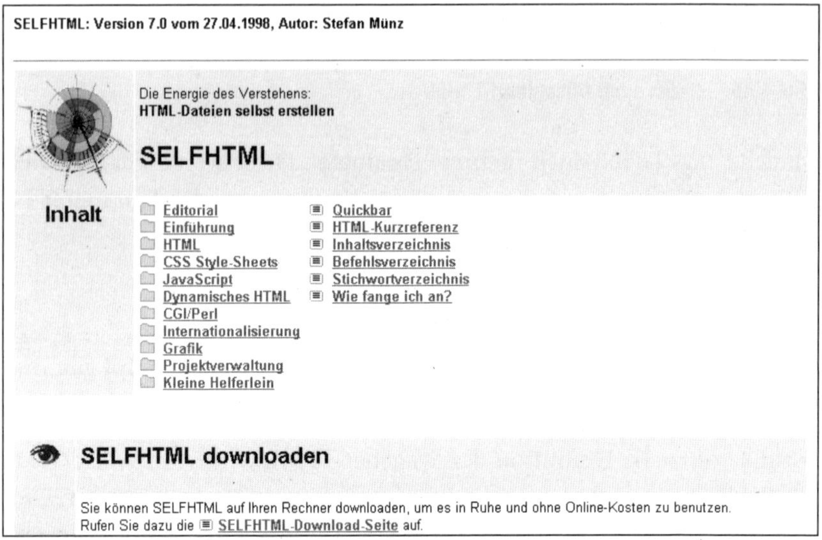

Abb. 13.9: HTML-Kompendium von Stefan Münz

13.2 Kurzvorstellung HomeSite

Durch den Kauf des Dreamweaver-Komplettpakets inklusive CD-ROM haben Sie zusätzlich einen weiteren professionellen Web-Editor erstanden. Auf der CD-ROM schlummert in seinem Ordner der HTML-Editor *HomeSite* von *Allaire* in der Version 4.5.1. Lassen Sie ihn nicht länger dort schlafen.

Anders als bei Dreamweaver, mit dem Sie Web-Seiten im so genannten WYSIWYG-Modus erstellen, geben Sie in HomeSite die HTML-Befehle unmittelbar in das Dokumentfenster ein. Damit haben Sie die absolute Kontrolle über den Quellcode Ihrer Web-Seiten. Die Möglichkeit, die Seiten über eine Layout-Ansicht zu erstellen, steht im Programm nur marginal zur Verfügung.

Wenn Sie sich HomeSite einmal näher anschauen, werden Sie feststellen, dass er eine ideale Ergänzung zu Dreamweaver darstellt; insbesondere dann, wenn es kniffliger wird und Sie einen tieferen Blick in den Quelltext werfen müssen. HomeSite lässt sich sehr einfach als externer Editor in Dreamweaver einbinden und von dort aus mit der aktuellen Web-Seite starten.

Auf den nachfolgenden Seiten möchte ich ein wenig Werbung für HomeSite machen.

Editor mit Mehrwert

Zu Beginn dieses Kapitels haben Sie erfahren, wie man HTML-Seiten von Hand – über die Eingabe der Befehle unmittelbar in einen Editor – erstellen kann. Vielleicht haben Sie dies auch schon einmal so gemacht und dabei den Editor aus dem Windows-Zubehör verwendet. Die Nachteile der Erstellung von Web-Seiten mit dem Windows-Editor liegen auf der Hand:

- Man muss jedes einzelne Tag schreiben oder von Hand aus anderen Quelltexten kopieren.
- Einfügehilfen bei der Eingabe der Tags und deren Parameter stehen nicht zur Verfügung.
- Für die übersichtliche Anordnung des Quelltextes (Einrückungen durch Tabulator) ist der Autor zuständig.
- Eine Unterstützung der Struktur durch farbige Kennzeichnung zusammengehörender Elemente gibt es nicht.
- Die Syntaxkontrolle (habe ich auch alle Ende-Tags definiert?) nimmt der Editor Ihnen nicht ab.
- Das automatische Ersetzen von Zeichenketten ist nicht einmal nur in einer Datei möglich.

- Größere Projekte müssen über geschickte Verwaltung im Windows-Dateisystem unter Kontrolle gehalten werden.

An dieser Stelle setzt HomeSite an. Mit diesem Programm gibt man wie beim Editor die HTML-Tags zur Auszeichnung der Seite ein. Bei der Eingabe bietet HomeSite jedoch eine umfangreiche Unterstützung und den Komfort, den man beim Windows-Editor vermisst.

Mit Dreamweaver könnten Sie zur Not auch Web-Seiten zaubern, ohne tiefergehende HTML-Kenntnisse zu besitzen. Bei HomeSite müssen Sie die Seitenbeschreibungssprache jedoch kennen. Sie arbeiten mitten im HTML-Quelltext.

Aufbau des Programms

Nach der Installation starten Sie HomeSite über *Programme / HomeSite 4.5 / HomeSite 4.5*. Wie gesagt, man kann HomeSite auch als externen Editor in Dreamweaver einbinden.

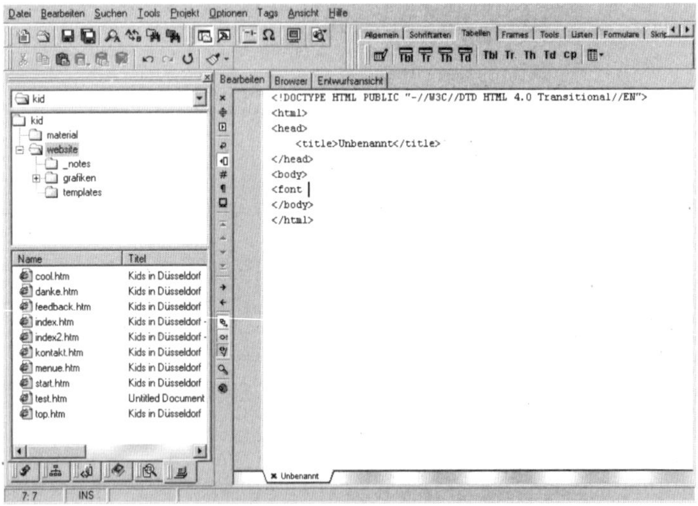

Abb. 13.10: Programmoberfläche von HomeSite

Auf der linken Seite haben Sie in Windows-Explorer-Manier Zugriff auf das gesamte Laufwerk- und Ordnersystem. Dieser Bereich wird *Ressourcen-Register* genannt. Auf der rechten Seite sehen Sie das Bearbeitungsfenster. Es enthält den HTML-Quelltext. Ein Doppelklick auf eine HTML-Datei in der Ordneransicht lädt diese in das Bearbeitungsfenster auf der rechten Seite.

Quick-Bar und Assistenten

In der *QuickBar* oberhalb des Bearbeitungsfensters sind die wichtigsten Funktionen zur Web-Seiten-Erstellung in Registern zusammengefasst. Wie Sie es vielleicht aus anderen Windows-Programmen kennen, werden auch in HomeSite einige Funktionen, wie z.B. das Erstellen einer neuen Tabelle, von Assistenten unterstützt.

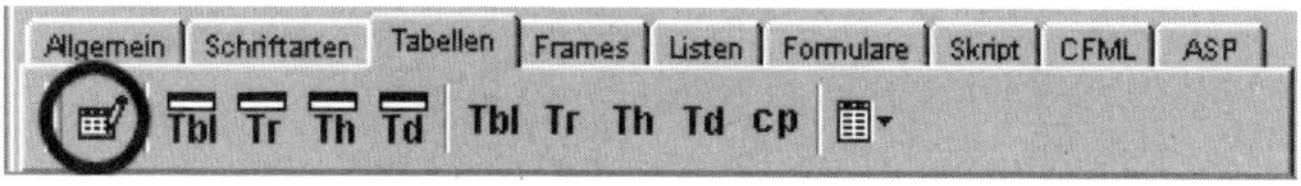

Abb. 13.11: Tabellen-Assistent

Über mehrere Dialogfenster, die Sie Schritt für Schritt an die Hand nehmen, legen Sie ein Tabelle an. Die HTML-Befehle für die Tabelle werden in das Bearbeitungsfenster geschrieben.

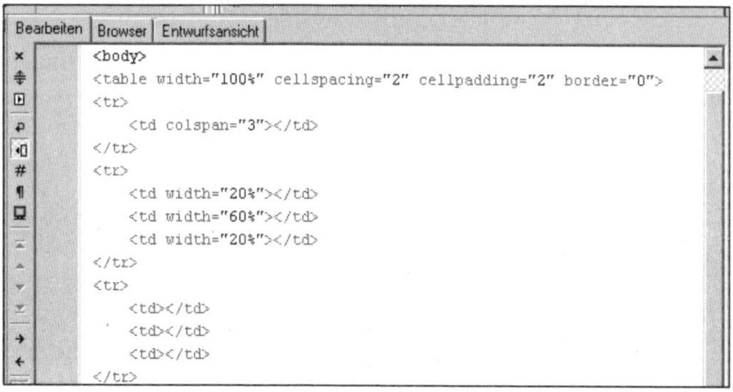

Abb. 13.12: Sehr ordentlich

Der Assistent nimmt Ihnen also Schreibarbeit ab. Er fügt sämtliche Tags ein, die Sie für die Tabelle benötigen. Dabei ist er auch noch sehr ordentlich. Er kennzeichnet die Elemente, die zur Tabelle gehören, in einer Farbe und rückt alles perfekt ein.

Interner Browser

Über den internen Browser (Registerkarte *Vorschau*) können Sie den aktuellen Stand der Web-Seite kontrollieren.

Abb. 13.13: Vorschau mit internem Browser

Es lassen sich aber auch mehrere externe Browser in das Programm einbinden. Diese können dann komfortabel direkt aus HomeSite heraus aufgerufen werden.

Eingabehilfen

Bei der Eingabe der meisten HTML-Befehle fügt HomeSite automatisch das abschließende Tag mit ein.

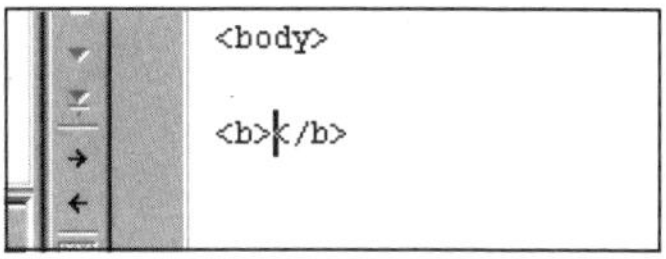

Abb. 13.14: Nur noch die halbe Arbeit

Wenn man einen HTML-Befehl schreibt und anschließend ein Leerzeichen eingibt, klappt eine Liste mit allen Parametern zu diesem Befehl auf. Mit der Maus kann der gewünschte Parameter ausgewählt werden.

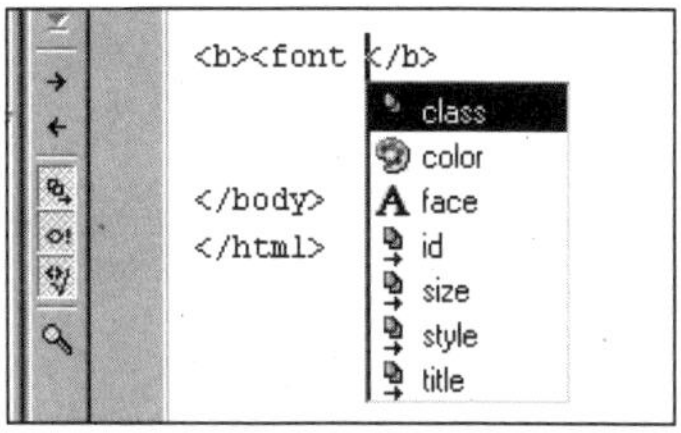

Abb. 13.15: Klappt ja wunderbar

Wenn es zu den Parametern vordefinierte Werte gibt, werden auch diese in Listenform zur Auswahl angeboten. Auf diese Weise können Sie sich Ihren Quelltext quasi zusammenklicken.

Grafik einfach ziehen und fallen lassen

Manche Stärken von HomeSite schlummern im Verborgenen. Ein Bild ziehen Sie z.B. einfach in den Quelltext hinein.

Klicken Sie dazu in der Dateiliste auf den Namen der Grafik. Ziehen Sie diese dann mit gedrückter Maustaste an die Stelle im Quelltext, wo Sie das Bild gerne platzieren würden. Der Cursor wandert dabei mit und hilft beim genauen Positionieren.

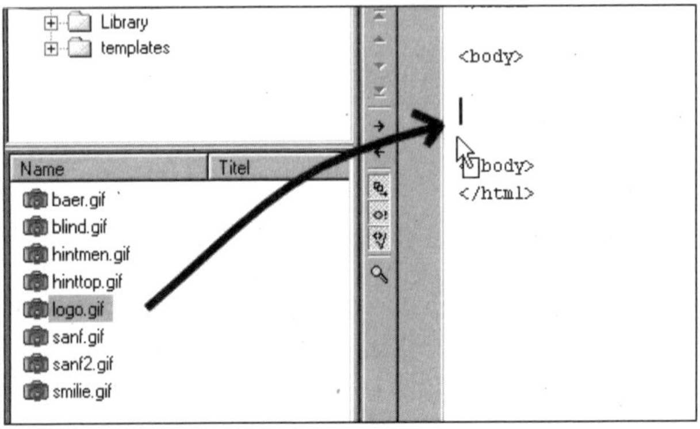

Abb. 13.16: Grafik in den Quelltext ziehen

Sobald Sie die Maustaste loslassen, fügt HomeSite den HTML-Befehl mit sämtlichen Parametern ein, die an dieser Stelle sinnvoll sind.

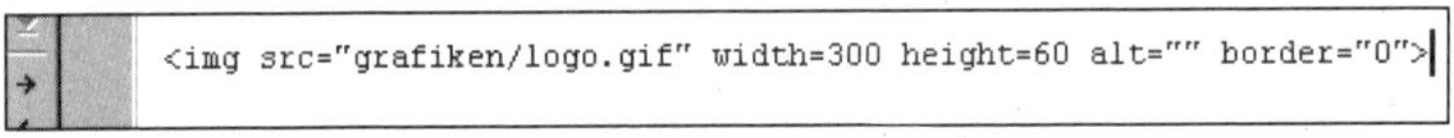

Abb. 13.17: Ist doch auch nicht schlecht

Der Editor ermittelt die Höhe und Breite des Bildes selbstständig und gibt die Werte aus. Nur der Text für das Attribut `alt` (Alternativ-Text) muss noch eingegeben werden. Woher soll HomeSite diesen auch kennen?

Schnipsel sind Textbausteine

Manche Texte mit den dazugehörigen HTML-Befehlen benötigt man immer wieder. Sie können solche Quellfragmente als Bausteine abspeichern. HomeSite nennt diese Textbausteine *Schnipsel*.

Klicken Sie einfach nur doppelt auf den entsprechenden Baustein in der Schnipsel-Ansicht, und er wird an der Cursor-Position eingefügt.

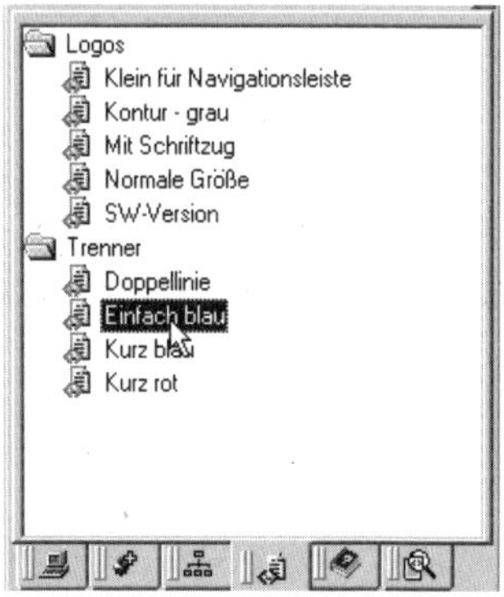

Abb. 13.18: Schnipsel für alles Mögliche

War es das schon?

Einige HomeSite-Highlights haben Sie gerade in Wort und Bild kennen gelernt. Das Programm bietet aber noch unzählige weitere Funktionen, z.B.

- Konvertieren von einfachen Textdateien nach HTML
- Web-Seiten-Vorlagen
- Suchen und Ersetzen über ganze Dateibäume hinweg
- Rechtschreibprüfung
- Syntaxkontrolle
- Prüfen von Hyperlinks
- Berechnung der Gesamtgröße (inklusive Bilder) und der Ladezeit einer Web-Seite
- Projektverwaltung

13.3 Editoren im Vergleich

Mit dem Editor Dreamweaver haben Sie sich inzwischen gut bekannt und vertraut gemacht und dabei gleichzeitig, wenn auch mehr am Rande, noch andere Editoren kennen gelernt. Daher ist es an der Zeit, die »Editorenszene« ein wenig näher zu beleuchten.

Bei HTML-Editoren handelt es sich um Programme, mit deren Hilfe HTML-Dateien erstellt werden.

Grundsätzlich lassen sich HTML-Editoren in zwei Kategorien einteilen:

- Code-Editoren
- Layout-Editoren

In beiden Kategorien gibt es sehr komfortable Programme, so dass man nicht sagen kann, auf welche Art man schneller HTML-Seiten erzeugen kann. Es gibt auch nicht *das beste* Programm zum Erstellen von Web-Seiten. Jedes Programm hat Vor- und Nachteile, und im Übrigen spielen die persönlichen Vorlieben und der Geldbeutel bei der Auswahl auch eine wichtige Rolle. Viele professionelle Web-Entwickler setzen übrigens HTML- und Layout-Editoren parallel ein, um von den jeweiligen Vorteilen zu profitieren.

Code-Editoren

Als einen der besten Vertreter der Code-Editoren habe ich Ihnen HomeSite vorgestellt. Bei diesen Editoren gibt man die HTML-Befehle und den Text in ein Bearbeitungsfenster ein, entweder zu Fuß oder bei komfortableren Programmen über entsprechende Menüs und Symbolleisten. Einen Eindruck von der fertigen Seite erhält man auch hier erst dann, wenn man die Web-Seite in den Browser lädt.

Der Vorteil von HTML-Editoren ist, dass man mit ihnen den Quelltext unter Kontrolle hat. Der Editor erzeugt wirklich nur die Befehle, die man auch haben möchte. Ein Nachteil dieser Editoren ist, dass man HTML besser kennen muss als bei den Layout-Editoren. Das bedeutet höheren Lernaufwand.

Profis werden bei der Wahl ihres HTML-Editors darauf achten, dass diese wie HomeSite sehr anpassungsfähig sind, die neuesten Features unterstützen und einen schnellen Zugriff auf die verschiedenen Funktionen gestatten.

Layout-Editoren

Im professionellen Bereich ist Dreamweaver wohl einer der am meisten eingesetzten Layout-Editoren. Wie bei einem Textverarbeitungsprogramm versuchen diese Editoren schon bei der Erstellung einen Eindruck von der späteren Web-Seite zu vermitteln. Man arbeitet im WYSIWYG-Modus und erspart sich viel Einarbeitungszeit, weil bereits die Oberfläche mit Programmen aus der Textverarbeitung oder dem Desktop-Publishing vergleichbar ist. Auch bei den Layout-Editoren wird im Hintergrund der Quelltext generiert. Der Anwender jedoch kommt fast nie mit dem HTML-Code in Berührung, es sei denn, es wird von ihm ausdrücklich gewünscht. Sobald es aber knifflig wird, müssen Sie sich auch bei Layout-Editoren mit HTML auskennen.

Sie sehen also, dass Layout-Editoren wie der Dreamweaver unkomplizierter und intuitiver zu bedienen sind. Der Mensch kann mit einer bildhaften Darstellung halt mehr anfangen als mit einer textbasierten Befehlssprache. Ein Nachteil der Layout-Editoren ist, dass man nicht ständig den Quelltext vor Augen hat und somit im Bedarfsfall die Vertrautheit fehlt. Denn manche Layout-Editoren sind recht eigenwillig und halten sich nicht immer an das, was man von ihnen erwartet.

13.4 Zusammenfassung, Fragen und Übungen

Zusammenfassung

- Sie wissen, dass die Abkürzung HTML aus dem Begriff ***H**ypertext **M**arkup **L**anguage* gebildet wird und übersetzt so viel wie »Verknüpfungs- und Auszeichnungssprache« bedeutet.
- HomeSite ist ein Web-Editor, bei dem man die HTML-Befehle unmittelbar in das Dokumentfenster eingibt.
- HomeSite unterstützt den Anwender bei der Eingabe der Befehle mit Assistenten, automatischer Textergänzung, Textbausteinen und aufklappenden Parameterlisten.
- Bei HTML-Editoren handelt es sich um Programme, mit deren Hilfe HTML-Dateien erstellt werden.

Fragen und Übungen

1. Wie sieht das Befehlsgerüst einer HTML-Datei grundsätzlich aus?
2. Was versteht man unter logischer und physischer Auszeichnung?
3. Worin unterscheiden sich die Programme Dreamweaver und HomeSite in der Hauptsache?
4. Nennen Sie die drei Kategorien, in die HTML-Editoren eingeteilt werden können!

Lösungen

Lösungen

Kapitel 1

1. Das Internet verbindet Computer mit verschiedenen Betriebssystemen (DOS, Windows, UNIX u.a.). Damit diese untereinander kommunizieren können, regeln Übertragungsprotokolle den Datenaustausch im Internet.
2. Durch das Anklicken der Links werden verknüpfte Dokumente aufgerufen, die sich auf demselben Rechner oder auf einem Rechner am anderen Ende der Welt befinden können.
3. Mit der [F4]-Taste.
4. Die Lineale helfen, Grafiken, Tabellen oder Ebenen anschaulicher positionieren oder in ihrer Größe verändern zu können. Das Gitternetz erleichtert die punktgenaue Positionierung und Größenanpassung von Objekten.
5. Mit [Strg] + [Alt] + [⇧] + [G].
6. Mit der [F1]-Taste.

Kapitel 2

1. Eine *Homepage* ist die Startseite bzw. die zentrale Seite eines Web-Angebots.
2. Sie sollten sich bei der Web-Seitenentwicklung an einer Bildschirmauflösung von 800 x 600 Punkten orientieren.

3. Der Seitentitel wird von den meisten Suchmaschinen des Webs ausgewertet und wird beim Anlegen eines Lesezeichens als Text vorgeschlagen.

4. Die Schrift Futura ist unter Umständen nicht auf jedem PC installiert, da sie nicht zu den Windows-Standardschriften zählt.

5. Viele Surfer haben die Grafikanzeige ihres Browsers abgeschaltet, um Online-Kosten zu sparen. Ohne Alternativtext sieht diese Klientel anstelle der Grafik nur ein rotes Kreuz. Außerdem sind Sehbehinderte und Blinde bei Verwendung von Sprachausgabe oder Braille-Zeile auf die Anzeige von Textinformationen angewiesen.

Kapitel 3

1. Verwenden Sie für die Startseite Ihres Angebots den Namen, der auf dem Web-Server als Standardname vorgegeben ist (z.B. *index.htm*). Fragen Sie Ihren Provider, welchen Namen er bevorzugt.

2. Eine Tabelle wird »blind«, wenn man im Eigenschafteninspektor bei den Eigenschaften der Tabelle den Wert für den *Rahmen* mit 0 angibt.

3. Der Menübefehl lautet *Modifizieren / Seiteneigenschaften*.

4. Ein Browser kann die Schrift auf einer Web-Seite immer nur dann darstellen, wenn diese auch auf dem PC des Surfers installiert ist. Über die Angabe der Ersatzschriftarten hat man mehrere Versuche, den Browser zu überzeugen, einen bestimmten Schrifttyp anzuzeigen. So erhöht sich die Chance, dass die Web-Seite auf möglichst vielen PCs annähernd so aussieht, wie man sich das vorgestellt hat.

5. Den Primärbrowser startet man über [F12].

Kapitel 4

1. Bei der Browser-Darstellung werden mehrere normale Leerzeichen, die im Quelltext hintereinander eingegeben wurden, ignoriert. Helfen kann man sich mit so genannten *geschützten Leerzeichen*, die in Dreamweaver mit [Strg] + [⇧] + [Leer] eingefügt werden.
2. Mit [Strg] + [Z].
3. Sie benötigen einen benannten Anker, der mit einem internen Hyperlink verknüpft wird.
4. Sie können eine Vorlage mit Hilfe eines leeren HTML-Dokuments oder auf der Basis eines bereits vorhandenen Dokuments erstellen.
5. Um eine Vorlage nachträglich zu ändern, wählen Sie den Menübefehl *Fenster / Vorlagen* und klicken doppelt auf den in der Vorlagenpalette aufgeführten Vorlagennamen. Die Vorlage wird geöffnet, und Sie können die gewünschten Änderungen vornehmen.

Kapitel 5

1. Der Weg zu einer Tabelle besteht grundsätzlich aus drei Schritten:
   - Im ersten wird die Tabelle in das HTML-Dokument eingefügt.
   - Danach werden die Eigenschaften der Tabelle und ihrer Zellen definiert.
   - Zum Schluss werden die Inhalte, Texte oder Bilder eingefügt.
2. Wenn die Tabelle markiert ist, kann sie mit Hilfe der drei schwarzen Auswahlgriffe sehr schnell vergrößert oder verkleinert werden. Über den Eckgriff wird die Tabelle in beide Richtungen vergrößert oder verkleinert.

3. Um zum Beispiel eine beliebige Farbe für den Hintergrund zu wählen, öffnen Sie im Eigenschafteninspektor mit einem Mausklick das Listenfeld *HgF*. Klicken Sie mit der Pipettenspitze auf eine beliebige Stelle des Bildschirms. Der so gewählte Farbton wird für den Hintergrund übernommen.

4. Irrtümlich hinzugefügte Wörter können Sie nachträglich entfernen, indem Sie die Datei *personal.dat* mit dem Texteditor bearbeiten. Sie finden diese Datei im Ordner *C:\Programme\Macromedia\Dreamweaver 4\Configuration\Dictionaries*.

5. HTML-Befehle oder Attribute, die ein älterer Browser nicht kennt, werden bei der Anzeige einfach ignoriert, möglicherweise auch falsch interpretiert. Mit Hilfe der Ziel-Browser-Prüfung kann geprüft werden, ob Ihr Dokument Elemente enthält, die von anderen Browsern nicht unterstützt werden.

Kapitel 6

1. Klicken Sie mit der rechten Maustaste auf die gewünschte Grafik. Wählen Sie im Kontextmenü *Bild speichern unter*.

3. Markieren Sie die Grafik. Wählen Sie ein entsprechendes Tool für die Hotspots. Beginnen Sie mit dem ersten Hotspot: Klicken Sie mit der Maus auf die Umrisse der Grafik. Mit jedem Mausklick wird ein Eckpunkt gebildet. Zum Schluss klicken Sie auf den Pfeil neben den Tools, um die Form zu schließen. Definieren Sie die gewünschte Verknüpfung, indem Sie in das Feld *Hyperlink* die Internet-Adresse eintragen. Wiederholen Sie die Schritte für den zweiten Hotspot.

3. Markieren Sie zunächst mit gedrückter Maustaste den Text, der später als Link dargestellt werden soll. In das Listenfeld *Hyperlink* des Eigenschafteninspektors tragen Sie die vollständige Internet-Adresse ein. Wenn Sie aus dem Listenfeld *Ziel* den Listeneintrag *_blank*

wählen, wird die verknüpfte Adresse in einem neuen Browser-Fenster angezeigt.

4. Starten Sie im Dokument *cool.htm* den externen Codeeditor. Ändern Sie den Quelltext entsprechend.

Kapitel 7

1. Klicken Sie das Textfeld an und geben Sie bei *Zeichenbreite* im Eigenschafteninspektor den gewünschten Wert ein.
2. Um als Gruppe erkannt zu werden, müssen die Optionsschalter alle den gleichen Namen haben.
3. Die *Umbruch*-Methode *physisch* bei einem mehrzeiligen Textfeld bedeutet, dass bei der Eingabe eines Textes im Browser ein Zeilenumbruch eingefügt wird, der auch beim Absenden des Formulars mit übertragen wird.
4. Die Daten eines Formulars werden an den Web-Server geschickt, wenn man auf die Schaltfläche *Abschicken* (oder ähnliche Bezeichnung) klickt und bei *Aktion* in den Eigenschaften des Formulars ein CGI-Aufruf eingetragen wurde.
5. Ein Verhalten besteht aus einem Ereignis und einer Aktion. Die meisten HTML-Objekte verfügen über Ereignisse (z.B. Anklicken, Mausüberfahren). Aktionen sind JavaScripte, die den Ereignissen zugeordnet sind.

Kapitel 8

1. Texteinzüge können Sie mit Hilfe der entsprechenden Schaltfläche auf dem Eigenschafteninspektor erzwingen.

2. Klicken Sie mit der Maus in die ungeordnete Liste. Aktivieren Sie auf dem Eigenschafteninspektor die Schaltfläche *Listenelement*. Wählen Sie als *Listentyp* die *Nummerierte Liste* und als *Stil Kleinbuchstaben (a, b, c)*. Zum Schluss geben Sie Ihr *OK*.

3. Klicken Sie mit der Maus in das Wort `E-Mail`. Im Feld *Hyperlink* des Eigenschafteninspektors ersetzen Sie hinter dem HTML-Befehl `mailto:` die dort eingetragene E-Mail-Adresse durch Ihre eigene.

4. Geben Sie in eine Suchmaschine den Begriff `Gästebuch` ein. Sie werden sich wundern, wie viele Treffer Sie erhalten.

Kapitel 9

1. Umlaute und das Leerzeichen sind im Namen nicht erlaubt.

2. Klicken Sie bei gedrückter [Alt]-Taste auf das Frame.

3. Der Menübefehl lautet *Modifizieren / Frameset / NoFrames-Inhalt bearbeiten*.

4. Entweder stellen Sie die Höhe bzw. die Breite der Grafik auf den benötigten Wert ein, oder Sie legen den vertikalen bzw. horizontalen Abstand für das Bild (halber Wert) fest.

5. Immer dann, wenn die Größe des Frames für den Inhalt der angezeigten Web-Seite nicht ausreicht. In diesem Fall wird die Seite abgeschnitten und der Betrachter kann nicht über den Rollbalken blättern.

Kapitel 10

1. In der Site-Map werden fehlerhafte Links rot dargestellt.

2. Im Site-Fenster finden Sie die Funktion *Site / Hyperlinks für ganze Site prüfen*. Hier hat der Übersetzer wohl geträumt: Im Dream-

weaver-Menü heisst diese Funktion *Site / Hyperlinks auf gesamter Site prüfen.*

3. Sie können beispielsweise bei der DENIC eG (*http://www.denic.de*) online prüfen, ob Ihr Wunschname noch frei ist.

4. In Internet Service Provider (ISP) und Online-Dienste.

5. Das Protokoll heißt FTP. Die Abkürzung steht für ***F****ile* ***T****ransfer* ***P****rotocol*, was man mit Dateiübertragungsprotokoll übersetzen kann.

6. Dreamweaver bietet mit dem »Eincheck-/Auscheck-System« die Möglichkeit, Dateien, die Sie zwischen einem entfernten Server und dem lokalen Computer übertragen, ein- oder auszuchecken. In dem Moment, wo Sie eine Datei auschecken, wird dies allen Teamkollegen mitgeteilt, so dass zwischenzeitliche Veränderungen an derselben Datei ausgeschlossen sind. Sobald die Datei wieder eingecheckt ist, kann sie von anderen Teamkollegen ausgecheckt und bearbeitet werden.

7. Am Ende der Homepage von Yahoo finden Sie den Link *So schlagen Sie Ihre Website vor*.

Kapitel 11

1. Über *Bearbeiten / Einstellungen* öffnen Sie ein Dialogfenster, in dem Sie in der Kategorie *Dateitypen / Editoren* einen externen Codeeditor einbinden können.

2. Sie müssen zunächst über die Objektpalette von der *Standardansicht* in die *Layoutansicht* wechseln.

3. Man unterscheidet CSS-Ebenen (gehören zum HTML/CSS-Standard) und Netscape-Ebenen (eine Erfindung von Netscape, die auch nur dieser Browser kennt).

4. Bei HTML-Stilen werden die herkömmlichen HTML-Formate eingesetzt. CSS-Stile basieren auf der Ergänzungssprache CSS und bieten mehr Möglichkeiten (z.B. punktgenaue Angabe der Schriftgröße) u.a. zur Textgestaltung. Außerdem besteht bei CSS-Stilen im Gegensatz zu HTML-Stilen eine Verknüpfung zwischen der Definition und den Textstellen, an denen der Stil verwendet wurde. Auf diese Weise werden die Textstellen bei einer Änderung des Stils automatisch angepasst.

Kapitel 12

1. Ebenen bieten Ihnen die Möglichkeit, auf sehr einfache Weise nachträglich Änderungen an einem Pixelbild vorzunehmen (z.B. Hinzufügen eines anderen Hintergrundes, Einfügen eines Textes), ohne dass die Bildinformationen der bisherigen Ebenen verloren gehen.
2. Anti-Aliasing ist ein Verfahren, bei dem das Grafikprogramm versucht, so genannte Treppenstufen an kontrastreichen Kanten über das Hinzufügen von Zwischenfarbtönen auszugleichen.
3. In der Regel dürften Fotos beim JPEG-Format besser aufgehoben sein.

Kapitel 13

1. Das Befehlsgerüst einer HTML-Datei sieht folgendermaßen aus:

```
<html>
   <head>
   </head>
   <body>
   </body>
</html>
```

2. Befehle zur logischen Formatierung sorgen für die inhaltliche Strukturierung eines Textes; Befehle für die physische Formatierung legen die Gestaltung des Textes fest. Bei Befehlen zur logischen Formatierung entscheidet der Browser, wie der Text dargestellt werden soll; bei physischer Formatierung bleibt dem Browser kein Spielraum.

3. Mit Dreamweaver erstellen Sie die Web-Seiten im so genannten WYSIWYG-Modus. Sie arbeiten Layout-orientiert und werden mit den HTML-Befehlen nicht unmittelbar konfrontiert. HomeSite ist ein Editor, bei dem Sie die HTML-Befehle mit umfangreicher Unterstützung des Programms direkt in das Bearbeitungsfenster eingeben. Einen Eindruck von der fertigen Seite erhalten Sie über eine Vorschaufunktion.

4. Bei HTML-Editoren kann man unterscheiden zwischen *Code-Editoren* und *Layout-Editoren*.

G
A
L
13
12
11
10
9
8
7
6
5
4
3
2
1
»

Anhang

Anhang

Internet-Adressen

Dreamweaver

http://www.macromedia.com/de/software/dreamweaver/

http://www.reichart.net/seminar/dreamweaver/index.html

http://www.dreamworker.de

HTML- und Web-Design

http://www.teamone.de/selfhtml

http://www.teamone.de/selfaktuell

http://www.w3.org

http://www.ideenreich.com

http://www.webmasterplan.com/de/

Cliparts, animierte GIFs, Grafiken u.a.

http://www.lqp.de/de/clipart/home.htm

http://www.clipartarchiv.de/

http://www.andy.dill.de/

http://www.cgi-service.de/

http://www.animationonline.com/

JavaScripts, Java-Applets

http://www.paarmann.de/

http://webmasterwelt.virtualave.net/

http://www.javasuite.de/

http://www.fh-hamburg.de/pers/Carstensen/Javascript/js.html

Counter

http://www.counter2000.de/

http://www.countermania.de/index2.htm

http://www.netcounter.de/

http://www.fastcounter.com/

http://www.pro-count.de/

Gästebücher

http://www.1-2-3-gaestebuch.de/

http://guestbook4free.com/

http://www.gaestebuecher.de/

http://www.guestbook.de/

http://www.falz.de/aspdatabase/ASP_OwnerGBook.asp

Mailing-Listen

http://www.lisde.de

http://www.softsurf.com/

http://members.xoom.com/svensite/

Newsgroups zur Homepage-Erstellung

alt.homepages.designtips.uk

alt.www.authoring.homesite

de.comp.graphik

News-Server: news://forums.macromedia.com

Glossar

Glossar

Anker

Mit benannten Ankern werden bestimmte Positionen in einem Dokument markiert. Hierdurch bietet man dem Besucher einer Web-Seite die Möglichkeit, über einen internen Hyperlink schnell zu einem bestimmten Thema oder zum Anfang eines Dokuments springen können.

Anti-Aliasing

Es handelt sich hierbei um eine Technik, mit der bei Pixel-Grafiken der oft störende so genannte Treppeneffekt (insbesondere an Kanten oder Farbübergängen) beseitigt werden kann.

ASCII-Zeichensatz

ASCII steht für *American Standard Code for Information Interchange*. Amerikanischer Zeichensatz, der sich durch Kompatibilität auszeichnet.

AOL

America Online. Weltweit größter Online-Dienst.

Bildschirmauflösung

Mit Bildschirmauflösung werden die Anzahl der Bildpunkte pro Zeile sowie die Anzahl der Zeilen bezeichnet. Bei der heute meist üblichen Auflösung von 800 mal 600 Pixeln werden demnach 600 Zeilen mit jeweils 800 Bildpunkten dargestellt.

Bookmark

Bookmarks sind Lesezeichen, mit denen sich der Surfer im World Wide Web häufig besuchte Internet-Adressen merken kann. Sie werden im Netscape Navigator sortiert abgelegt.

Browser

Beim Browser handelt es sich um ein meist kostenloses Software-Programm, das das Betrachten von Web-Seiten ermöglicht. Am weitesten verbreitet sind der Microsoft Internet Explorer und der Netscape Navigator, die für verschiedene Betriebssysteme angeboten werden.

Cache

Zwischenspeicher, der häufig abgerufene Daten lokal speichert. Dieses Verfahren wird bei Browsern und häufig bei Internet Providern (Proxy) genutzt.

Client

Computer oder Programm. Empfängt Daten von einem Server aus einem Netzwerk.

Codeinspektor

Mit ihm lässt sich der Quell-Code bearbeiten, den ein Browser das HTML-Dokument als Web-Seite darstellt.

CompuServe

Amerikanischer Online-Dienst. Wurde 1998 von AOL aufgekauft.

CSS

Cascading ***S****tyle* ***S****heets*. Hierbei handelt es sich um einen Standard zur Beschreibung der Layouteigenschaften von HTML-Dokumenten.

Design Notes

Mit diesem Befehl werden die zum Dokument gehörenden zusätzlichen Dateiinformationen gespeichert, wie beispielsweise Dateinamen von Bildquellen und Anmerkungen zum Dateistatus.

Download

Download bezeichnet das Kopieren von Dateien von einem anderen Computersystem auf den eigenen Rechner. Gegenteil: Upload.

Eigenschafteninspektor

Zeigt in Dreamweaver die Eigenschaften eines ausgewählten Objekts an.

Ein-/Auscheck-System

Dreamweaver erleichtert durch dieses System die Arbeit in einem Team. So werden die Teamkollegen automatisch informiert, sobald beispielsweise eine Datei zur Bearbeitung ausgecheckt wurde.

E-Mail

*E*lectronic ***Mail***. Die elektronische Post ist vermutlich einer der am häufigsten genutzten Dienste im Internet. Einer der großen Vorteile gegenüber der traditionellen Post ist der, dass sie das Postfach des Empfängers über das Internet in der Regel innerhalb weniger Minuten weltweit erreicht.

Farbtiefe

Mit Farbtiefe wird die Anzahl der Farben bezeichnet, die ein Punkt eines Bildes annehmen kann.

Favoriten

Favoriten sind Lesezeichen, mit denen sich der Surfer im World Wide Web häufig besuchte Internet-Adressen merken kann. Sie werden im Internet Explorer sortiert abgelegt.

Frame

Mit Frames wird das Browser-Fenster so aufgeteilt, dass sich gleichzeitig mehrere Web-Seiten anzeigen lassen. Die Aufteilung (Frameset) wird in einer eigenen Datei gespeichert.

Frameinspektor

Der Frameinspektor stellt in Dreamweaver die Hierarchie der Frameset-Struktur in einem Dokument visuell dar.

FTP

F*ile* ***T****ransfer* ***P****rotocol*. Protokoll zur Datenübertragung.

GIF

G*raphics* ***I****nterchange* ***F****ormat*. Von der Firma CompuServe eingeführtes Grafikformat, das sehr weit verbreitet ist. Dieses Format ermöglicht die komprimierte Speicherung von Bildinformationen.

Homepage

Oft Einstiegs- bzw. Startseite einer Website. Kann aber auch für sich allein stehen (Visitenkarte).

HTML

H*ypertext* ***M****arkup* ***L****anguage*. Mit Hilfe dieser Seitenbeschreibungssprache wird der Quelltext für WWW-Dokumente geschrieben, dessen Befehle (Tags) der Browser in ein entsprechend formatiertes Dokument umsetzt und sichtbar macht. Ein Hauptmerkmal dieser Sprache ist die Möglichkeit, Verknüpfungen (Links) zu anderen WWW-Dokumenten bzw. innerhalb eines Dokuments herzustellen.

HTTP

***H**ypertext **T**ransfer **P**rotocol.* Übertragungsprotokoll, das die Übertragung von HTML-Dokumenten vom Client zum Server ermöglicht.

Hyperlink

Logische Verknüpfung zwischen verschiedenen Web-Seiten oder als Sprungmarke innerhalb eines HTML-Dokuments. Hyperlinks werden in WWW-Dokumenten besonders hervorgehoben und können mit der Maus angeklickt werden.

Imagemap

Grafik in einem WWW-Dokument, der in bestimmten Bereichen unterschiedliche Hyperlinks zugewiesen werden.

Internet

Weltweites Netzwerk aus Millionen Rechnern und Rechnernetzen, die ein einheitliches Adressierungsschema sowie TCP/IP-Protokolle verwenden. Das Internet besteht aus einer Vielzahl von Diensten wie World Wide Web, News, E-Mail.

Internet Explorer

Browser der Firma Microsoft.

ISP

***I**nternet **S**ervice **P**rovider.* Im Gegensatz zu den Online-Diensten stellt der Internet Service Provider ausschließlich einen Internet-Zugang zur Verfügung.

Java

Objektorientierte Programmiersprache, die C++ ähnlich ist.

Java-Applet

Bezeichnung für ein kleines (Unter-)Programm, das in eine Web-Seite eingebaut werden kann. Das Applet wird vom Server geladen und auf dem Client ausgeführt.

JPEG

*J*oint *P*hotographic *E*xperts *G*roup. Kompressionsverfahren für Grafikdateien, das im Internet weit verbreitet ist und insbesondere für digitalisierte Fotos eingesetzt wird.

Launcher

Über den Launcher blendet Dreamweaver nach Bedarf die verschiedenen Paletten und Inspectors ein bzw. aus.

Link

Kurzform für Hyperlink.

Netscape Navigator

Browser der Firma Netscape.

Newsgroups

Bei Newsgroups handelt es sich um öffentliche Diskussionsrunden. Jeder Besucher einer Newsgroup kann Mitteilungen vorheriger Besucher lesen und gegebenenfalls Stellung dazu beziehen oder selbst eine Mitteilung veröffentlichen.

Objektpalette

Die Objektpalette enthält standardmäßig sieben Tafeln (*Allgemein*, *Formulare*, *Frames*, *Head*, *Spezial*, *Unsichtbare Elemente* und *Zeichen*). Über deren jeweilige Schaltflächen werden Objekte (z.B. Tabellen, Bilder, Ebenen) eingefügt.

Online

Online bedeutet, dass eine Datenverbindung zwischen zwei Computersystemen besteht.

Online-Dienst

Im Gegensatz zu den Internet Service Providern (ISP) bieten die Online-Dienste (AOL, CompuServe, T-Online) neben einem Internet-Zugang auch eigene strukturierte und gepflegte Inhalte ausschließlich für ihre Mitglieder an.

Pixel

Ein Monitorbild setzt sich aus vielen Punkten, den so genannten Pixeln, zusammen. Die Größe eines Pixels ist dabei abhängig von der Höhe der Monitorauflösung.

Pixelgrafik

Grafik, die sich aus einzelnen Bildpunkten mit unterschiedlichen Farbwerten zusammensetzt.

PNG

***P**ortable **N**etwork **G**raphics-Format.* Als Nachfolger des GIF-Formats vorgesehen.

Protokoll

Ein Protokoll regelt die Übertragung von Daten zwischen zwei oder mehreren Computern.

Provider

Der Provider ermöglicht den Zugang zum Internet. Provider lassen sich in Online-Dienste und Internet Service Provider (ISP) unterteilen.

Proxy-Server

Ein Proxy-Server ist ein Cache-Rechner, der bei einem Provider steht. Sobald Sie ein WWW-Dokument fordern, prüft der Proxy-Server, ob er die Seite nicht schon aufgrund eines früheren Abrufs gespeichert hat. Ist das der Fall, überträgt er Ihnen das Dokument. Ansonsten wird das Dokument erst aus dem Netz abgerufen, dann gespeichert und weitergegeben.

Quelltext

ASCII-Text, auf dem ein HTML-Dokument basiert. Er enthält unter anderem die Befehle (Tags), die der Browser zur korrekten Darstellung eines WWW-Dokuments benötigt.

RGB

Schema zur Darstellung von Farben. Farbwerte basieren auf der Mischung der Grundfarben **R**ot, **G**rün und **B**lau.

Screenshot

Mit Hilfe eines Screenshots kann man den gesamten Bildschirm- oder Fensterinhalt speichern.

Server

Computer oder Programm. Bietet in einem Netzwerk Daten oder Services an.

Site-Fenster

Im Site-Fenster von Dreamweaver können ähnlich wie beim Windows-Explorer die Standardfunktionen der Dateiverwaltung ausgeführt werden.

Synchronisation

Durch die Synchronisation werden Dateien im lokalen Ordner und Dateien auf einem entfernten Server abgeglichen.

Tag

Die Befehle im Quelltext der HTML-Dokumente werden Tags genannt. Der Browser interpretiert die Tags und stellt die Dokumente entsprechend formatiert dar.

Tag-Selektor

Der Tag-Selektor befindet sich in der Statusleiste des Dreamweaver-Fensters und zeigt die jeweiligen HTML-Tags an, die den ausgewählten Text oder das ausgewählte Objekt steuern.

TCP/IP

Transmission ***C****ontrol* ***P****rotocol/* ***I****nternet* ***P****rotocol*. Übertragungsprotokolle, mit deren Hilfe Internet-Benutzern verschiedene Dienste zur Verfügung gestellt werden können. TCP hat dabei die Aufgabe, Dateien in Pakete zu zerlegen und wieder zusammenzusetzen. IP sorgt für die sichere Zustellung der Datenpakete.

T-Online

Größter deutscher Online-Dienst.

Transparenz

Durchsichtige Flächen innerhalb einer Grafik, durch die der Hintergrund zu sehen ist.

Upload

Upload bezeichnet das Kopieren von Dateien auf ein anderes Computersystem. Gegenteil: Download.

URL

U*niform* ***R****esource* ***L****ocator*. Hierbei handelt es sich um die eindeutige Internet-Adresse eines Rechners bzw. eines Informationsangebots.

Vektorgrafik

Vektorgrafiken werden mathematisch als eine Reihe von Punkten definiert, die durch Linien miteinander verbunden sind.

Verhaltensweisen-Inspektor

Mit dem Verhaltensweisen-inspektor werden Objekten Verhaltensweisen angefügt und die Parameter von bereits angefügten Verhaltensweisen geändert.

Verlaufspalette

In der Verlaufspalette speichert Dreamweaver jeden durchgeführten Arbeitsschritt. Bei Bedarf können mehrere Schritte gleichzeitig rückgängig oder bereits durchgeführte wiederholt werden.

Web

Kurzform für World Wide Web.

Web-Seite

HTML-Dokument als Teil einer Website.

Website

Informationsangebot einer Firma, Behörde oder Person, das meist aus einer Homepage als Start- oder Einstiegsseite sowie verschiedenen Web-Seiten besteht.

WWW

Kurzform für ***W**orld **W**ide **W**eb.*

World Wide Web

Als World Wide Web wird die Gesamtheit aller weltweit miteinander verknüpften WWW-Dokumente bezeichnet. Es handelt sich hierbei um den wohl beliebtesten Dienst im Internet, der oft mit dem Internet gleich gesetzt wird. Das World Wide Web macht es möglich, Dateien jeder Art mit einem Mausklick abzurufen.

WYSIWYG

***W**hat **y**ou **s**ee **i**s **w**hat **y**ou **g**et.* Bearbeitungsmodus, bei dem die Ansicht weitgehend mit dem beabsichtigten Ergebnis (Druckausgabe, Browser-Ansicht) übereinstimmt.

Index

Symbole

<body> 398
<head> 398

A

Absatz 89
Aktualität 53
Alternativtext 59, 66, 86
Animationen 62
Anker 111
Anti-Aliasing 328
Arbeitsschritt
  rückgängig machen 108
  wiederholen 108
Arial 65
ARPANET 21
ASCII-Zeichensatz 367
Auflösung 61
Aufzählungspunkt 204
Auswahlliste 182
Auszeichnung 374
  logische Auszeichnung 374
  physische Auszeichnung 374

B

Basisziel 250
Baustellen 59
Begrüßungsseite 79
Bekanntmachung der Homepage 281
Bild
  als Hyperlink 86
  Alternativtext 86
  Breite 86
  einfügen 85
  Höhe 86
  Rahmen 87
Bildschirmauflösung 61, 63
Bitmap-Grafik 322
Blind-GIF 246, 356
Browser 24
  Primär 94
  Sekundär 95
  Standardschrift 373
  Web-Seite kontrollieren 94

C

Cascading Style Sheets 375
CGI 194
Code-Editoren 386
Codeansicht 162
Counter 137
CSS 375
CSS-Stile 307
  erstellen 309

D

Dateiname 55
Standardname 85
Datenbank
importieren 302
Default-Name 85
DENIC 265, 397
Design 61
Domain-Name 265
Dreamweaver
beenden 97
Dokumentfenster einrichten 34
Hilfe 38
Oberfläche 30
starten 28, 75
Systemvoraussetzungen 27
Versionen 26
Voreinstellungen 293

E

Ebenen 299
Eigenschafteninspektor 33
Eincheck-/Auscheck-System 279
Externer Codeeditor 162
Externer Editor 296

F

Farbe
Einsatz von 61
Hintergund 88
HTML-Schreibweise 324
Hyperlink 88
Text 88
Farbreduktion 338
Fireworks 323
Formular
Aktion 196
Auswahlliste 182
Daten an E-Mail-Adresse 194
Eingaben überprüfen 187
einzeiliges Textfeld 176
erstellen 172
mehrzeiliges Textfeld 180
Name 174
Objekte 174
Objektpalette 173
Optionsschalter 177
Schaltflächen 185
versteckte Felder 197
Vorteile 171
Fotoalbum 311
Frameinspektor 234
Frames
Allgemeines 227
ansteuern mit Hyperlink 248
auswählen 234
Breite 233
erstellen 229
Frame-Rahmen 230
Höhe 233
Inhalt 237
keine Größenänderung 236
Name 237
Noframes-Bereich 238

Objektpalette 229
Rahmen 236
Rollen 235
speichern 241
Vor- und Nachteile 252
vordefinierte 230
Frameset 228
Einstellungen 231
erstellen 229
Rahmen 231
speichern 234
FTP 266
Einstellungen für AOL 271
Einstellungen für Internet Service Provider 270
Einstellungen für T-Online 271
Problemlösungen 275
Site-FTP 267

G

Gästebuch 214
GIF 335
Grafik
Abstände 243
als Hyperlink 86, 156
Alternativtext 66, 86, 116
Alternativtext mit HomeSite 384
animiertes GIF 150
Anti-Aliasing 328
Ausschnitt 333
Blind-GIF 356
Breite 86
Breite und Höhe 67, 116
downloaden 150
Ebenen 327
einbinden 151
einfügen 85, 114
Farbreduktion 338
Hintergrundbild 352
Höhe 86
Hotspot 156
Imagemap 156
optimieren 336
Pixelgrafik 321
Rahmen 87
strecken 246
Transparenz 350
Vektorgrafik 320
zuschneiden 332

H

Hintergrund 117
Hintergrundbild einbinden 117
Hintergrundfarbe 117
Hintergrundbild 352
Homepage 53
Dateigröße 69
HomeSite 378
Quick-Bar 381
starten 380
Horizontale Linie 208
HTML 24, 365
Befehlsaufbau 369
Grundgerüst 369
World-Wide-Web-Consortium 377

HTML-Stile 303
anwenden 304
erstellen 305
Hyperlink 58, 152
Basisziel 250
E-Mail-Verknüpfung 210
externer Hyperlink 153
Grafik als 86
in Frame laden 248
interner Hyperlink 113, 212
neues Fenster öffnen 243
Text 92
überprüfen 261
Ziel 243
zum Download 214

I

Importieren
Datenbank 302
Word-HTML-Datei 301
Interaktivität 52, 171
Interner Codeinspektor 160
Internet 21
Internet Service Provider 266

J

JavaScript 159, 188
JPEG 335, 357

K

Kontakt 52, 171

L

Lauftext 62
Launcher 160
Layout-Editoren 387
Link 23, 58
Linkfarbe 88
Liste 204
geordnet 205
ungeordnet 204
Lokale Infos 75

M

Maskierung 367
Meta-Tags 287
Beschreibung 288
Schlüsselwörter 287

N

Navigation 58
NoFrames-Bereich 239

O

Objektpalette 33, 82
Optionsschalter 177
Ordnername 55

P

Parameter 376
Pipette 136
Pixelgrafik 321
PNG 335
Projektidee 47
Projektordner 56, 79

Q

Quelltext 366
    ansehen 24

R

Rechtschreibprüfung 140
Relativer Pfad 152
RGB-Farbschema 324

S

Schaltfläche 185
Schreibweise der Dateinamen 55
Schrift
    Art 91
    fett 92
    Gestaltung 92
    kursiv 92
Schriften 65
Seiteneigenschaften 87
Seitentitel 58, 87, 371
Site 75
Site-Fenster 78, 259
Site-Verwaltung 269
Sitemap 59, 78, 259
Sonderzeichen 367
Speichern 84
Stammordner 57, 76
Suchdienste 282
    Homepage anmelden 283
Suchen und Ersetzen 262
Synchronisation 277

T

Tabelle 62
    blinde 82
    Breite 63, 82, 132
    einfügen 102
    Höhe 83
    Rahmen 82
    Spaltenbreite 175
    Zeile anhängen 182
    Zeilenhöhe 133
    Zellen verbinden 148
    Zellhintergrund 106
Tabellenfeld
    teilen 177
Tabellenzelle
    horizontale Ausrichtung 83
    vertikale Ausrichtung 83
Tag 24, 367
Tag-Selektor 32, 189
TCP/IP-Protokoll 22
Text

als Hyperlink 92
Texteingabe 104
Einzug 207
geschütztes Leerzeichen 107
Negativeinzug 207
Textfarbe 88
Textfeld 176, 180
Textformatierung 104
ausrichten 134
Schriftartkombination 104
Schriftgröße 105
Überschrift 130
Überschriftenstil 104
Thumbnails 312
Titel 87

U

Upload 264
URL 365

V

Vektorgrafik 320
Verhalten 187
Verlaufspalette 109
Verweis 58
Voreinstellungen 293
Vorlage 101
ändern 122
bearbeitbar machen 120
Dokument von Vorlage lösen 166
öffnen 128
speichern 119
Vorschau im Browser 94

W

Web-Seite 53
Dateigröße 69
Dateiname 55
testen 26
Webfotoalbum 312
Website 53
Weiterleitung 93
Werbung 54
Wiederholen 175
Word-HTML-Datei 301
World Wide Web 22

Z

Zeilenumbruch 90
Ziel-Browser-Prüfung 142
Zielgruppe 48

DAS EINSTEIGERSEMINAR

macromedia

Flash 5

Norbert Busche

Der methodische und ausführliche Einstieg
384 Seiten
Einsteiger-Know-how

Den i-Punkt jeder Website stellen interaktive, vertonte Animationen und Benutzermenüs dar. Mit Flash von Macromedia lässt sich all dies ganz einfach realisieren. Von der sanften Hintergrundmusik bis zum Fisch, der als Schaltfläche über den Bildschirm schwimmt, kann man nahezu alles verwirklichen, ohne viel Speicherplatz zu belegen und damit Internet-Kosten zu verursachen. Der vorliegende Titel knüpft an den großen Erfolg des Einsteigerseminars Flash 4 von Norbert Busche an. Der Autor ist freiberuflicher Multimediaproduzent in den Bereichen CD-ROM-Entwicklung und Internet-Publishing, zudem unterrichtet er als freier Dozent an Multimedia-Schulen.

ISBN 3-8266-7011-6

DM	19,80
öS	145,00
sFr	19,00

verlag moderne industrie Buch AG & Co. KG • Novesiastraße 60 • 41564 Kaarst • Fax: 0 21 31 / 15 32 96 • http://www.bhv.net

DAS EINSTEIGERSEMINAR
CGI-
Scriptprogrammierung
Arno Lindhorst
Der methodische und ausführliche Einstieg
Über 300 Seiten Einsteiger-Know-how
bhv

DAS EINSTEIGERSEMINAR

Adobe® Acrobat® 4.x

Beate Bulla

Der methodische und ausführliche Einstieg
320 Seiten
Einsteiger-Know-how

Bereits in der Vergangenheit war es mit Hilfe von Adobe® Acrobat® möglich, plattformübergreifend Dokumente auszutauschen, bei denen das einmal erstellte Layout übernommen wird. Mit der neuen Version können Sie zum ersten Mal auch von Webseiten PDF-Dateien erstellen. Dabei bleiben auch Links erhalten. Neue Funktionen für die Sicherheit des Dokuments (digitale Signatur), für die Eingabe von Anmerkungen in der PDF-Datei und eine vereinfachte Handhabung lassen dieses Programm noch universeller werden. Da sich immer mehr PDF-Dateien auf Homepages finden, werden zunehmend auch private Anwender Acrobat® 4.x nutzen. In diesem Buch zeigt Ihnen die Autorin, wie Sie Acrobat® optimal einsetzen. Das ideale Buch, um in die Welt von Acrobat® 4.x mit all seinen Möglichkeiten einzusteigen – leicht verständlich, praxisorientiert und mit zahlreichen Fragen, Übungen und Lösungen.

ISBN 3-8287-1076-X

DM	19,80
öS	145,00
sFr	19,00

bhv Verlags GmbH • Novesiastraße 60 • 41564 Kaarst • Fax: 0 21 31 / 765-101 • http://www.bhv.net